대륙의 역사와 지혜를 담은

18사략
(十八史略)

증선지 원작

정민호 현토·주해

明文堂

머리말

• • •

「18사략」은 어떤 책인가
-현토자의 변

아직 한문을 공부하는 사람이 수월찮이 많다.

나는 청소년시절 학강(鶴岡)으로부터 '사략'이란 책을 원문으로 배웠다. 그때에는 그냥 '사략'으로만 알았는데 내용을 지금 다시 생각해보면 18사략이 그 원제(原題)인 것 같다. 이 '18사략'은 중국의 역사서다. 삼황오제로부터 송나라의 멸망까지 그 역사의 물굽이가 도도히 흘러내려오고 있다. 여기에서 우리의 모든 지식과 고사 및 사자성어까지 이 책에서 유래했다는 사실을 알고부터는 이 책이 만만찮은 책이라는 사실까지 알게 되었다.

이 '18사략'은 중국의 역사서 18종의 내용을 초략하여 만든 책이기 때문에 이렇게 불리어지고 있다. 원저자는 曾先之(증선지)로서 「십팔사략」에 「사략」과 「자치통감」, 「이십오사」까지 참조하였고, 상고시대와 송나라 이후는 「자치통감」과 「이십오사」에서 보충하였다고 기록하고 있다.

나는 어릴 때 읽은 '史略(사략)'의 내용을 잊어버렸다. 그래서 이 '18사략'이 바로 '사략'이라는 책으로 믿고 있었다. 나는 이 책을 놓고 읽으면서 풀이하고 어려운 말과 난자(難字)까지 해석하여 후학들에게 조금이라도 도움을 주었으면 하는 것이 이 책을 편저(編著)한 나의 의도이다. 아직도 한문을 공부하는 사람이 적잖이 많다. 한문공부의 출발이 이런 역사서로부터 시작한다는 사실을 한문을 공부한 사람이라면 다 알고 있을 것이다.

끝으로 많은 사람들이 이 책을 읽음으로써 문학(文學)과 학문(學問)과 문화(文化)의 지적계발(知的啓發)을 도모하는데 큰 도움이 되었으면 하는 마음이 간절하다.

2017년, 시월 상달에
정파 정민호(鄭旼浩)

차례

「18사략」에서 본 문화사적 통사(通史)

❶ 첫머리에

7, 80년대에 '고전읽기' 란 것이 있었다. 주로 고전에서 뽑아 책을 만들어서 초, 중, 고등학생들이 주로 읽고 그 읽은 것을 시험도 치르고 교양 읽기 발표대회도 갖곤 했었다. 우리나라 고전으로는 홍부전, 홍길동전, 심청전, 춘향전을 비롯하여 이중원의 '택리지', 그리고 이 '18사략' 이 있었다. 나는 그때 번역된 '18사략' 을 읽고 이 책의 가치를 인정했다. 우리가 쓰고 있는 고사성어와 이미 한국화(韓國化)된 지혜들이 이 책 속에 녹아 있음을 알았다. 나는 이번에 이 '18사략' 의 원문을 분석하고 번역, 현토하여 읽기에 편리하게 했을 뿐 아니라 한문 문장을 분석하여 한문 능력의 이해에 극대화하기에 노력했다.

❷ '18사략' 은 이런 책이다

나는 어릴 때 '사략' 이란 책을 서당에서 읽었다. 이것이 '18사략' 이란 것도 모르고 읽었는데 내용이 무척 흥미로워서 남에게 이야기

꺼리로 안성맞춤이었다. 그래서 친구들께 곧잘 이야기를 해주어 흥미를 돋우곤 했었다. 나중에서야 이 책이 18사략이란 걸 알았다.

이 '십팔사략'은 중국의 사서 18종에서 초략하여 만든 책이기 때문에 이렇게 불리어지고 있다. 사마천(司馬遷)의 『사기(史記)』, 반고(班固)의 『한서(漢書)』, 범엽(范曄)의 『후한서(後漢書)』, 진수(陳壽)의 『삼국지(三國志)』, 방현령(房玄齡)의 『진서(晋書)』, 심약(沈約)의 『송서(宋書)』, 소자현(簫子顯)의 『남제서 (南齊書)』, 요사렴(姚思廉)의 『양서(梁書)』와 『진서(陳書)』, 위수(魏收)의 『후위서(後魏書)』, 이백약(李百藥)의 『북제서(北濟書)』, 영호덕분(令狐德棻)의 『후주서(後周書)』, 위징(魏徵)의 『수서(隨書)』, 이연수(李延壽)의 『남사(南史)』와 『북사(北史)』, 구양수(歐陽修)의 『당서(唐書)』와 『오대사(五代史)』, 탁극탁(托克托)의 『송사(宋史)』 등의 책에 의거해서 지어졌다는 설이 절대적이다.

원저자는 증선지(曾先之)로서 「십팔사략」에 「사략」과 「자치통감」, 「이십오사」까지 참조하였고, 상고시대와 송나라 이후는 「자치통감」과 「이십오사」에서 보충하였다고 기록하고 있다.

❸ 선사시대의 이야기

이 책에 나오는 첫머리에는 중국의 선사시대의 이야기가 나온다. 이게 '태고'의 장이다. '태고라, 천황씨는 이 木德(목덕) 으로 爲王(위왕)하다'가 처음 나온다. 금, 목, 수, 화, 토, 이것을 오행이라 하는데, 오행의 덕으로 왕이 되어 1만 8천 년을 이어 왕이 되고, 화덕으로 왕이 되어 4만 5천6백 년을 이어서 왕이 되었다는 내용은 확실히 선사시대의 이야기지만 흥미로운 대목이다. 아득한 원시시대는 나무로 집을 엮어 살았기에 '목덕'이요, 불을 발견하여 백성들이 화식을 하여 먹었으니 불의 덕이다. 3황과 5제의 내용에서 시대적 년대는 '不可考(불가고)'라는 말로서 선사시대 역사의 막을 내리고 있다. 매우 신비로운 표현이다. 그러나 오제시대로 넘어와서는 인간의 문명이 싹트기 시작하는 시대로 옮아온 것이다.

❹ 삼황오제(三皇五帝) 시대에서 역사의 시작

천황씨, 지황씨, 인황씨가 3황이라면 유소씨, 수인씨, 복희씨, 황제씨, 신농씨를 5제라고 한다. 중국의 역사는 이 '삼황오제'에서부터 시작하고 있다. 이 삼황오제가 역시 전설의 시대임에 틀림없다. 인간생활의 시작이 여기에서 비롯되어 유사시대로 넘어오게 되는 것이다.

유소씨란 사람이 있어서 나무를 사용하여 집을 만들어 그 속에서 살고 있었다는 말과, 나무 열매를 따먹고 살다가 수인씨에 이르러 처음으로 찬수(鑽燧)를 하여 불을 발견해서 사람들에게 화식을 가르쳤고, 서계(書契)를 만들어서 인간이 문명(文明) 속에 처음으로 살게 되었다는 내용으로 그 이전의 연대와 국도(國都)는 알 수가 없었다고 했다.

「炎帝神農氏는 姜姓이니 人身牛首라. 繼太昊卜義氏
염제신농씨　강성　　인신우수　　계태호복희씨

而立하여 斲木爲耜하며 揉木爲耒하여 始敎耕하며 嘗百
이립　　착목위사　　유목위뢰　　시교경　　상백

草하여 始有醫藥하고 敎人日中爲市하여 交易而退하다.
초　　시유의약　　교인일중위시　　교역이퇴

都於陳이라가 徙曲阜하여 傳姜姓이 凡八世에 五百二
도어진　　　사곡부　　전강성　범팔세　오백이

十年이러라.」
십년

　황제씨와 신농씨 시대에 와서 인간의 문명이 비로소 싹이 터서
나무를 깎아 농기구를 만들고, 태호복희씨가 등장하여 비로소 농경
시대가 시작된 것이다. 풀잎의 맛을 보아 의약품을 발견하고 사람들
이 모여 교역을 시작하게 되었다. 이것이 문명시대의 여명이 싹트기
시작한 것이다.

❺ 요순시대의 시작

　요순시대에 와서 비로소 하나의 국가형태의 사회를 형성하여 인
간이 행복을 누리고 집단사회를 형성하여 임금이 나라를 통치하는
국가사회로 발전하게 되는 것이다. 처음으로 등장한 황제가 요와 순
이란 임금이었다.

　요순 임금은 나라를 잘 다스린 임금으로 이름이 높다. 요순의 치
적을 한마디로 표현한 '태평시대' 가 바로 그것이었다. 이 시대에 불
리어진 '격양가' 가 이 시대를 증명하고 있다.

擊壤歌
격 양 가

「日出而作하고 日入而息하며 鑿井而飲하고 耕田而
　일 출 이 작　　　　일 입 이 식　　　　착 정 이 음　　　경 전 이

食하니 帝力何有於我哉리오.」
식　　　제 력 하 유 어 아 재

「해가 떠오르면 일을 하고, 해가 지면은 일을 마치고 휴식을 하네.

　우물을 파서 물을 마시고, 밭을 갈아 먹을 것을 얻었네.

　이런 생활에서 군왕의 힘이 나에게 무엇이 더 필요하리요.」

　이 노래가 요순시대의 대표적인 시가의 하나였다. 이 노래가 「격
양가」인데, 태평성대를 노래하는 내용으로 되어있다.

　다음으로 요순시대를 표현한 노래가 '남풍시' 이다.

南風詩
남 풍 시

「南風之薰兮여, 可以解吾民之慍兮로다. 南風之時
　남 풍 지 훈 혜　　가 이 해 오 민 지 온 혜　　　남 풍 지 시

兮여, 可以阜吾民之財兮로다.」
혜　　가 이 부 오 민 지 재 혜

「남풍이 불어와 훈훈함이여, 백성들의 성난 마음을 풀도다!

　봄바람 남쪽에서 불어옴이여, 오곡백과 열매 맺어 백성은 풍요
하리니!」

사람이 살기 좋으면 마음이 순하고 여유와 문화의 혜택을 받게 마련이다. 이런 노래와 시들은 요순시대의 평화로움을 찬양하는 노래로 후대까지 전해 내려오고 있었다. 다음에 나오는 '백공화답가' 역시 시대적 상황을 노래한 것으로 요순시대의 칭송을 읊은 것들이다.

百工和答歌
백 공 화 답 가

「卿雲爛兮여! 禮漫漫兮로다 日月光華하고 旦復旦
경 운 란 혜   예 만 만 혜   일 월 광 화   단 부 단
兮여!」
혜

百工和答歌(화답가)

「경사로운 구름이 빛이 남이여!
예절이 바로 서고 융성하도다.
해와 달이 빛을 발하고
아침은 아침으로 다시 이어지도다!」

해가 뜨고 해가 지고, 달이 뜨고 달이 지고, 이 모든 것이 자연의 순리에 의해서 움직여지고 있음을 말하고 있다. 이 자연의 순리가 바로 요순의 시대요, 요순의 시대가 고대 인간 사회의 자유롭고 평화로운 시대인 것이다. 이래서 堯(요), 舜(순), 禹(우), 湯(탕) 시대를 지나면 인간사회는 역시 악의 순환이 있기 마련이다.

그 후에 걸(傑)과 주(紂)라는 폭군이 생겨나 사회를 어지럽히고 또

다른 세상을 희원하는 사회로 발전하게 된다.

❻ 주나라의 일어남과 백이숙제의 절의(節義)

　폭군 주왕(紂王)을 치고 일어난 사람이 주(周)나라를 일으킨 무왕(武王)이다. 무왕이 당시의 백성들의 요구에 의하여 은나라 주왕(紂王)을 치고 주(周)나라를 건설했다. 이 시대의 충신이면서 의인이 있었으니, 이 사람이 바로 백이와 숙제다. 백이숙제는 무왕의 말고삐를 잡고 간곡히 당부를 하고, 지금은 때가 아니니 기다리라고 했다. 그래서 불가함을 말했는데, 즉 아버지가 죽고 장사도 치르지 않고 간과(干戈)를 들고 나서는 것이 효도입니까? 신하가 임금을 시해하는 것이 어질다고 생각하십니까? 하고는, 백이숙제의 두 형제가 무왕을 말렸다.

　「父死不葬하고 爰及干戈는 可謂孝乎아 以臣弑君이
　　부 사 부 장　　　원 급 간 과　　가 위 효 호　　이 신 시 군
可謂仁乎아.」
가 위 인 호

　「아버지가 죽어서도 장사지내지 않고 이에 무기를 드는 것이 이르되 효도라 하리요, 신하가 임금을 시해하니 어찌 어질다 하랴.」

　그래서 주위에 있는 군사들이 백이숙제를 죽이려고 했다. 이를 강태공이 '저들은 의사이니 그냥 돌아가게 해라.' 하고 놓아주었

다. 그래서 은나라는 망하고 무왕은 주나라를 건설했었다. 백이와 숙제는 수양산으로 들어가서 고사리를 캐 먹다가 굶어 죽었으니 그 노래에 하였으되,

「登彼西山兮여, 採其薇矣로다. 以暴易暴兮여 不知
　등 피 서 산 혜　　채 기 미 의　　　이 포 역 포 혜　　부 지
其非矣로다. 神農虞夏忽焉沒兮여 我安適歸矣리요. 于
기 비 의　　　신 농 우 하 홀 언 몰 혜　　아 안 적 귀 포　　　　우
嗟徂兮여! 命之衰矣로다.」
차 조 혜　　　명 지 쇠 의

「서산에 올라감이여! 고사리를 캐도다. 포악으로서 포악함을 바꾸니 그 잘못을 알지 못했구나! 신농우하가 갑자기 죽음이여! 나는 어디로 돌아가리요. 아, 슬프도다! 이 목숨이 다함이로다.」

백이숙제의 절의는 오늘날까지 그의 의절 행위를 찬양하고 있다. 조선시대 성삼문의 시조를 여기에 인용하여 보면/수양산 바라보며 이제를 한하노라/주려 죽을망정 채미(採薇)도 하는 건가? 아무리 푸새의 것인들 그 늬 땅에 났더냐?/하고 노래했다.

성삼문은 이왕 충절을 지키려면 고사리도 캐먹지 말고 그냥 굶어 죽어야 한다는 충의가 이 시조에 은유로 나타나고 있다.

❼ 공자의 탄생과 춘추시대

공자는 기원전 551년 노나라 곡부(曲阜)에서 출생했다. 이름은 구

(丘)요, 자는 중니(仲尼)이니, 조상은 송(宋)나라 사람이었다. 그 후에 노나라로 간 숙량흘(倏粱紇)이라는 사람이 있었는데, 그 부인 안씨(顏氏)와 같이 니산(尼山)에서 기도를 하여 공자를 낳았다고 한다. 공자는 어릴 때부터 그릇을 모아놓고 제사를 지내는 놀이를 했다고 하며, 일찍이 사직리가 되어 가축을 돌보는 일을 했으며, 노자를 찾아가서 예의에 관한 일을 묻기도 했다고 한다.

공자께서 서경을 쓰기 시작했는데 주나라까지의 정사에 관한 문서를 공자가 수정하여 편찬했다. 서경(書經) 20권 58편으로, 서전 또는 상서(尙書)라고도 했다. 이 책은 위로 당우(唐虞)로부터 아래로 진목(秦穆)까지 했으며, 또 중국 은나라로부터 춘추시대까지 내려오는 고시 3천 편을 모아서 305편을 골라 시경(詩經)을 만들었는데, 이것이 후세에 유교의 경전의 하나로 남았다. 그 서문에 '詩三百 一言而弊之曰 思無邪'라고 했으니, 세상 사람들이 모두 '絃歌之樂(현가지악)'이라 높이 찬양했다. 공자가 나이가 들어 '주역'을 즐겨 읽었는데 가죽 책가위가 세 번이나 끊어졌다고 해서 '韋編三絶(위편삼절)'이라는 말이 남아있고, '춘추'를 지었는데 은공(隱公)으로부터 애공(哀公)에 이르기까지 12제후의 기록을 남겼다.

공자의 제자가 3천 명이나 되었는데 '身通六藝者(신통육예자)'는 72사람 밖에 되지 않았다는 것은 유명한 말로 후세에 전해지고 있다. 그는 73세에 세상을 떠났다.

❽ 진시황의 천하통일과 분서갱유

진, 초, 연, 제, 한, 위, 조의 칠웅이 천하를 두고 오랜 전쟁을 계속했다. 그것이 '전국시대'였다. 이 전쟁을 끝내고 진나라 정(政)이 천하를 통일했다. 중국 천하는 비로소 통일의 시대를 맞이한 것이었다. 그가 바로 진나라의 시황제였다.

그는 스스로 '겸덕삼황하고 공과오제라고' 했다. 즉, 덕은 3황을 겸하고 그의 공은 5제를 넘어섰다고 자화자찬하고 일어섰다. 그래서 자호를 '황제'라고 했으며, 그의 명령을 '詔(조)'라고 했으며, 자칭 '朕(짐)'이란 칭호를 사용했다. 시황제란 시법을 처음 사용하였으며 1세, 2세, 3세에 이어 만세에 이르기까지 무궁하게 이어나갈 것이라고 목에 힘을 주었다.

천하의 무기를 거두어들여서 함양에 모아서는 녹여 금인(金人) 12개를 만들어 각각 무게가 천석이라고 했으니 대단했을 것이며, 천하에 흩어져있는 부호들을 수도인 함양에 모아들이니 모두 12만 호였다.

그때 정승으로 있는 "이사"라는 자가 시황제에게 상소를 올렸다. '제후를 모두 없애고 천하의 명령을 하나로 통일하여 백성은 마땅히 농사에 힘쓸 것이며, 선비들은 소위 학문을 배워 백성들을 현혹하게 하고 있으며, 선비들은 모두 조정을 비방하고 있으니 관리들은 진나라를 찬양하는 글이 아니면 모두 태워버리소서.' 하고 글을 올렸다.

그리고 복서와 종수의 방법을 기록한 책 이외의 천하의 시서백가서(詩書百家書)를 모두 태워버리라고까지 했다. 진시황은 그렇다고 찬성을 했다.

그때 후생과 노생이란 자가 있어 글로서 진시황을 기롱하고 도망을 가버렸다. 여기에 대로한 시황제는 요사스런 말로 백성을 어지럽히는 모든 선비들을 모으니, 모두 4백6십여 명이었다. 함양에서 땅에 구덩이를 파고 생매장을 했다. 천하의 모든 시서를 모아 불태우니 이것이 '분시서,갱유생(焚詩書,坑儒生)'의 사건이었다. 이런 사실을 반대하는 큰아들 부소는 북쪽 '蒙恬軍(몽념군)'의 상장으로 보내버렸다.

이런 실정과 함께 요신들이 횡행하고 정치가 어지러워지니 시황을 원망하는 백성들이 날로 늘어나고 있었다. 그래서 진시황제는 3대 진왕 자영에 이르러 망하고 말았다.

❾ 항우와 유방의 겨룸

초한 전쟁이 시작되어 천하를 두고 다투었으니, 그 수장이 항우와 유방이었다.

항우는 어린 시절 글을 배워서도 성공하지 못하고, 칼을 배워서도 성공하지 못했다. 그의 삼촌 항량이 버럭 화를 내니 항우가 하는 말이 '글은 성명을 기록할 따름이요, 칼은 한 사람 대적하는데 쓰일 뿐입니다. 「학만인적(學萬人敵)」하겠다.'는 말을 했다. 그래서 그의 삼촌이 병법을 가르쳤다고 한다.

항우가 오나라 군사 8천 명을 얻어서 그 비장이 되었다. 그때 항우의 나이 24세였다. 그는 강동에서 중원을 향해 진출하게 되었다.

패공은 한나라 유방이었다. 그는 산동에 있을 때 탐재호색했다는 사람으로 함양에 입관하여 힘은 비록 항우보다 약하지만 그는 나중에 장량, 한신 등 인걸을 만나 항우와의 대결에 우위를 차지하게 되었다. 그러나 그는 꾸준한 노력과 지략을 가지고 항우와의 대결에서 결코 우위를 빼앗기지 않았다. 항우는 해하성에서 마지막 대결에 우위를 상실하고 한신에게 포위를 당했다. 사면에서 초나라 노래가 들려오니 항우가 대경실색하여 하는 말이 '한나라가 이미 초나라를 다 빼앗았는가? 어째서 초나라의 노래만 들리는가?' 하고는 절망하게 된다. 항우는 그의 진영에서 우미인을 명하여 춤을 추게 하고 비분강개하며 울면서 노래를 불렀다.

「力拔山兮여 氣蓋世로다.
　역 발 산 혜　기 개 세

時不利兮여 雛不逝라.
　시 불 리 혜　추 불 서

雛不逝兮여 可奈何오.
　추 불 서 혜　가 내 하

虞美虞美여 乃若何오.」
　우 미 우 미　내 약 하

「힘은 산을 뽑을 수도 있음이여, 기운은 세상을 덮을 만하구나.
　시대가 이롭지 못함이여, 추마가 가지 않는구나.
　추마가 가지 않음이여 어찌할 것인가.
　우미! 우미여! 어쩌면 좋은가?」

그는 그의 사랑하는 우미인과 이별하고 어둠 속에 사라져가고 말았다. 추마는 항우가 타고 다니는 준마였다. 좌우에서 모두 울어서 쳐다보지 못할 지경이었다. 항우는 밤에 군사 8백 기를 거느리고 포위를 뚫고 남쪽으로 달아났다. 그러나 그는 해하성에서 패전하여 멸망하고 전세는 패공의 승리로 끝이 나고 말았다. 패공이 바로 한나라의 고조 유방(劉邦)이었다. 그는 결국 한나라를 건국한 한고조였다.

❿ 삼국시대의 도래와 제갈공명

삼국시대는 촉한의 유비, 오의 손권, 위의 조조가 삼분천하(三分天下)하여 싸우는 삼국지의 주역들이었다. 촉한의 유비는 관우, 장비와 같은 장군을 얻어 삼국에서 가장 유력한 나라로 부상했다. 더구나 제갈량의 삼고초려(三顧草廬)는 유비, 관우, 장비가 남양으로 제갈량을 3번이나 찾아가는 일을 말하며, 많은 사람들의 가슴속에 남아있다. 제갈공명은 유비에게 충성을 다하여 촉한의 독립을 위해 한 몸을 바쳤다.

그러나 유비는 재위 3년 만에 붕어하고 아들 유선이 황제의 자리에 올랐다. 17년 동안 왕위에 있었으니, 그를 '후황제'라고 했다. 제상 자리에 있던 제갈량이 선제의 유조를 생각하여 충성을 다해 후황제를 받들었다. 그는 충성을 다해 눈물을 흘리면서 고굉지신으로 충절을 다했다.

제갈량이 군대를 이끌고 위나라를 정벌할 때 유선에게 출사표를 올리고 오장원 진중으로 향했다. 그의 출사표는 너무나 유명하여 명

문장으로 이름나 있다. 출사표의 일부를 여기에 소개하면,

「今, 天下三分에 益州疲弊하니 此, 危急存亡之秋也
금 천하삼분 익주피페 차 위급존망지추야

로이다. 宜, 開張聖聽하여 不宜塞忠諫之路니다. 宮中府
의 개장성청 불의색충간지로 궁중부

中俱爲一體하여 陟罰臧否에 不宜異同이니다. 若有作
중구위일체 척벌장부 불의이동 약유작

姦犯科나 及忠善者, 宜付有司하여 論其刑賞하여 以昭
간범과 급충선자 의부유사 논기형상 이소

平明之治니다. 親賢臣遠小人은 此先漢所以興隆也니
평명지치 친현신원소인 차선한소이흥륭야

이다. 親小人遠賢人은 此後漢所以傾頹也이니 臣은 本
친소인원현인 차후한소이경퇴야 신 본

布衣로 躬耕南陽하여 苟全性命於亂世하고 不求聞達
포의 궁경남양 구전성명어난세 불구문달

於諸侯이니다. 先帝不以臣卑鄙하고 猥者枉屈하여 三
어제후 선제불이신비비 외자왕굴 삼

顧臣於草廬之中하고 諮臣以, 當世之事니이다.」 (이하 생략)
고신어초려지중 자신이 당세지사

제갈량의 병이 위독할 때, 진중에 대성(大星)이 떨어졌다. 얼마 후
에 제갈량이 죽었다. 〈死諸葛亮이 走生仲達〉이란 말이 이 진중에서
생겨났다. 〈죽은 제갈량이 산 중달을 쫓는다.〉이었다. 제갈량은 촉
한을 위해 온몸을 바쳐 충성을 다하다가 진중에서 죽게 되었다. 삼
분천하의 통일을 위하여 싸우던 사람들은 세월 속에 묻히고 다른 사
람에 의해 천하는 통일이 되었다. 그의 '팔진도' 는 역사 속에 제갈
량과 함께 그 이름이 남아 있다.

⑪ 당나라 최고 시인의 시

당나라 시대의 최고의 시인은 역시 이백과 두보였다. 이백은 시
선(詩仙)이요, 두보는 시성(詩聖)이라 불리었다.

山中, 與, 幽人對酌 : 李白
산 중 여 유 인 대 작　이 백

兩人對酌山花開하니 一杯一杯復一杯라.
양 인 대 작 산 화 개　　일 배 일 배 부 일 배

我醉欲眠卿且去타가 明朝有意抱琴來하라.
아 취 욕 면 경 차 거　　명 조 유 의 포 금 래

「두 사람 마주 앉아 술을 마시니 산에 꽃은 피는데

한 잔 한 잔 또 한 잔을 끊임없이 마셔보세.

나는 취해 잠을 자려 하니 그대 잠시 돌아갔다가

내일 아침에 생각 있으면 거문고나 안고 오게.」

絕句 : 杜甫
절 구　두 보

江碧鳥逾白이요 山青花欲然이라.
강 벽 조 유 백　　산 청 화 욕 연

今春看又過하니 何日是歸年고?
금 춘 간 우 과　　하 일 시 귀 년

「강이 푸르니 새 더욱 희게 보이고

산 빛이 푸르니 꽃은 불붙는 것 같구려.

금년 봄도 보니간 또 지나가려 하는데

어느 날이 이 (고향에) 돌아가는 해인가?」

登,岳陽樓 : 杜甫
등 악양루 두보

昔聞洞庭水터니 今上岳陽樓라.
석 문 동 정 수   금 상 악 양 루

吳楚東南坼이요 乾坤日夜浮라.
오 초 동 남 탁   건 곤 일 야 부

親朋無一字하니 老去有孤舟라.
친 붕 무 일 자   노 거 유 고 주

戎馬關山北하니 憑軒涕泗流라.
융 마 관 산 북   빙 헌 체 사 류

악양루에 올라서

「예로부터 동정호를 자주 들어왔는데

　오늘에야 악양루에 올랐구나.

　오(吳)와 초(楚)는 동쪽 남쪽이 터졌고

　하늘과 땅은 밤낮으로 그림자를 드리웠네.

　친한 벗이 한 자 글월도 없으니

　늙고 병들어감에 오직 한 척 배만 있을 뿐.

　아직도 전쟁은 관산 북쪽에 있으니

　난간에 기대어 눈물을 흘리고 있노라.」

당시는 중국 최고의 시다. 이 최고의 시인은 이백과 두보이다. 이

들의 시는 중국 역사상 최대의 시인일 뿐 아니라 영원히 남을 만한
작품들이다.

⑫ 송나라의 유학자들

송나라의 유학자를 송유라고 한다. 송유로서는 주돈이, 사마광,
주희 등을 들 수 있다.

주돈이(周敦頤:1017년~1073년)는 자가 무숙(茂叔)이며, 또는 염계
라고도 했다. 태극도설통서가 있으며, 주희(朱熹)는 송나라의 유학
자(1130~1200)로서, 자는 원회(元晦)·중회(仲晦), 호는 회암(晦庵)·회
옹(晦翁)·운곡산인(雲谷山人)·둔옹(遯翁)으로, 도학(道學)과 이학(理
學)을 합친 이른바 송학(宋學)을 집대성하였다. 주자(朱子)라고 높여
이르며, 그 학문을 주자학이라고 한다.

사마광(1019~1086)은 북송시대의 유학자이며 역사가, 정치가이
다. 자는 군실이며, 호는 우수(迂叟)이다. 저서로는 자치통감(資治通
鑑)이 있다.

⑬ 끝맺음

'18사략'의 내용을 태고로부터 송나라까지 간략하게 통사를 서술해
보았다. 본문을 현토하면서 기억에 남는 내용을 한 번 일별해서 중요
사건만 연대적으로 통술해보니 전체적인 아우트라인이 잡힐 것만 같
다.

이런 일은 전체를 읽기 전에 독자들로 하여금 나름대로 먼저 생각할만한 내용들을 미리 서술하여 독자들에게 제공하고 싶은 것이나 본래의 의도였다. 이런 의도가 조금이라도 도움이 되었으면 하는 마음 간절하다. 너무 장황하지 않게 하려는 것이 길어진 것 같아서 송구할 따름이다.

제1편

선사시대,
그리고
유사시대

태고(太古)라, 천황씨는…

○天皇氏는 以,木德으로 王하다. 歲起攝提하고 無
　천 황 씨　　이 목 덕　　　　왕　　　　세 기 섭 제　　　　　무

爲而化하여 兄弟十二人이 各,一萬八千歲니라.
위 이 화　　　형 제 십 이 인　　각 일 만 팔 천 세

[본문풀이]

　천황씨는 나무의 덕을 얻어 그 덕으로 왕이 되었다. 한 해의 시작을 인(寅)으로 하여 무위(無爲)로 화하여 형제 열두 사람이 각각 1만 8천 년이나 누리게 되었다 한다.

[덧붙임]

　태고라면 아득한 세월 속에 인간이 처음으로 생활을 시작할 때의 이야기다. 원시인의 생활 속에서 나무가 거의 전부를 차지했을 것이다. 그래서 나무의 덕으로 생활했다는 것으로 생각된다. 나무로 집을 짓고 나무로 생활도구를 만들어 사용했으니 나무의 덕이라고 했을 것이다. 오행에서 금, 목, 수, 화, 토의 덕으로 생활했을 것이다. 여기에 나오는 섭제(攝提)는 구갑자(舊甲子)를 말하며, 인월(寅月)을 한 해의 첫 달로 시

작했다는 것이다. 12형제가 각각 18000년을 살았다는 것은 인간은 허구 속에서 산다는 일일 것이다. 이 역시 중국 상고시대의 전설인 것 같다.

[참고사항]

오행(五行)이 있는데, 오행은 금, 목, 수, 화, 토를 말하며, 이 오행이 하늘에 있으면 별(오성)이 되고, 땅 위에 있으면 오행이 된다고 했다. 여기서 말하는 '목덕(木德)으로 위왕(爲王)' 했다는 것은 오행의 덕을 받은 것이라고 말하고 있다. 그 오행 중에 '나무의 덕'을 받았다는 것이다. [木德(목덕)]: 나무의 덕(德)이란 뜻으로, 오행(五行) 중에 목(木)의 기운을 받음을 말한다. 하늘에는 십간(十干)이 있고, 땅에는 십이지(十二支)가 있으니, 이 당시에 이미 12지가 사용되었음을 말하고 있다. 섭제(攝提)가 바로 이것이었다. [攝提(섭제)]: 12지에서 인(寅)을 정월(正月)의 첫 달로 정해서 인월(寅月)로 시작하는 고갑자를 일컫는다. 寅(1월), 卯(2월), 辰(3월), 巳(4월), 午(5월), 未(6월), 申(7월), 酉(8월), 戌(9월), 亥(10월), 子(11월), 丑(12월). [無爲(무위)]: 자연의 법칙에 따라 행할 뿐, 人爲(인위)를 가하지 않는다는 법직이다. 그러나 지금은 자, 축, 인, 묘, 진, 사, 오, 미, 신, 유, 술, 해 순서에 의하여 자월(子月 : 1월)로부터 시작하고 있다. 여기서 '천황씨'로부터 먼저 나오는 것을 보면 하늘의 순서에 따라 모든 사물이 시작되고 움직인다는 뜻으로 알고 있다.

○地皇氏는 以,火德으로 王하여 兄弟十一人이 亦
　지 황 씨　 이 화 덕　　왕　　형 제 십 일 인　 역
各,一萬八千歲이니라.
　각　 일 만 팔 천 세

[본문풀이]

지황씨는 불의 덕으뢰[火德]로 임금이 되어 형제 열한 사람이,
또한 각각 18,000년이나 되었다.

[덧붙임]

오행 중에 '불[火]'의 덕으로 왕이 되었다는 것은 그 당시 불로 음식
을 만들어 먹었다는 증거가 된다. 불은 위험을 주기도 하지만 인간에게
불의 발견은 가장 큰 행운이었다. 그래서 불의 덕을 힘입어 형제 열한
사람이 역시 1만 8천 년을 이어 살았다는 것이다. 여기에서 11인의 후
예들이 1만 8천 년을 이어 살았다는 뜻일 것이다. 위에는 하늘이 있고,
아래에는 땅이 있다는 철리를 말하고 있다. 여기서 말한다면, 이 우주
의 삼라만상은 天, 地, 人, 삼재(三才)로 되었음을 인식시키고 있다. 천
황씨가 나오고는 지황씨가 나오고, 인황씨가 나오는 순서를 보더라도
이 天, 地, 人의 철리를 생각하지 않을 수 없다. 그 다음에는 반드시 인
황씨가 나와야 했음은 자명하다.

[참고사항]

[火德(화덕)] : 오행 가운데 화(火)인, 불의 기운을 얻음을 말함. 여기에
서 불의 기운이라는 것은 인간의 화와 복을 상징하는 것으로 불이 있
어야 필요충분조건을 충족시킬 수 있다는 것이다. 이것이야말로 인
간이 화식을 하게 되는 중요한 조건이 불의 덕, 즉 화덕(火德)인 것이
다.

○人皇氏는 兄弟,九人으로 分長,九州하여 凡,一
　　인 황 씨　　형 제 구 인　　　분 장 구 주　　　범 일

百五十世로 合이 四萬五千六百年이러라.
백 오 십 세　　합　　사 만 오 천 육 백 년

[본문풀이]

　인황씨는 형제 아홉 사람이 나누어 추장이 되어 9주의 주장(州
長)이 되어서 무릇 150대에 도합 4만 5천6백 년이나 이어가게 되
었다.

[덧붙임]

　천황씨, 지황씨, 인황씨, 이 3분이 삼황(三皇)이다. 중국의 역사는 이
삼황과 오제에서부터 시작한다. 역사적 연대와 사실성은 희박하지만
역사의 시작이 여기에서부터 시작되었다는 사실을 말하고 있다. 이것
은 선사시대의 어떤 사실을 기록하고 있지만 전설이나 설화적 요소가
다분하다는 사실이다.

　구주(九州)란 말은 중국 고전에 자주 나오는 요소이다. 이는 구정(九
鼎)이란 말과도 관계가 있는 것이다. 이 구정은 중국 상고시대에서 건
국이념으로 널리 알려진 개념이기도 하다.

[참고사항]

　여기에 나오는 인황씨는 신적인 존재이다. 형제 9사람이 나누어 모
두 추장이 되어 무릇 150대로, 모두 4만 5천6백 년을 살았다고 했으니,
역시 사람이 이 지구를 다스리는 유일의 존재라는 것을 약간의 허구와
함께 인간의 시대적 능력을 말하고 있는 것 같다. 인간이야말로 이 지

구를 다스리는 유일한 존재임을 말하고 있다. 다음에 유소씨가 나오는
데, 이것 역시 인간의 능력을 말하고 있으며 인간의 지혜가 끝이 없다
는 사실을 은연중에 말하고 있다.

○人皇氏,以後로 有曰,有巢氏하여 構木爲巢하고
  인 황 씨 이 후   유 왈 유 소 씨   구 목 위 소

食,木實이러니 至,燧人氏하여 始,鑽燧하여 敎人火
식 목 실   지 수 인 씨   시 찬 수   교 인 화

食하고 在,書契以前이라. 年代國都를 不可考니라.
식   재 서 계 이 전   년 대 국 도   불 가 고

[본문풀이]

　천황씨 이후로 유소씨라 이르는 이가 있어 나무를 얽어 집을
만들고 나무 열매를 따먹고 살더니, 수인씨에 이르러 처음으로
찬수(鑽燧)로 불을 발견하여 사람들에게 화식을 가르치니 글을 사
용하기 이전이라 연대와 나라의 도읍지는 기록이 없어 상고함을
알 수가 없었다.

[덧붙임]

　천황씨, 지황씨, 인황씨가 3황이라면, 유소씨, 수인씨, 복희씨, 황제
씨, 신농씨를 5제라고 한다. 중국의 역사는 이 '삼황오제'에서부터 시
작하고 있다. 이 삼황오제 역시 전설의 시대임에 틀림없다. 인간생활의
시작이 여기에서 비롯되어 유사시대로 넘어오게 되는 것이다. 여기에
서 '不可考'란 말이 참 재미있게 들린다. 문명의 시작을 알리는 이때,
그 이상의 것을 알 수가 없다는 뜻이다.

= 집을 만들고 불을 발견

　인황씨 이후에 유소씨가 있었다. 유소씨에 의하여 나무를 얽어 집을 만들고, 인간이 비로소 집이란 구조를 만들어 살 수 있었고, 나무 열매를 따서 먹을 수 있게 되었으니, 이것이 바로 원시시대를 벗어나는 시기였다.

　수인씨가 불을 발견하여 모든 음식을 익혀서 먹을 수 있게 되었다. 위대한 불의 발견은 문화생활을 앞당겼고, 곧 문자를 만들어 결승의 정치를 대신하고, 문서를 만들어 문명의 시대가 도래(到來)하기 직전이라 그 이상의 문화는 상고할 수가 없었다.

[어려운 한자]

　[構] : 얽어맬(구).　[巢] : 새 둥지, 새집(소).　[燧] : 불 비빌(수), 부싯돌(수).
　[鑽] : 끌(찬), 뚫다(찬).　[契] : 문서(계).　[考] : 상고할(고) = 攷

[참고사항]

　[鑽燧(찬수)] : 나무에 구멍을 내어 문질러서 불을 내게 함. [火食(화식)]
　: 음식을 불에 익혀서 먹음. 인간이 불의 발견으로 인해 식생활이 향
　상됨. [書契(서계)] : 글과 문서.

○太昊伏羲氏는 蛇身人首로 代,燧人氏以王하여
　태 호 복 희 씨　　사 신 인 수　　대 수 인 씨 이 왕

始畫八卦하고 造,書契하여 以代結繩之政하고 制,
시 획 팔 괘　　조 서 계　　이 대 결 승 지 정　　제

嫁娶하여 以,儷皮로 爲禮하고 結網罟하여 敎,佃漁
가 취　　이 려 피　　위 례　　결 망 고　　교 전 어

하고 養,犧牲하여 以充,疱廚故로 曰,疱犧라 하다.
　　양 희 생　　이 충 포 주 고　　왈　포 희

　태호복희씨는 뱀의
몸이요, 사람의 머리
로 수인씨를 이어서
왕이 되어 처음으로
팔괘를 긋고 글을 만
들어 결승(結繩)의 정
치를 대신 하였으며,
혼인제도를 만들어 사
슴 가죽으로서 예물로
삼고, 그물을 엮어서
사냥과 고기잡이를 가
르치고, 짐승을 집안
에서 길러 그걸 잡아
서 부엌의 음식꺼리를
채웠으므로, 그것을
이름하여 '포희(庖犧)'
라 불렀다.

복희여와도(伏羲女媧圖)
국립중앙박물관 소장

[덧붙임]

　원시시대에서 유사시대로 넘어오는 시기로서 문명의 서광이 비치기
시작하는 시기이다. 불의 발견과 팔괘를 만들고 문자의 발명과 결혼제
도의 성립, 산의 짐승을 붙들어서 집안에서 기르는 등 문화의 서광이

비치기 시작하는 시기인 것이다. 특히 결혼 예물로 양의 껍질을 사용했다는데서 상당히 흥미로운 일로 느껴진다. 그리고 짐승을 잡아 부엌을 풍부하게 한 것은 생활의 윤택을 의미하는 것이다.

3황과 5제 시대

복희씨와 신농씨, 황제씨가 3황 시대였다. 복희씨는 팔괘를 처음 그었고, 신농씨는 농기구를 만들었으며, 황제씨는 창과 방패, 배와 수레를 만들었다고 한다.

소호와 전욱과 제곡과 제요와 제순이, 이분들이 5제인데, 이 시대에는 모든 황제들의 으뜸이 되어 문화를 처음 열어가기 시작해서 태평성대를 이룩하였다고 한다. 이 시대에는 모든 음식을 부엌에다 저장하여놓고 살았으니, 이것을 포희(疱羲)라고 불렀다.

[어려운 한자]

[繩] : 노끈(승), [儷] : 짝(려). [罟] : 그물(고). [庖] : 부엌(포). [廚] : 주방(주).

[참고사항]

[結繩之政(결승지정)] : 문자 대신 노끈의 매듭을 묶어서 사건의 경중을 알리던 정치. [八卦(팔괘)] : 중국 고대에 복희씨가 만들었다고 하는 여덟 가지 괘. [儷皮(려피)] : 사슴가죽. 혼례의 예물로 사용했다고 함. [犧牲(희생)] : 여기서는 짐승을 잡아 집에서 기르는 것을 말함. [庖犧(포희)] : 짐승을 잡아서 부엌을 풍성히 했다.

○炎帝神農氏는 姜姓이다. 人身牛首라. 繼,風姓
　　염제신농씨　　강성　　　　인신우수　　계풍성

而立하여 火德王하니라. 斷木爲耜하며 揉木爲耒하
이립　　　화덕왕　　　　착목위사　　　유목위뢰

여 始敎耕하며 作蜡祭하여 以赭鞭으로 鞭草木하고
　　시교경　　작사제　　이자편　　편초목

嘗百草하여 始有醫藥하고 敎人,日中爲市하여 交
상백초　　시유의약　　교인일중위시　　교

易而退하다. 都於陳이라가 徙,曲阜하여 傳,姜姓으
역이퇴　　도어진　　사곡부　　전강성

로 凡,八世에 五百二十年이러라.
　　범팔세　　오백이십년

[본문풀이]

　염제신농씨는 성이 강씨이었다. 사람의 몸에 소의 머리였다. 풍씨 다음에 자리에 올랐으며 화덕으로 왕 노릇을 했다. 나무를 깎아 보습을 만들고 나무를 휘어잡아서 쟁기를 만들어 처음으로 밭 가는 방법을 가르쳤으며, 납일 제사를 드리고 붉은 채찍으로 초목을 쳐보고 백초의 맛을 보아 처음으

염제신농씨(炎帝神農氏)
『삼재도회(三才圖會)』인물권(人物卷)에서

로 의약을 발견하였고, 사람을 가르쳐서 낮에는 저자에 나가 교역하여 돌아오게 하였다. 진이라는 곳에 도읍을 하였다가 곡부로 옮겨 강씨 성으로 전하기를 무릇 8대에 5백 20년이 되었다.

[덧붙임]

염제신농씨와 태호복희씨가 나온다. 이분들은 인간을 위해 여러 가지 발명을 하게 된다. 신농씨는 농기구를 만들고, 복희씨는 팔괘를 만들어 생활을 발전시키고, 풀과 나뭇잎을 맛보아 의약품의 발견에 노력하고 비로소 시장을 만들어 사람들이 교역하는 문화가 시작되었다. 이 시대의 통치자는 강씨이며 8세에 520년 동안 이어 나왔다. 이런 사실은 모두 문명의 초기에 있었던 일로 새로운 여명기에 접어들었다는 사실을 알게 된다. 이 시대에 이미 시장을 열어 교역이 시작되었으니 이것이 경제생활의 시작이었다. 이 두 사람들은 진(陳)에 도읍을 하다가 곡부(曲阜)로 옮겨서 강씨 성이 8대에 520년을 이어받았다고 한다.

[어려운 한자]

[昊] : 하늘(호). [斲] : 깎을(착). [耜] : 보습(사). [揉] : 휘어잡을(유). [耒] : 쟁기(뢰). [耕] : 밭갈(경)=畊. [蜡] : 납향(사).

[참고사항]

[蜡祭(사제)] : 연말에 모든 신에게 지내는 제사. [嘗,百草,始有醫藥(상,백초,시유의약)] : 여러 가지 풀의 맛을 보아 그 풀이 인체에 어떤 효과가 있나 하는 것을 알아내서 의약으로 개발했다. [陳(진)] : 중국 하남성에 있는 지명. [曲阜(곡부)] : 산동성에 있는 지명임.

○黄帝,軒轅氏는 公孫姓이니, 母가 見,大電하고
　　황제 헌원씨　　　공손성　　　모　　견대전

繞,北斗樞星하여 感而生帝하다. 炎帝世衰하니 諸
요북두추성　　　감이생제　　　염제세쇠　　　제

侯,相侵伐하여 軒轅이 乃,習用干戈하여 以征,不享
후 상침벌　　　헌원　내 습용간과　　　이정불향

諸侯하니 諸侯,咸歸之하다. 與,炎帝로 戰于,阪泉
제후　　제후 함귀지　　　여염제　　전우판천

之野하여 克之하다. 蚩尤作亂하니 其人,銅鐵額으
지야　　극지　　　치우작란　　　기인 동철액

로 能作大霧하니 軒轅이 作,指南車하여 與,蚩尤로
능작대무　　헌원　작 지남거　　　여치우

戰於,涿鹿之野하여 禽之하니 遂代炎帝하여 爲,天
전어탁록지야　　　금지　　수대염제　　위천

子하다. 造,律呂하고 爲,文章하여 以表貴賤하고 作,
자　　조율려　　　위문장　　　이표귀천　　작

舟車而濟不通하고 遠夷之國이 莫不入貢하다. 帝
주거이제불통　　　원이지국　막불입공　　제

崩에 有子,二十五人이 其,得姓者가 十四人이니라.
붕　유자이십오인　기 득성자　십사인

[본문풀이]

황제헌원씨는 성이 공손(公孫)씨이니, 어머니가 큰 번갯불이 북두의 별이 둘리는 것을 보고 느끼어 황제를 낳았다. 염제의 세상이 쇠하여지니 제후가 서로 침범하여 헌원이 이에 무기 쓰는 법을 익혀 복종하지 않는 제후를 정벌하니 제후가 다 돌아와서 복종하게 되었다. 또 염제

황제(黃帝) 헌원(軒轅) 상
위키피디아, 사회역사박물관 출처

와 더불어 판천(阪泉) 들판에서 싸워 이겼다.

치우(蚩尤)가 난리를 일으키니 그 사람은 구리와 쇠 같은 이마로 능히 큰 인개를 만드니, 헌원이 지남거(指南車)를 제작하여 치우와 탁록의 들판에서 싸워 사로잡으니 드디어 염제를 대신하여 천자가 되었다.

법을 만들고 글과 문장을 만들어 사람의 귀천을 나타냈고, 배와 수레를 만들어 통하지 못하는 곳을 건너가게 하니, 멀리 있는 오랑캐 나라들이 조공을 바치지 않는 것이 없었다. 황제가 죽으니 아들 25인이 있어 그 성(姓)을 얻은 자가 14인이었다.

[덧붙임]

황제씨의 시대가 시작되고 있다. 북극성, 북두성에 휘둘리는 번갯불을 보고 잉태하여 황제씨가 탄생했다고 한다. 이 시대에는 벌써 무기를 만들어 사용할 줄 알았으며, 더구나 이때 '지남거' 라는 수레를 만들어 전쟁에 사용했다는 것이 특별하다. 치우(蚩尤)라는 자가 난을 일으키니 황제씨는 이 지남거(指南車)를 만들어 탁록 들판에서 싸워 승리하게 된다. 이때 법을 만들고 글을 만들어서 문장을 사용했고, 또 배를 만들어 물을 건너갈 수 있게 되었다. 이런 문화의 발달로 멀리서나 가까운 곳의 제후들이 조공을 바치고 호응해 왔다. 황제가 죽고, 그 아들 25인과 그 성을 얻어 나온 자도 14인이나 되었다는 것은 씨족사회의 발전이라는 것을 의미한다.

치우(蚩尤)
한(漢)대의 석판, 위키피디아 출처

[어려운 한자]

[轅] : 끌채(원). [繞] : 두르다(요). [樞] : 지도리(추). [享] : 응할(향), 복종(향).
[阪] : 언덕(판). [額] : 이마(액). [蚩] : 벌레 이름(치). [涿] : 땅이름(탁).

[참고사항]

[樞星(추성)] : 북극성을 말함. [炎帝(염제)] : 신농씨를 말함. [干戈(간과)]
: 방패와 창, 곧 무기를 말함. [不享(불향)] : 복종하지 않음. [指南車(지
남거)] : 수레 위에 신선의 목상을 만들어 손가락이 남쪽을 향하게 하
는 수레. [律呂(율려)] : 음률을 말함. 곧 음악. [其得姓者十四(기득성자
십사)] : 아들 25명 중에 14명이 작위를 받고 성을 하사받았으며, 나머
지는 서민으로 살았다.

○小昊金天氏의 名은 玄囂이니 黃帝之子也라. 亦
　소호금천씨　　명　　현효　　　황제지자야　　역
曰, 靑陽이라 하니 其立也에 鳳鳥가 適至하여 以鳥
　왈　청양　　　　기입야　　봉조　　적지　　　이조
로 紀官하다.
　기관

[본문풀이]

소호금천씨의 이름은 현효이니, 황제의 아들이다. 또한 말하기
를 '청양'이라고도 하니, 그가 황제의 자리에 오를 때 마침 봉황
새가 이르러 이 새로써 모든 관직의 이름을 기록했다.

[덧붙임]

소호,금천씨의 시대가 시작되었다. 그는 금(金)의 덕으로 왕위에 올랐다고 했으니, 오행에 '금'을 상징하는 임금으로 바로 황제의 아들이었다. 이름은 '현효', 혹은 '청양'이라고도 했다는데, 그가 왕위에 오를 때 봉황새가 날아들었다. 그래서 성왕(聖王)이 왕위에 오르면 봉황새가 날아든다는 전설이 이때부터 생겨난 것이다. 그 후부터는 모든 관직의 이름을 이 새의 이름으로 기록했다고 했다. 이것은 이 시대가 성왕의 시대라는 뜻이다.

[어려운 한자]

[昊] : 하늘(호). [囂] : 드날릴(효). [立] : (왕위에 오르다). 오르다(립), 설(입).

[참고사항]

[小昊金天氏(소호금천씨)] : 금의 덕으로 왕이 되었고, 재위는 84년이었다. [鳳鳥(봉조)] : 봉황을 뜻함. 鳳은 수컷, 凰은 암컷으로 성왕(聖王)의 시대에 이 새가 나타난다고 함. [鳥紀官(조기관)] : 左氏傳(좌씨전)에 祝鳩氏(축구씨), 雎鳩氏(저구씨), 鳴鳩氏(명구씨), 鷞鳩氏(상구씨), 鶻鳩氏(골구씨) 등의 새 이름으로 관직을 기록했다.

○帝堯陶唐氏는 帝嚳之子也라. 其人如天하고 其
　제요도당씨　　제곡지자야　　　기인여천　　　기

知如神하며 就之如日하고 望之如雲이라. 都,平陽
지여신　　　취지여일　　　망지여운　　　도　평양

하고 茅茨不剪하고 土階三等이라. 治天下,五十年
　　　모자부전　　　토계삼등　　　치천하 오십년

에 不知天下治歟아 不治歟아 하여 乃, 微服으로 游
부지천하치여　　불치여　　　　내 미복　　　유

於康衢하니 有, 老人하여 含哺鼓腹하며 擊壤而歌하
어강구　　　유노인　　　함포고복　　　격양이가

니 曰,「日出而作하고 日入而息하며 鑿井而飲하고
왈　 일출이작　　　일입이식　　　착정이음

耕田而食하니 帝力何有於我哉리오.」하다.
경전이식　　　제력하유어아재

[본문풀이]

　제요도당씨는 제곡의 아들이었다. (그가 바로 요임금이었으
니) 그 사람은 하늘과 같았고, 그의 아는 것이 신과 같았으며, 나
아감이 해와 같았고, 바라봄이 구름과 같았다. 평양(平陽)에 도읍
하고 띠[茅]로 지붕을 이어서 처마를 자르지 않았으며, 흙 계단이
삼층뿐이었다. 천하를 다스린 지 오십 년 만에 천하를 바르게 잘
다스렸는지 못 다스렸는지를 알지 못하여, 이에 미복을 입고 길
거리에 놀러나가니 어떤 노인이 있어 자기 배를 두드리며 '격양
가'를 불렀으니, '해기 뜨면 농사를 짓고, 해가 지면 휴식을 하며,
우물을 파서는 목마를 때 물을 마시고, 밭을 갈아서는 먹으니 제
왕의 힘이 어찌 나에게 소용 있으랴? 했다.

[덧붙임]

　비로소 성왕의 시대가 도래했다. 성왕의 시대가 바로 요순시대이다.
요임금 시대가 도래한 것이다. 그는 하늘과 같고 신과 같고 해와 같고
구름과 같다고 했다. 그의 궁궐이라고 하는 것이 지붕은 띠[茅]로 이었

고, 처마는 들쭉날쭉 끝은 베지도 않았다. 흙의 계단도 겨우 3층 밖에 안 되지만 천하를 다스린 지 15년 만에 천하는 바르게 다스려졌다. 요임금은 미복으로 길거리에 나갔는데, 어느 노인이 자기 배를 두드리며 '격양가'를 불렀다./해가 떠오르면 일을 하고/해가 지면은 일을 마치고 휴식하네./우물을 파서 물을 마시고/밭을 갈아서 먹을 것을 얻네./이런 생활에서 제왕의 힘이/나에게 무엇이 더 필요하리요./이 격양가는 '태평성대'를 노래한 성왕 시대를 표현한 것이었다.

[어려운 한자]

[罍] : 고할(곡). [茨] : 가시나무(자). [剪] : 전지할(전). [衢] : 거리(구). [哺] : 먹을(포). [腹] : 배(복). [鑿] : 뚫을(착).

[참고사항]

[帝堯陶唐氏(제요도당씨)] : 요(堯)임금을 가리킨다. [帝罍(제곡)] : 황제 헌원씨의 증손자. [平陽(평양)] : 중국 산서성에 있는 지명. [茅茨(모자)] : 띠풀로 지붕을 잇다. [不剪(부전)] : 자르지 않음. [土階三等(토계삼등)] : 검소한 황제의 왕궁을 일컫는 말이다. 세 계단밖에 쌓지 않음. [微服(미복)] : 신분을 감추기 위하여 입는 평복. [康衢(강구)] : 도시의 길거리. [帝力何有於我哉(제력하유어아재)] : 요(堯)임금시대 '격양가'의 끝 구절임.

〈격양가(擊壤歌) 원문〉

「日出而作하고 日入而息하며 鑿井而飮하고 耕田
  일 출 이 작   일 입 이 식   착 정 이 음   경 전
而食하니 帝力何有於我哉리오.」
이 식   제 력 하 유 어 아 재

[풀이]

해가 떠오르면 일을 하고

해가 지면은 일을 마치고 휴식하네.

우물을 파서 물을 마시고

밭을 갈아서 먹을 것을 얻네.

이런 생활에서 군왕의 힘이

나에게 무엇이 더 필요하리요.

○帝舜有虞氏의 名은 重華이니 瞽瞍之子也라. 父
　　제순유우씨　　명　　중화　　　　고수지자야　　　부

惑於後妻하여 愛,小子,象하여 常欲殺舜하거늘 舜盡
혹어후처　　　애소자상　　　상욕살순　　　　　순진

孝悌之道하여 所居成聚에 二年成邑하고 三年成
효제지도　　　소거성취　　이년성읍　　　삼년성

都하여 舜聞之聰明하고 擧於畎畝하여 妻,二女하니
도　　　순문지총명　　　거어견묘　　　처　이녀

曰,蛾黃,女英이라. 彈,五絃之琴하여 南風之詩하며
왈　아황　익영　　　탄　오현시금　　　남풍지시

而天下治하다. 詩에 曰,「南風之薰兮여! 可以解吾
이천하치　　　시　왈　남풍지훈혜　　　가이해오

民之慍兮로다. 南風之時兮여! 可以阜,吾民之財
민지온혜　　　남풍지시혜　　　가이부　오민지재

兮로다.」하였다. 時에 景星出하여 卿雲이 興하니 百
혜　　　　　　　시　경성출　　　경운　흥　　　백

工相和而歌曰,「卿雲爛兮여 禮漫漫兮라 日月光
공상화이가왈　　경운란혜　　예만만혜　　일월광

華하고 旦復旦兮여.」하다. 舜子商均은 不肖라 乃
화　　　단부단혜　　　　　순자상균　　불초　　내

薦,禹於天하고 舜이 南巡狩하다가 崩於蒼梧之野하
천 우 어 천　　순　　남 순 수　　　　붕 어 창 오 지 야

니 禹,卽位하니라.
우 즉 위

[본문풀이]

　제순유우씨의 이름은 중화(重華)이니, 고수(瞽瞍)의 아들이다. 아
버지가 후처에 빠져 작은아들 상(象)을 사랑하여 항상 순임금을 죽
이려고 하거늘, 순이 효제(孝悌)의 도를 다하여 사는 곳에 부락을
이루며 살았는데, 2년에 읍이 되고, 3년에는 도시를 이루어 순의 총
명이 견묘(畎畝)에서 발탁하여 두 여자를 아내로 삼았는데, 아황과
여영이 그들이었다. 오현(五絃)의 거문고를 타고 남풍의 시를 노래
하며 천하를 다스렸다. 그 시에 이르기를, 「남풍의 훈훈함이여 가
히 내 백성의 성냄을 풀도다. 남풍이 불어올 때마다 내 백성의 재
물이 풍족해지리로다.」 하였다. 그때 경성(景星)이 나오고 경사로
운 구름이 일어나서 백공(百工:百官)이 서로 화답하여 노래하여 이
르기를, 「경사로운 구름이 빛남이여, 예(禮)가 만만하도다. 해와 달
이 빛남이여, 아침은 다시 아침이로다.」 했다. 순임금의 아들 상균
은 어질지 못하여 이에 우를 하늘같이 천거하고 순은 남쪽지방을
순수하다가 창오(蒼梧)의 들에서 붕어하시니, 우가 즉위하였다.

[덧붙임]

　순임금 시대가 도래했다. 순의 아버지는 고수라는 사람인데, 자주
어린 순을 죽이려고 했다. 그러나 순은 효도를 다해 아버지를 섬겼으며

또 부락을 이루며 살았는데, 2년 만에 읍이 되고, 3년 만에 도시가 되어 그의 총명이 증명되었다. 두 여자가 그의 아내가 되었는데, 그 여인이 아황과 여영이었다. 그들은 거문고를 타고 '남풍'을 노래했다. / 남풍이 불어오는 훈훈함이여 / 백성들의 성난 마음 풀도다. / 봄바람 남쪽에서 불어옴이여! / 오곡백과 열매 맺어 백성은 풍요로우리. / 라고 하는 역시 태평성대를 노래했다. 순임금은 남방지방을 순시하다가 붕어하니 우임금이 즉위했다. 순의 아들인 '상균'이 있었지만 불초하여 우임금을 후계자로 선정했었다.

[어려운 한자]

[瞽]: 소경(고). [瞍]: 소경(수). [畎]: 밭고랑(견). [蛾]: 나방(아). [慍]: 성낼 (온). [阜]: 풍성하다, 풍요롭다(부). 언덕(부).

[참고사항]

[帝舜,有虞氏(제순,유우씨)]: 순임금을 이르는 말. [孝悌(효제)]: 부모에 대한 효도와 형제 간의 우애. [畎畝(견묘)]: 시골, 전원. [南風之詩(남풍지시)]: 순임금이 남쪽에서 불어오는 바람을 즐기면서 자신의 정치적 업적을 노래한 시. [景星(경성)]: 천자가 후임 자리를 잘 가려서 현군(賢君)이 나타났을 때 나타난다는 별. [卿雲(경운)]: 경사로운 구름. [百工(백공)]: 백관, 여러 관리. [巡狩(순수)]: 황제가 순시하는 일. [蒼梧(창오)]: 중국 광서성(廣西省)에 있는 지명.

⟨남풍시(南風詩) 원문⟩

南風之詩 = 「南風之薰兮여 可以解吾民之慍兮
남 풍 지 시   남 풍 지 훈 혜   가 이 해 오 민 지 온 혜로다. 南風之時兮여 可以阜吾民之財兮로다.」
남 풍 지 시 혜　　가 이 부 오 민 지 재 혜

[풀이]

　남풍이 불어오는 훈훈함이여

　백성들의 성난 마음 풀도다.

　봄바람 남쪽에서 불어옴이여!

　오곡백과 열매 맺어 백성은 풍요로우리.

〈백공화답가(百工和答歌) 원문〉

「卿雲爛兮여　禮漫漫兮라　日月光華하고　但復旦
경 운 란 혜　　예 만 만 혜　　일 월 광 화　　　　단 부 단

兮여.」
혜

[풀이]

　百工和答歌

「경사로운 구름이 빛이 남이여

　예절이 바로 서고 융성하도다.

　해와 달이 다 빛을 발함이여

　아침은 아침으로 다시 이어지도다.」

❸
하(夏)·은(殷) 시대

○夏后氏禹는 姒姓이니 鯀之子也라. 鯀이 湮,洪水
하후씨우 사성   곤지자야   곤 인홍수

하니 舜이 擧禹하여 代鯀하다. 勞身焦思하여 居外,
순 거우   대곤   노신초사   거외

十三年이라. 過家門,不入하고 陸行乘車하고 水行
십삼년   과가문불입   육행승거   수행

乘船하며 泥行乘㯭하고 山行乘檋하여 皆九州하고
승선   니행승교   산행승련   개구주

通,九道하며 陂,九澤하고 度,九山하여 告厥成功이
통구도   피구택   도구산   고궐성공

라 舜嘉之하여 使率百官하고 行,天子事하다. 舜崩
순가지   사솔백관   행천자사   순붕

에 乃,踐位하니 聲爲律하고 身爲度하고 一饋十起
내천위   성위율   신위도   일궤십기

하여 以勞,天下之民하다. 收,九牧之金하여 鑄,九鼎
이로천하지민   수구목지금   주구정

하고 會,諸侯於塗山하니 執,玉帛者萬國이러라. 南
회제후어도산   집옥백자만국   남

巡至,會稽山而崩하니 子,啓賢하여 能繼禹하니라.
순지회계산이붕   자계현   능계우

하후씨 우는 성이 사씨(姒
氏)이니, 곤(鯀)의 아들이다.
곤이 홍수를 막으니 순임금
이 우를 천거하여 곤(우임금
의 아버지)을 대신하였다. 몸
과 마음을 다하여 집 밖에 거
주함이 13년이었다. 자기 집
앞을 지나가도 들릴 겨를이
없었고, 육지에서는 수레를
타고, 물 위에서는 배를 타고,
진흙 위에서는 덧신을 신고,
산에 오를 때는 연(攆)을 타고
다니면서 구주를 열고 구도
를 통하였으며, 구택에는 아
홉 방축을 쌓았고 아홉 산을

하왕조 하후씨(夏王朝 夏后氏)
대만국립고궁박물관 소장

측량하여 그 성공을 고하였다. 순임금이 가상히 생각하여 백관을
거느리고 천하의 일을 행하게 하였다.

순임금이 붕어함에 이에 천자의 위에 오르니, 그의 음성은 가
락이 되고, 몸은 법도가 되고, 한 번 밥 먹는 동안 열 번은 일어날
정도로 천하의 백성을 위해 노력했다. 아홉 고을 수령에게서 쇠
를 거두어 아홉 개의 솥을 만들고 제후를 도산에 모이게 하니 옥
백(구슬과 비단)을 가진 자가 만국이나 되었다. 남쪽지방을 순회

하다가 회계산에 이르러 붕어하니, 아들 계(啓)가 어질어 능히 우임금의 뒤를 이었다.

[덧붙임]

우임금의 행적을 적고 있다. 이 우임금 역시 성군이었다. 그는 홍수를 잘 다스려 순임금을 대신하여 왕위에 올랐다. 치산치수(治山治水)가 예부터 가장 큰 일이었다. 13년을 이에 골몰하여 자기 집 앞으로 지나가면서도 집에 한 번 들릴 겨를이 없었다고 했다. 그는 그만큼 천하의 백성을 위해 수고했었다. 아홉 고을의 수령들에게 명하여 쇠를 거두어 아홉 개의 솥을 만들었다. 그래서 구정(九鼎)은 우임금의 국정의 상징이 되었다.

[어려운 한자]

[姒]: 동서(사). 언니(사). 여기서는 성씨. [鯀]: 물고기 이름(곤), 사람 이름〔우왕의 아버지〕(곤). [湮]: 물 잠길(인). 막다, 끊어 없애다(인). [屩]: 덧신(교). [攆]: 연(련). [陂]: 비탈(피), 방죽(피). [厥]: 그(궐). [饋]: 밥 먹을(궤). [鑄]: 주물(주). [稽]: 머무를(계).

[참고사항]

[九州(구주)]: 당시의 중국은 아홉 구역으로 나누어져 있었다. [九道(구도). 九澤(구택). 九山(구산)]: 전국이란 뜻이다. [九牧(구목)]: 아홉 고을의 수령. [九鼎(구정)]: 아홉 개의 솥. 아홉 구역을 상징. [塗山(도산)]: 중국 휘안성에 있는 지명. [玉帛(옥백)]: 그때는 제후가 천자에게 옥이나 비단을 들고 예를 갖추었다. 그것을 옥백이라 했다. [會稽山(회계산)]: 중국 절강성에 있는 산 이름.

○殷王,成湯은 子姓이요 名은 履다. 其先王曰, 契
이니 帝嚳之子也라. 母는 簡狄이라 見,玄鳥墜卵하
니 吞之하여 生契하니라. 爲,唐虞司徒하여 封於商
하다. 湯은 始都,亳이러니 湯이 出見하니 有,張網四
面하고 而祝之曰,「從,天降하고 從,地出하여 從,四
方來者는 皆罹吾網하리라.」하니 湯曰, 噫라! 盡之
矣라.」乃解其三面하여 改祝曰,「欲左면 左하고 欲
右면, 右하여 不用命者는 入吾網하라.」하니 諸侯聞
之曰,「湯德至矣하여 及禽獸하다.」伊尹이 相湯하
여 伐桀하고 放之南巢하니 諸侯尊湯하여 爲,天子
하다.

[본문풀이]

은왕 성탕의 성은 자씨요, 이름은 이(履)이다. 그 선왕은 설(契)
이니 제곡의 아들이다. 어머니는 간적(簡狄)이니 검은 새가 떨어
뜨리는 알을 삼키고 아들 설(契)을 낳았다고 했다. 설은 당(唐)과
우(虞) 때 사도 벼슬을 하여 상(商)에 봉해졌다.

탕은 처음에 박(亳)에 도읍을 하였는데, 탕이 나와서 보니 사면

에 그물을 치고 축수하면서 말하기를, '하늘로부터 내려오고 땅으로부터 나와서 사방에서 오는 자 모두 내 그물에 걸려라.' 하니, 탕이 이르기를, '슬프다! 이것이 다 없어지는구나.' 하고, 이에 그 삼면을 고쳐 빌어 이르기를, '좌(左)로 하고자 하면 좌로 하고, 우(右)로 하고자 하면 우로 하여 이르는 대로 하지 않는 자는 내 그물에 들어오라.' 하니, 제후가 이것을 듣고 말하기를, '탕의 덕이 지극하여 금수에게까지 미친다.' 고 하였

탕왕(湯王)
대만국립고궁박물관 소장

다. 이윤(伊尹)이 탕의 재상이 되어 걸(桀)을 쳐서 남소(南巢)로 쫓으니 제후가 탕을 높여 천자로 삼았다.

[덧붙임]

탕왕의 출현이다. 그는 처음에 박(亳)에 도읍을 했는데, 사방에 그물을 치고 하늘과 땅 사방에서 오는 자 모두 내 그물에 걸리라고 하는 자가 있었다. 그래서 탕은 삼면을 고쳐 빌되 '좌로 하고자 하면 좌로 하

고, 우로 하고자 하는 자는 우로 하고, 이르는 대로 하지 않는 자는 모두 내 그물에 들어오라.' 하니, 제후들이 탕의 덕이 지극하여 금수에까지 이르는구나 하였다. 탕은 역시 덕으로 백성을 다스리는 성군이었다. 이 윤(伊尹)이 탕의 재상이 되었는데 걸(桀)이란 폭군을 쳐서 내쫓으니 제후가 탕을 천자로 삼았다고 했다. 여기에 나오는 탕, 이윤은 선인이요, 걸은 악인이었다. 선과 악의 대결로 선이 승리하는 것은 이 시대의 당연한 결과였다.

[어려운 한자]

[亳]: 땅이름(박). [罹]: 걸리다(리), 근심(리). [網]: 그물(망).

[참고사항]

[司徒(사도)]: 고대 중국의 삼공의 하나. 교육과 재정을 담당하던 관리. [商(상)]: 중국 섬서성에 있던 지명. [亳(박)]: 중국 하남성에 있던 지명. [桀(걸)]: 우왕(禹王)의 자손으로 하(夏)의 임금. 무도한 임금으로 은왕(殷王) 성탕(成湯)에게 쫓겨났음. 은나라 마지막 왕, 주왕(紂王)과 함께 폭군으로 일컬었다. [南巢(남소)]: 중국 안휘성에 있던 지명.

○後에 至, 帝辛하여 號爲紂이니 資辯捷疾하며 手
　후　　지제신　　호위주　　자변첩질　　수
擊猛獸하다 智足以, 拒諫하고 言足以, 飾非라. 紂伐,
격맹수　　지족이거간　　언족이식비　　주벌
有蘇氏하니 有蘇는 以, 妲己女焉하니 有寵하다. 厚,
유소씨　　유소　이달기녀언　유총　후

賦稅以實,鹿臺之財하고 盈,鉅橋之粟하다. 廣,沙
부세이실 녹대지재 영 거교지속 광 사

丘苑臺하고 以酒爲池하고 懸肉爲林하여 爲,長夜
구원대 이주위지 현육위림 위 장야

之飮하다. 百姓怨望하고 諸侯,有叛者하다. 紂는 乃
지음 백성원망 제후유반자 주 내

重刑辟爲,銅柱하여 以膏塗之하고 加於炭火之上하
중형벽위 동주 이고도지 가어탄화지상

고 使,有罪者로 緣之하여 足滑,跌墜火中하면 與,
사유죄자 연지 족활질추화중 여

妲己로 觀之大樂하니 名曰,「炮烙之刑이라.」하다.
달기 관지대락 명왈 포락지형

庶兄微子가 數諫,不從去之하고 比干이 諫,三日不
서형미자 수간부종거지 비간 간삼일불

去하니 紂,怒曰,「吾聞,聖人之心에 有,七竅하니
거 주노왈 오문성인지심 유칠규

剖而觀其心하리라.」하다. 箕子는 佯狂爲奴하니 紂,
부이관기심 기자 양광위노 주

囚之하다. 周發이 率諸侯하고 伐紂하니 紂敗于牧
수지 주발 솔제후 벌주 주패우목

野하여 衣,寶玉하고 自焚死하니 殷亡하니라.
야 의보옥 자분사 은망

[본문풀이]

　뒤에 제신(帝辛)에 이르러 주(紂)라는 이름의 임금이 있었으니,
말하는 솜씨가 매우 빠르며, 손의 힘으로 맹수를 쳐 죽일 정도였
다. 지혜는 간언을 막음에 족하였고, 말은 잘못을 꾸미는데 족하
였다. 주(紂)가 유소씨(有蘇氏)를 정벌하였는데, 유소는 달기(姐己)
라는 여자를 주어 그의 아내로 삼게 하였으니, 주는 달기를 총애

했다. 세금을 무겁게 매겨 녹대(鹿臺)의 재물을 충실하게 하고 거교(鉅橋 : 창고)에 곡식을 채웠다. 모래 동산에 정원[苑臺]을 넓히고 아름답게 꾸미며 술로 못을 만들고 고기를 줄줄 걸어서 숲을 이루어 밤을 새워서 즐기며 술을 마셨다. 백성들은 원망했고 제후에는 배반하는 자가 많이 있었다.

주왕은 이에 형벌을 무겁게 하여 구리 기둥을 만들어 기름을 발라서 숯불 위에 걸쳐놓고 죄가 있는 자로 하여금 건너게 하여 다리가 미끄러져 무릎을 꿇고 불속으로 떨어지면 달기와 함께 이것을 보고 크게 웃고 즐겼다. 이름하여 이르기를 '포락지형' 이라 했다. 서형인 미자(微子)가 여러 번 충간했으나 듣지 않았으므로 물러갔다. 비간(比干)이 사흘 동안 간하면서 물러가지 않으니 주왕이 노하여 이르기를, '내가 들으니, 성인 심장에는 일곱 구멍이 있다 하더라.' 하면서 가슴을 갈라 그 심장을 보리라 했다. 기자(箕子)는 거짓으로 미쳐서 남의 종이 되니 주가 그를 잡아 가두었다.

주나라의 발(發)이 제후를 거느리고 주를 토벌하였다. 주는 목야(牧野)에서 패하여 보옥(寶玉)을 몸에 걸치고 스스로 불에 타서 죽으니 은나라는 멸망하였다.

[덧붙임]

폭군 주에 대한 내용을 기록하고 있다. 주는 폭군으로 온갖 포악한 짓을 다 했다. 그의 여자 달기도 역시 악녀였다. 폭군 주는 육체와 정신이 모두 악인으로 태어난 대표적 폭군이다. 그의 신하들이 간언으로 맞서도 그는 듣지 않고 결국 주나라의 발(發)이 제후를 거느리고 나타나 그를 정벌한다. 그래서 은나라는 주왕과 함께 망하고 만다. 이것 역시 고대 중국의 선과 악의 대결이었다.

[어려운 한자]

[妲] : 여자 이름(달). [鉅] : 클(거). [叛] : 배반할(반) = 畔. [辟] : 허물(벽), 죄. [緣] : 오르다(연), 건너다. [滑] : 미끄러울(활). [跌] : 넘어지다(질). [炮] : 구울(포). [烙] : 지질(락). [竅] : 구멍(규).

[참고사항]

[資辯捷疾(자변첩질)] : 말에 능하고 빠르고 날카롭다. [鹿臺(녹대)] : 대의 이름. 재물을 갈무리해두는 곳. [鉅橋(거교)] : 창고의 이름. 곡물 보관소. [長夜之飮(장야지음)] : 밤을 길게 하여 술을 마심. 즉, 문에다가 천을 가리고 방을 어둡게 하여 술을 마심. [比干(비간)] : 은나라 주왕의 숙부. 주왕의 포악한 정치를 간하다가 죽었음. [箕子(기자)] : 은나라 주왕의 숙부. 조선으로 들어와서 기자조선을 세웠다고 함. [發(발)] : 뒤에 주나라 무왕이 된 사람. 문왕의 아들. [牧野(목야)] : 중국 하남성에 있던 지명.

❹ 주(周)나라의 일어남

*주왕실의 선조는 후직(后稷)이다. 요(堯)임금과 순(舜)임금 때 농사일을 관장하던 지금의 농림부장관과 같은 직책이었으며, 은(殷)나라의 폭군인 주왕(紂王)을 토벌하고 황제의 자리에 오른 주(周)의 무왕(武王)은 후직(后稷)의 16세손이다.

○至,高公亶父하여 邑於岐山之下居焉하다. 高公
지 고공단보 읍어기산지하거언 고공

의 長子는 太伯이요 次는 虞仲이요 少子는 季歷이라.
장자 태백 차 우중 소자 계력

季歷은 娶,太任하여 生昌하니 有,聖德이라. 太伯과
계력 취태임 생창 유성덕 태백

虞仲은 知,高公이 欲立季歷하여 以傳昌하고 乃如
우중 지고공 욕립계력 이전창 내여

荊蠻으로 斷髮文身하여 以讓季歷하다. 古公卒하고
형만 단발문신 이양계력 고공졸

公季(季歷)가 立하고, 公季卒하니 其子,昌이 立하
공계 립 공계졸 기자창 립

여 爲,西伯하다. 西伯이 修德하니 諸侯歸之하다. 虞
위서백 서백 수덕 제후귀지 우

와 芮가 爭田이라가 不能決하니 乃如周하여 入界
예 쟁전 불능결 내여주 입계

見,耕者하니 皆,遜畔하고 民俗은 皆讓長하다. 二人
견경자 개손반 민속 개양장 이인

은 慙相謂曰,「吾所爭은 周人所恥라.」하고 乃不見,
참상위왈 오소쟁 주인소치 내불견

西伯而還하여 俱讓,其田不取하다. 漢南에서 歸,西
서백이환 구양기전불취 한남 귀서

伯者가 四十國이러라. 皆以爲, 受命之君이라 하고
백 자   사십국   개이위 수명지군

三分天下하여 有其二하다.
삼 분 천 하   유 기 이

[본문풀이]

　고공단보 때 이르러 기산(岐山) 밑에 도읍하며 살았다. 고공의
장자는 태백(太伯)이요, 둘째아들은 우중(虞仲)이요, 막내아들은
계력(季歷)이었다. 계력은 태임(太任)에 장가들어 창(昌)을 낳았으
니 덕성이 있었다. 태백과 우중은 고공이 계략을 세워 창에게 전
하고자 함을 알고 이에 형만(荊蠻)과 같이 머리를 깎고 몸에 문신
을 하여 계력에게 양보하였다. 고공이 죽고, 공계(계력)가 뒤를
잇고, 또 공계가 죽으니 그 아들 창이 뒤를 이어 서백(西伯)이 되
었다. 서백이 덕을 닦으니 제후가 다 돌아왔었다.

　우(虞)와 예(芮)가 전지(田地)의 경계를 다투다가 결정을 할 수
없었으므로 이에 주나라로 갔다. 경계로 들어가서 밭 가는 자를
보니 모두 밭두둑을 양보하고 백성의 풍속은 모두 어른에게 사양
하였다. 두 사람은 부끄러워 서로 일러 말하기를, '우리가 다투는
바는 주나라 사람들이 부끄러워하는 바다.' 하고는, 이에 서백을
보지 않고 돌아가서 함께 그 전지(田地)를 양보하고 취하지 않았
다. 한남(漢南)에서 서백에게로 돌아간 자가 40여 나라였다. 모두
천명을 받을 군주라 하였고 천하를 셋으로 나누어서 그 둘을 차
지하였다.

[덧붙임]

  고공단보가 등장한다. 그는 기산(岐山) 아래에 도읍을 정했다. 그래서 기산은 주나라의 도읍지로 전해내려 왔다. 고공단보의 막내 계력이 역시 군주다운 능력이 있었다. 그가 죽으니, 아들 창이 제왕의 자리에 올랐다. 그가 서백(西伯)이었다. 그가 덕을 닦으니 전국에 있는 제후들이 모두 돌아오기 시작했다. 역시 이 시대는 태평성대였다. 그래서 서백에게 돌아온 자가 40여 나라나 되었다고 했다. 인심이 순후하여 밭둑을 서로 양보하여 묵힐 지경이라니 그때의 인심을 알만도 하다.

[어려운 한자]

  [岐] : 갈림길(기). [荊] : 가시나무(형), 땅이름(형). [蠻] : 오랑캐(만). [慙] : 부끄러워할(참).

[참고사항]

  [古公亶父(고공단보)] : 주나라 무왕의 증조, 은(殷)나라의 제후. 주나라 왕조의 기초를 닦았다. [岐山(기산)] : 중국 섬서성 봉산부 동쪽에 있는 산. 고공단보가 그 기슭에서 터를 잡은 주왕실의 발상지. [昌(창)] : 주나라 무왕의 아버지. 무왕이 혁명을 일으켜 은(殷)나라 주왕(紂王)을 토벌하고 천자가 된 뒤에 문왕으로 추대되었다. [荊蠻(형만)] : 미개인이 살던 지명으로 형(荊)은 초(楚)의 별칭이요, 만(蠻)은 남만을 말함. [西伯(서백)] : 서쪽 지방의 제후들의 우두머리. [虞芮(우예)] : 지금 중국의 산서성 남쪽에 위치했던 작은 제후국인 우(虞)나라와 예(芮)나라. [遜畔(손반)] : 밭둑을 서로 양보함. [漢南(한남)] : 한수의 남쪽지방. 한수는 양자강과 황하의 중간지대를 흘러 양자강으로 들어가는 큰 강. 서백인 창(昌)이 있던 섬서성 일대의 지역.

〇有, 呂尚者하니 東海上人이라. 窮困年老하여 漁
　　유여상자　　　동해상인　　　궁곤연로　　　어

釣至周라. 西伯이 將獵卜之曰,「非龍, 非鷈, 非熊,
조지주　　　서백이　장렵복지왈　비룡 비리 비웅

非羆, 非虎, 非貔라. 所獲은 霸王之輔라.」하다. 果
비비 비호 비비　　소획은　패왕지보　　　　　과

遇, 呂尚於, 渭水之陽하여 與語大悅하여 曰,「自吾
우여상어 위수지양　　　여어대열　　　왈　자오

先君인 太公曰,〈當有聖人適周요 周因以興이라.〉
선군　태공왈　당유성인적주　　주인이흥

하니 子, 眞是耶아. 吾太公이 望子久矣라.」故로 號
　자 진시야　　오태공　　망자구의　　고　호

曰, 太公望이라 하고 載與俱歸하여 立爲師하여 謂
왈　태공망　　　　재여구귀　　　입위사　　　위

之尚父라 하다.
지상보

[본문풀이]

　여상이라는 사람이 있었으니, 그는 동해 바닷가에 사는 사람이
다. 가난하고 나이가 들어서 낚시질을 하면서 주나라까지 이르러
왔었다. 서백이 장차 사냥을 하고자 점을 치고 이르기를, '용도
아니요, 이무기도 아니며, 곰도 아니며, 범도 아니요, 표범도 아니
다. 잡을 것은 패왕의 보좌.' 라 하였다. 과연 위수의 남쪽에 여상
을 만나 함께 이야기 하고는 크게 기뻐 말하기를, "나의 선군이신
태공이 이르기를,〈마땅히 성인이 있어 주나라에 이를 것이고, 주
나라는 그 사람으로 인하여 크게 일어날 것이다.〉 하였으니, 그
대는 진실로 그 사람입니다. 우리 태공이 그대를 기다린 지 오래

입니다." 하였다. 그러므로 이름하기를 태공망(太公望)이라 하고, 더불어 수레를 타고 함께 돌아와 스승을 삼고 이를 높이 일러서 상보(尙父)라 불렀다.

[덧붙임]

서백과 태공이 만나는 대목이다. 위수가에서 낚시질을 하는 태공망을 만나서 무왕의 스승이 된다. 그가 강태공이며 무왕의 상보(尙父)로 받드는 사람이었다. 그는 서백을 도와 주나라를 건설하는 데 큰 공을 세운 사람이다. 그는 현인이요, 이인이었다.

[어려운 한자]

[釣] : 낚시(조). [獵] : 전렵(렵). [螭] : 이무기(리) [羆] : 큰곰(비). [貔] : 비휴(비), 표범의 일종.

[참고사항]

[螭(이)] : 용과 비슷하게 생겼다는 가상의 짐승. [羆(비)] : 곰의 한 종류. [貔(비)] : 비휴, 짐승의 이름. [渭水(위수)] : 중국 감숙성 중부에서 발원, 섬서성을 관류하여 황하로 들어가는 강으로 황하의 지류 중에 가장 크다. 중국 역대 왕조인 장안과 서안도 이 연안에 있다. [陽(양)] : 남쪽을 말함. [尙父(상보)] : 스승으로 존경의 대상이 될 만한 사람. 여상(呂尙)에서 보(父)를 부쳐서 된 말.

○西伯이 卒하고 子,發이 立하니 是爲,武王이라. 東
　서 백　　졸　　　자 발　입　　　시 위 무 왕　　　동

觀兵至於,盟津하니 是時에 諸侯,不期而會者가 八
관병지어 맹진 시시 제후불기이회자 팔

百이라. 皆曰, 「紂王을 可伐矣라.」하다. 王이 不可
백 개왈 주왕 가벌의 왕 불가

引歸하나 紂는 不悛하므로 王乃伐紂하려고 載,西伯
인귀 주 부전 왕내벌주 재서백

木主以行하니 伯夷叔齊,叩馬諫曰, 「父死不葬하
목주이행 백이숙제 고마간왈 부사부장

고 爰及干戈는 可謂孝乎리오? 以臣弑君이 可謂仁
원급간과 가위효호 이신시군 가위인

乎리오?」左右欲兵之하니 太公曰, 義士也라 扶而
호 좌우욕병지 태공왈 의사야 부이

去之하다. 王은 旣滅殷하고 爲天子하니 天下宗周하
거지 왕 기멸은 위천자 천하종주

다. 伯夷叔齊는 恥之하여 不食周粟이라 하고 隱於,
백이숙제 치지 불식주속 은어

首陽山하여 作歌曰,〈登彼西山兮여 採其薇矣로
수양산 작가왈 등피서산혜 채기미의

다. 以暴易暴兮여 不知,其非矣로다. 神農虞夏,忽
이포역포혜 부지기비의 신농우하홀

焉沒兮여 我安適歸矣리오. 干嗟徂兮여 命之衰矣
언몰혜 아안적귀의 우차조혜 명지쇠의

로다.〉하고 遂,餓而死하다.
수 아이사

[본문풀이]

서백(西伯)이 죽고 아들 발(發)이 뒤를 이으니, 이가 무왕(武王)
이었다. 동쪽으로 오고 있는 군사를 보기 위하여 맹진 나루에 이
르니 이때 제후들과 기약하지도 않았는데 모인 자가 팔백이나 되
었다. 모두 말하기를, '주(紂)를 쳐야 옳다.'고 했다. 왕은 불가하

다 하고 군사를 끌고 돌아갔으나 주왕(紂王)의 비행은 고쳐지지 않았으므로 이에 왕은 주(紂)를 토벌하려고 아버지인 서백의 위패를 수레에 싣고 가니, 백이숙제가 왕의 말머리를 잡고 간하기를, "아버지가 죽어 장사도 치르지 않고 전쟁을 일으키는 것을 효도라 말하리요? 신하로서 임금을 죽이는 것을 가히 인(仁)이라 이르리오." 하였다. 좌우에서 그를 죽이고자 하였으나 태공이 이르기를, "의사로다." 하면서 부축해 이들을 물리쳐 가게 하였다. 왕은 이미 은나라를 멸하고 천자가 되었으며, 천하는 주나라를 종주국으로 삼았다.

백이와 숙제는 이를 부끄럽게 여겨 "주나라의 곡식을 먹지 않는다." 하고 수양산에 숨어 노래를 지어 부르기를, 〈저 서산에 올라 고사리를 뜯도다. 폭력으로써 폭력을 바꾸니 그 옳지 않음을 알지 못함이로다. 신농씨(神農氏), 우(虞), 하(夏)는 홀연히 돌아가셨으니, 나는 어찌 어디로 돌아가랴! 아, 돌아감이여, 운명이 쇠하였도다!〉 하고는, 드디어 굶어서 죽었다.

[덧붙임]

주나라 무왕이 은나라 주왕(紂王)을 정벌하는 내용이다. 무왕은 아버지의 위패를 들고 전쟁을 일으켜 주를 정벌했다. 백이숙제는 지금은 때가 아니라며 막았으나 결국 은나라 주를 치고 종주국이 되었다. 이를 말리던 백이숙제는 수양산에 들어가서 '불식주속(不食周粟)' 이라 하고 고사리를 캐어 먹고 절의를 지키다가 굶주려 죽는다. 후세에 많은 사람들이 백이숙제의 절의와 충절을 예찬했다. 성삼문의 시조에 / 수양산 바라보며 이제를 한하노라 / 주려 죽을망정 채미(採薇)도 하는 것가? 아

무리 푸새의 것인들 그 뉘 땅에 났더냐? /

[어려운 한자]

[紂]: 은나라 폭군의 임금(주). [悛]: 고칠(전). [叩]: 두드릴(고). [爰]: 이에
(원). [採]: 캘(채). [薇]: 고사리(미).

[참고사항]

[兵(병)]: 찔러 죽이다. [盟津(맹진)]: 황하에 있는 나루터의 이름. 주
(周)나라와 은(殷)나라가 있던 곳. [木主(목주)]: 나무로 만든 위패. 신
주. [干戈(간과)]: 방패와 창. 즉 무기 또는 전쟁을 일컬음. [宗周(종주)]
: 주나라를 종주국으로 삼음. [不食周粟(불식주속)]: 주나라 곡식을 먹
지 않음. [首陽山(수양산)]: 중국 산서성에 있는 산 이름. [神農虞夏(신
농우하)]: 신농씨, 순(舜)임금, 우(禹)임금. 3성군(聖君)을 말함.

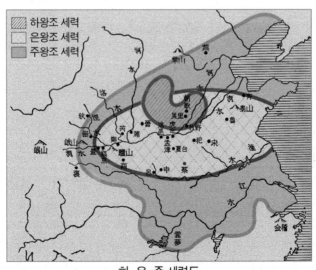

하·은·주 세력도
이하동서설(夷夏東西說) 인용

○魯의 周公은 子, 伯禽之所封也라. 周公이 誨, 成
王에 王이 有過則, 撻伯禽하다. 伯禽이 就封에 公이
戒之曰,「我는 文王之子요, 武王之弟며 今王之叔
父라. 然이나 我는 一沐에 三握髮하고 一飯에 三吐
哺하며 起以待士나 猶恐失, 天下賢人이라. 汝之魯
하면 愼, 無以國驕人하라.」하다.

[본문풀이]

　노나라의 주공은 그의 아들 백금을 봉한 바이다. 주공이 성왕
을 가르침에 왕에게 잘못이 있으면 백금을 회초리질 하였다. 백
금이 (제후로) 봉해짐에 공이 이를 훈계하여 말하기를, '나는 문
왕의 아들이요, 무왕의 동생이며, 지금왕의 숙부이다. 그러나 나
는 한 번 목욕하는데 세 번 머리를 움켜쥐고, 한 번 밥 먹는 동안

에 세 번 입에 든 것을 토하면서 일어나 선비를 대하였건만, 오히려 천하의 현인을 잃을까 두려워하였다. 너는 노나라에 가게 되면, 삼가해서 나라의 백성에게 교만한 일이 없도록 하여라.' 하였다.

[덧붙임]

주공과 성왕과의 관계이다. 주공은 종주국 성왕의 삼촌이었다. 성왕이 너무 어려서 주공이 최선을 다해 성왕을 도와 선정을 하도록 최대의 성의를 베푼다. '주공과 성왕과의 관계' 이는 우리나라 조선시대 '수양대군과 단종의 관계'에 비유해서 말한 선비와 신하들이 많았다. 주공은 어린 조카를 매질까지 하여 가르쳐서 성군이 되게 했는데, 수양은 그의 조카의 임금 자리를 빼앗았다는 것이 많은 선비들을 비교하여 하는 말이 되었다. 이것이 역사의 증명이 되기도 했다.

[어려운 한자]

[誨] : 가르칠(회). [吐] : 뱉을(토). [哺] : 먹을(포). [之] : 여기서는 '간다' 로 풀이함. [驕] : 교만할(교).

[참고사항]

[周公(주공)] : 주나라의 정치가. 문왕의 아들이며, 무왕의 동생. 이름은 단(旦)으로, 무왕을 도와 은나라를 멸망시켰고, 무왕이 죽은 뒤에 그의 어린 아들 성왕을 도와 왕실의 기초를 튼튼히 하였다. 후세 사람들이 그를 성인으로 받들었다. [成王(성왕)] : 주나라의 2대 황제. 무왕의 아들로 어린 나이에 천자가 되자 그의 숙부인 주공이 그를 도와

서 나라를 잘 다스렸다.

○幽王之時에 褒人이 有罪하여 入女於王하니 是
爲褒姒라. 王嬖之나 褒姒는 不,好笑라. 王이 欲其笑
萬方이나 不笑하니 故로 王이 與諸侯로 約하되 有
寇至則,擧烽火하여 召,其兵來援하다. 乃無故,擧火
하여 諸侯悉至나 而,無寇하니 褒姒大笑하다. 王이
乃廢,申后及太子,宜臼하고 以,褒姒로 爲后하고 其
子,伯服으로 爲太子하다. 宜臼가 奔申하니 王이 求
殺之라가 不得하고 伐申하니 申侯가 召犬戎하여 攻
王하다. 王이 擧,烽火徵兵이나 不至하여 犬戎이 殺
王하다.

[본문풀이]

　유왕 때에 포나라 사람이 죄가 있어 딸을 왕에게 보냈으니, 이
를 포사라 한다. 왕이 그를 사랑했으나 포사가 웃는 것을 좋아하
지 않았다. 왕은 모든 방법으로 그를 웃기고자 했으나 웃지 않았
다.

그래서 왕은 제후와 더불어 약속하기를, 외구(外寇)가 이르는 일이 있으면 봉화를 올려 군대를 불러서 돕게 하였다. 이에 아무 까닭도 없이 봉화를 올려 모두 이르렀는데 외구(外寇)가 없으니 포사가 크게 웃었다고 한다.

왕은 이에 신후와 태자 의구를 폐하고, 포사를 왕후로 삼고 아들 백복을 태자로 삼았다. 의구가 신(申)으로 달아나니 왕이 찾아 죽이고자 하다가 이루지 못하고 신나라를 치니, 신나라 제후가 견융(犬戎)을 불러 왕을 공격하였다. 왕은 봉화를 들어 군대를 불렀으나 군대가 이르지 않아 견융은 왕을 죽였다.

[덧붙임]

유왕 때 포사(褒姒)라는 여인이 있었다. 왕에게 허납한 여인이었다. 이 여인은 얼굴이 예뻐서 왕의 사랑을 받고 있는데, 이 포사라는 여인은 웃지를 않는다. 임금은 이 여인을 웃게 하려고 갖은 수단을 다했다. 한번은 제후들과 약속을 하고 가짜 봉화를 올렸는데 외구가 쳐들어오지 않으니 포사가 비로소 소리 내어 웃었다. 그래서 유왕은 포사를 웃게 하려고 여러 차례 거짓 봉화를 올려 웃게 했다. 그런데 어느 날 견융(犬戎)이 왕을 공격해왔다. 그래서 진짜로 봉화를 올렸는데도 군사들이 거짓이라고 나타나지 않았다. 그래서 왕이 공격을 받아 죽게 되었다. 마치 '양치기 소년'의 거짓 '늑대'를 상기시키는 내용과 같았다. 어쩐지 '포사의 미소'를 한 번 보고 싶다.

[어려운 한자]

[褒]:기릴(포). [姒]:동서(사). [嬖]:사랑할(폐). [寇]:도적(구). [臼]:절구(구).

[참고사항]

[幽王(유왕)] : 주나라 12대 왕. 유왕이 견융에게 피살됨에 도읍을 호경 (鎬京)에서 동쪽인 낙읍(洛邑)으로 옮겼는데, 유왕까지의 주나라를 서 주(西周)라 하고, 도읍을 동쪽으로 옮긴 이후의 주를 동주(東周)라 이 른다. [褒(포)] : 주나라 당시의 제후국. [褒姒(포사)] : 褒는 제후국의 이 름. 姒는 포국의 성. 시집 간 여자를 '포사'라고 불렀다. [申侯(신후)] : 신(申)이라는 나라의 제후. [犬戎(견융)] : 당시 주나라 서부인 섬서성 부근에 살던 서융(西戎)의 한 집단.

포사(褒姒)
『百美新詠圖傳(백미신영도전)』, 위키피디아 출처

○齊는 姜姓이니 太公望, 呂尙之所封也라. 後世
　제　　강성　　　태공망 여상지소봉야　　　후세

至, 桓公하여 覇, 諸侯하니 五覇는 桓公을 爲始하여
지 환공　　패 제후　　　오패　　환공　　위시

名은 小白이라. 兄, 襄公이 無道하여 群弟, 恐禍及하
명　소백　　　형 양공이 무도　　　군제 공화급

여 子糾는 奔魯하여 管仲이 傅之하고 小白은 奔莒
　자규　분노　　　관중　부지　　　소백　분거

하여 鮑叔이 傅之하다. 襄公은 爲弟無知, 所弑하고
　　포숙　부지　　　　양공　　위제무지소시

無知는 亦爲人, 所殺하여 齊人이 召, 小白於, 莒하니
무지　역위인소살　　　제인　　소 소백어 거

而魯亦, 發兵送糾하다. 管仲이 嘗遮莒道하여 射, 小
이노역 발병송규　　　관중　　상차거도　　　사 소

白하니 中帶鉤라. 小白이 先至齊而立하니 鮑叔牙가
백　　중대구　　소백　　선지제이립　　　포숙아

薦, 管仲爲政하니 公이 置怨而用之하다.
천 관중위정　　　공　치원이용지

[본문풀이]

　제나라는 강씨 성이니, 태공망 여상이 봉한 나라다. 후세에 환공에 이르러 제후의 패자가 되었는데, 오패는 환공을 처음으로 삼아서 이름을 소백이라 했다. 형인 양공이 무도하여 여러 동생들이 화가 미칠까 두려워 자규는 노나라로 달아나 관중을 도왔고, 소백은 거(莒)로 달아나 포숙아를 도왔다. 양공은 동생 무지에게 피살되었고 무지 또한 사람에게 피살되어 제나라 사람이 거(莒)에 있는 소백을 부르니, 노나라 또한 군대를 발하여 규(糾)를 보냈다. 관중이 일찍 거도(莒道)를 막아 소백을 쏘았는데 혁대 장식에 맞았다. 소백이 먼저 제나라에 이르러 왕이 되니, 포숙아가 관중을 천거하여 정사를 담당하게 하니, 환공이 원한을 제쳐두고 그를 임용했다.

[덧붙임]

오패는 제의 환공, 진의 문공, 진의 목공, 송의 양공, 초의 장왕이다. 이들은 모두 태공망이 봉해준 제후들이다. 이들은 서로의 관계를 이루고 있으니, 성씨는 강씨라고 한다. 모두 제나라의 소속이었다. 여기에 모두 관중과 포숙이 관계되는 나라이다. 관중과 포숙은 서로 친한 친구 사이였다. 그들은 우정으로 후세에 이름을 남겼다.

[어려운 한자]

[覇] : 패임금(패). [襄] : 도울(양). [糾] : 꼴(규). [傅] : 도우다(부). [莒] : 광주리(거). [遮] : 막을(차). [鉤] : 갈고리(구), 혁대의 장식.

[참고사항]

[太公望(태공망)] : 주의 문왕이 서백(西伯)으로 있을 때 위수가에서 그

를 만나 그의 스승이 되었다. 문왕을 도와 은나라를 멸하고 천하를 평정함. [覇(패)]: 천하를 다스리는 제후의 우두머리. [五覇(오패)]: 중국 춘추시대 제후의 우두머리 5를 말함. [帶鉤(대구)]: 혁대의 장식. [鮑叔牙(포숙아)]: '포숙'을 말함. *[管鮑之交(관포지교)]: 관중과 포숙의 사귐을 말한다.

○管仲의 字는 夷吾이니 嘗與鮑叔으로 賈하여 分
　관중　　자　이오　　　상여포숙　　　고　　분
利多自與하다. 鮑叔은 不利以爲貪하니 知仲貧也라.
리다자여　　포숙　불리이위탐　　지중빈야
嘗,謀事에 窮困하나 鮑叔은 不以愚라 하다. 知時,
상모사　궁곤　　포숙　불이우　　　　지시
有利不利也라. 嘗,三戰三走에 鮑叔을 不以爲怯하
유리불리야　　상삼전삼주　포숙　불이위겁
니 知,仲有老母也라. 仲曰,「生我者는 父母요 知
지중유노모야　중왈　생아자　부모　지
我者는 鮑子也라.」하다. 桓公이 九合諸侯하여 一
아자　포자야　　　환공　구합제후　　일
匡天下하니 皆仲之謀이라. 一則仲父요 二則仲父
광천하　　개중지모　　일즉중보　이즉중보
라 하다.

[본문풀이]

　관중의 자는 이오(夷吾)이니, 일찍 포숙으로 더불어 장사를 해서 이익을 나눔에 자기 몫으로 많이 하였다. 그러나 포숙은 이익을 탐한다고 하지 않았으니 그것은 관중이 가난함을 알았기 때문이다. 일찍 일을 꾀하다가 곤궁에 빠졌는데 포숙은 그를 어리석다 하지 않았다. 그때마다 이익과 불리함이 있음을 알았기 때문이었다. 일찍이 세 번 싸워서 세 번을 도망을 쳤는데도 포숙을 겁쟁이라고 하지 않았으니, 그것은 관중에게는 늙은 어머니가 있었기 때문이었다. 관중이 이르기를, '나를 낳은 사람은 부모요, 나를 알아주는 사람은 포숙이다.' 라고 하였다. 환공이 아홉 개의 제후를 통합하여 하나로 만들어 천하를 바로잡으니 모두 관중의 꾀에 의한 것이었다. 그래서 그 하나도 중보요, 둘에도 중보라고 했다.

[덧붙임]

관포지교(管鮑之交)라 한다. 그것은 관중과 포숙의 가난할 때의 사귐을 말한다. 두 사람은 처음에 장사를 시작하여 이익을 나누는데 관중이 더 많은 이익을 챙겼다. 그러나 포숙은 이익을 탐한다고 하지 않았다. 그것은 관중이 가난함을 알았기 때문이었다. 또 어떤 일을 하다가 곤궁에 빠져도 포숙은 그를 어리석다고 하지 않았다. 관중이 전쟁에 나가 세 번이나 도망쳐 나왔다. 그러나 포숙은 그를 비겁하다고 하지 않았다. 관중에게는 늙으신 어머니가 있다는 것을 알았다. 그래서 관중은 '나를 낳으신 분은 부모요, 나를 알아주는 사람은 포숙이라.' 고 했다. 관중은 나중에 제후를 통합하는데 천하를 바로잡으니 모두 관중의 꾀에 의한 것이었다. 여기서 두보의 '貧交行(빈교행)' 이란 시 한 수를 소개한다.

翻手作雲覆手雨하니　紛紛輕薄何須數오?
번 수 작 운 복 수 우　　　분 분 경 박 하 수 수

君不見管鮑貧時交요　此道今人棄如土라.
군 불 견 관 포 빈 시 교　　차 도 금 인 기 여 토

「손을 뒤집어 구름을 만들고, 손을 엎어 비를 만드나니
　분분하고 경박스러운 무리들을 어찌 헤아릴 수 있으리오.
　그대는 관중, 포숙의 가난한 때의 사귐을 보지 못했는가
　그 도(道)를 요즈음 사람들은 버리기를 흙덩이처럼 하는구나.」

[어려운 한자]

[鮑] : 마른 고기(포). [怯] : 겁낼(겁). [桓] : 나무(환). [匡] : 바를(광).

[참고사항]

[字(자)] : 본 이름 대신 부르는 이름. 관례 때 어른이 내려준 것으로 이름 대신으로 불렀다. [九合(구합)] : 구주를 통합함. 여러 고을을 '통합' 하는 일. [仲父(중보)] : 仲(중)은 관중을 말하며, 父(보)는 존경을 뜻하는 말.

○宋은 子姓으로 商紂庶兄인 微子, 啓之所封也라.
　송　사성　　상주서형　미사　계지소봉야

後世至, 春秋하여 有, 襄公, 子父者하여 欲霸諸侯하
후세지춘추　　유양공자보자　　욕패제후

여 與, 楚戰하다. 公子, 目夷가 請及其, 未陣擊之하
여　초전　　공자목이　청급기　미진격지

나 公曰, 「君子는 不因人於阨이라.」하여 遂, 爲楚
공왈　군자　불인인어액　　　수위초

所敗하니 世笑以爲, 宋襄之仁이라 하다.
소패　　세소이위　송양지인

송은 자씨 성으로 상나라 주왕(紂王)의 서형인 미자 계에게 봉해진 나라이다. 후세 춘추시대에 이르러 양공 자보(子父)라는 자가 있어 제후에게 패권을 쥐고자 하여 초나라와 싸웠다. 공자 목이(目夷)가 적의 진(陣)이 아직 갖추어지지 않음에 미쳐 이것을 치자고 청하였으나 공이 말하기를, '군자는 남의 막힘으로 인해 사람을 괴롭히지 않는다.'고 하여, 드디어 초나라에게 패하는 바 되니 세상 사람들이 '송나라 양왕(襄王)의 어짊'이라고 하며 웃었다.

[덧붙임]

송나라 양공 때에 이르러 목이란 사람이 말하기를, 적진이 갖춰지기 전에 진격하여 적을 공격하자고 하나 공자 목이가 말하기를, '군자는 남의 막힘으로 하여 남을 괴롭히지 않는다고 하여 두었는데, 드디어 초나라에 패하고 말았다. 후세 사람들이 '송나라 양왕(襄王)의 어짊이라.'했다. 지금 세상에 와서 이런 논리가 통할지 모르나 당시는 '인(仁)'이란 말로 통하던 시대였다.〈양왕지인(襄王之仁)〉

[어려운 한자]

[微] : 작을(미). [陣] : 진칠(진). [阨] : 막힐(액), 좁을(액).

[참고사항]

[商(상)] : 중국 고대국가인 은나라의 처음 이름. [微子(미자)] : 폭군 주

왕의 배다른 형. 여러 차례 간하였으나 듣지 않음으로 은나라를 떠났다. 이름은 계(契)이다. [君子,不困人於阨(군자불곤인어액)]: 군자는 남이 어려울 때 괴롭히지 않는다. [宋襄(송양)]: 송나라 양왕.

○楚之先出者는 顓頊으로 至,春秋하여 有曰,武王
초지선출자 전욱 지춘추 유왈 무왕

으로 益,强大하고 至,文王하여 始都,郢하다. 成王은
익 강대 지문왕 시도 영 성왕

與,齊桓公으로 盟,召陵하고 尋與宋,襄公으로 爭覇
여 제환공 맹 소릉 심여송 양공 쟁패

하고 後與,晉文公으로 戰,城濮하다. 至,莊王卽位하
후여 진문공 전 성복 지 장왕즉위

여 三年不出令하고 日夜爲樂하다. 令,國中하여 '敢
삼년불출령 일야위락 영 국중 감

諫者는 死'라 하다. 伍擧曰,「有鳥在阜에 三年,不
간자 사 오거왈 유조재부 삼년 불

蜚不鳴이니 是,何鳥也오?」 王曰,「三年不飛면 飛
비불명 시 하조야 왕왈 삼년불비 비

將衝天이요 三年不鳴이면 鳴將驚人하리라.」 하다.
장충천 삼년불명 명장경인

蘇從이 亦入,諫하니 王乃,左執從手하고 右,抽刀하
소종 역입 간 왕내 좌집종수 우 추도

여 以斷,鐘鼓之懸하고 明日로 聽政하며 臨,伍擧,
이단 종고지현 명일 청정 임 오거

蘇從하니 國人이 大悅하다. 又得,孫叔敖하여 爲相
소종 국인 대열 우득 손숙오 위상

하니 遂覇諸侯하다.
수패제후

[본문풀이]

초나라의 선조는 전욱(顓頊)으로부터 나와서 춘추시대에 이르러 무왕이 있어서 더욱 강대해졌고, 문왕에 이르러 처음으로 영(郢) 땅에 도읍하였다. 성왕은 제나라 환공과 더불어 소릉에서 동맹을 맺고 이어 송나라 양공과 패권을 다투었고, 뒤에 진나라 문공과 성복에서 전쟁을 했다. 장왕에 이르러서 왕위에 올라 3년 동안 영(令)을 내리지 않고 밤낮으로 환락의 즐거움에 빠졌다. 나라 안에 명령하여 '감히 간하는 자는 죽이리라.' 하였다. 오거가 말하기를, '언덕의 새가 3년을 날지 않고 울지도 않으니, 이것이 무슨 새입니까?' 하니, 왕이 말하기를, '3년을 날지 않았으니 날면 하늘을 찌를 것이요, 3년을 울지 않았으니 울면 장차 사람을 놀라게 할 것이다.' 하였다. 소종이 또한 들어가 충간을 하니, 왕은 이에 왼손으로 종의 손을 잡고, 오른손으로 칼을 뽑아 종고의 매단 끈을 끊고, 이튿날부터 정사를 돌보며 오거와 소종을 임용하니

전욱(顓頊)
한무량사화상석(漢武梁祠畵傷石), 위키피디아 출처

나라 사람들이 크게 기뻐하였다. 또 손숙오를 얻어 재상을 삼으니, 드디어 제후를 거느리는 패자가 되었다.

[덧붙임]

오거란 사람이 말하기를, '새가 3년을 날지도 않고 울지도 않으니, 무슨 새입니까?' 하고 물었다. 초왕이 말하기를 '3년을 날지 않았으니 날면 하늘을 찌를 것이며, 3년을 울지 않았으니 울게 되면 사람을 놀라게 할 것이다.' 했다. 그 후 초왕은 오거와 소종을 기용하니 나라 사람들이 크게 기뻐하였다. 숙오를 재상으로 삼아 나라를 다스리니, 드디어 제후를 거느리는 패왕이 되었다고 한다.

[어려운 한자]

[顓]: 전단할(전). [頊]: 삼갈(욱). [郢]: 땅이름(영). [濮]: 강 이름(복). [蜚]: 날(비). [衝]: 찌를(충). [抽]: 뽑을(추). [敖]: 놀다(오).

[참고사항]

[顓頊(전욱)]: 황제 헌원씨의 손자. 20세에 즉위, 고양에서 나라를 일으켰기에 고양씨(高陽氏)라 부른다. [春秋(춘추)]: 춘추시대를 말함. 기원전 770~453까지, 약 320년 동안의 시대. 주나라는 동천 이후 더욱 쇠약해지고 진, 한, 위, 조 등 제후들은 서로 싸워 약육강식하던 때. [郢(영)]: 지금의 중국 호북성에 있던 지명. [召陵(소릉)]: 중국 하남성에 있는 지명. [晉文公(진문공)]: 진나라의 제후인 문공. 춘추시대 오패(五覇)의 하나. [城濮(성복)]: 지금의 중국 산동성에 있는 지명.

○孔子의 名은 丘요 字는 仲尼며 先은 宋人也라.
　　공자　명　　　구　　자　중니　　선　　　송인야

孔氏,滅於宋하고 其後適魯하다. 有,叔梁紇者하여
공씨 멸어송　　　기후적노　　　　유 숙량흘자

與,顔氏女로 禱於,尼山而生,孔子하다. 爲兒嬉戲에
여 안씨녀　　도어 이산이생 공자　　　위아희희

常陳俎豆하고 設,禮容하다. 長에 爲,季氏吏하여 料
상진조두　　설 예용　　　장　위 계씨리　　　요

量平이라. 嘗爲,司檥吏하여 畜,蕃息하다. 適周,問禮
량평　　상위 사직리　　　흑번식　　　적주 문예

於老子하고 反而弟子가 稍益進하다.
어노자　　　반이제자　　초 익 진

[본문풀이]

　공자의 이름은 구(丘)요, 자는 중니(仲尼)며, 그 선조는 송나라
사람이었다. 공씨가 송나라에서 멸망하고 그 뒤에 노(魯)나라로
갔었다. 숙량흘이라는 자가 있어 안씨(顔氏)의 딸과 더불어 이산
(尼山)에서 기도하여 공자를 낳았다. 아이 때가 되어 장난으로 늘
제기로 제사를 진설하고, 예절의 모양을 베풀며 놀았다. 장성하

여 계씨(季氏)의 관리가 되었는데 요량을 고르게 했다. 일찍이 가축을 기르는 일을 담당하였는데 가축을 잘 번식하도록 했다. 주나라에 가서 예(禮)를 노자(老子)에게 묻고 돌아오니 제자들이 점점 늘어났다고 한다.

[덧붙임]

공자는 기원전 551년에 노나라 곡부에서 출생했다. 아버지는 숙량흘이요, 아들은 이(鯉)였고, 손자는 자사(子思)였다. 자사는 맹자의 스승이요, 또 중용(中庸)이란 책을 저술했다.

여기서 재미나는 이야기 하나, 공리(孔鯉)가 아들 자사(子思)에게 하는 말, '너 아버지보다 우리 아버지가 더 똑똑하단다!' 하면서, 그리고 아버지에게는 '아버지의 아들보다 내 아들이 더 똑똑해요!'라고 말했다고 한다. 그러니 공자의 아들 공리가 좀 어리벙한 사람?

공자상(孔子像)
송나라 때의 마원(馬遠) 작품

[어려운 한자]

[粱]: 기장(량). [紇]: 사람 이름(흘). [禱]: 빌(도). [嬉]: 즐길(희). [俎]: 제기
(조), 적대(조). [樴]: 말뚝(직). [稍]: 점점(초).

[참고사항]

[叔粱紇(숙량흘)]: 숙량(叔粱)은 자, 흘(紇)은 이름임. [俎豆(조두)]: 제기.
조(俎)는 고기를 담는 제기, 두(豆)는 젓갈을 담는 제기. [禮容(예용)]:
예절과 태도. [吏(이)]: 하급 관리. 위리(委吏)를 말함. [司樴(사직)]: 마
소를 매어두는 말뚝. [畜(휵,축)]: 가축을 기른다는 뜻. 기른다고 하면
'휵' 으로 읽어야 함. [稍益進(초익진)]: 점점 늘어나다.

○魯, 定公이 立하여 以孔子로 爲, 中都宰하니 一年
에 四方皆則之하다. 有, 中都爲, 司空하고 進爲, 大
司寇하다. 相, 定公하여 會, 諸侯于峽谷하니 孔子曰,
「有, 文事者는 必有, 武備이니 請具左右에 司馬以從
하소서.」 하다. 旣會에 齊, 有司가 請奏四方樂이라.
於是에 旗旄, 劍戟, 鼓噪而至라. 孔子, 趨而進曰,
「吾, 兩君爲好에 夷狄之樂을 何爲於此리오?」 하니
齊景公이 心怍麾之하다.

[본문풀이]

　노나라 정공이 즉위하여 공자로써 중도재를 삼았는데, 1년 만에 사방이 모두 본받았다. 중도에서 사공이 되고, 나아가 대사구가 되었다. 정공을 도와 제나라 제후와 협곡에서 만나는데, 공자가 말하기를, '문사라는 것이 있을 때는 반드시 무비가 있어야 하니, 청컨대, 좌우에 사마를 갖추어 따르게 해야 합니다.' 하였다. 회의는 시작되어 제나라의 유사가 사방의 음악을 연주하겠다고 청했다. 이에 따라 기모와 검극과 북을 시끄럽게 울리면서 이르렀다. 공자가 달려 나아가서 말하기를, '우리 두 제후가 우호를 하는데, 이적(夷狄)의 음악을 어찌 여기에서 할 수 있을 것인가?' 하니, 제나라 경공이 마음에 부끄러워하고 이것을 저지하고 물러가게 했다.

[덧붙임]

　공자가 '중도재' 라는 벼슬을 하게 되었다. 그러니 사방에서 와서 모두 공사의 법직을 따르게 되었다. 제후들과 협곡에서 만나 공자가 문사(文事)에 관한 말을 했다. 문사란 문학과 학문에 대한 일이었다. 이 일에 제나라 경공은 4악을 울리기 시작했다. 이런 일에는 이적(夷狄)의 음악을 울릴 수는 없습니다 하니, 제경공은 부끄러워했다는 것이다.

[어려운 한자]

　[峽] : 골짜기(협).　[旄] : 깃대 장식(모).　[嘈] : 시끄러울(조).　[趨] : 달릴(추).
　[麾] : 저지하다(휘), 휘두르다(휘).

[定公(정공)] : 노나라 시조. 백금(伯禽 : 주공의 아들)으로부터 24대째의
제후. [夾谷(협곡)] : 중국 강소성 북부에 있는 지명. [文事(문사)] : 학문,
예술 등에 관한 일을 말함. 평화적인 것에 관한 일을 가리킴. [夷狄之
樂(이적지악)] : 오랑캐의 풍악.

○楚,使人聘,孔子어늘 陳蔡,大夫謀曰, 孔子用於
　초　사　인　빙　공자　　　　진채　대부모왈　　공자용어

楚하면 則,陳蔡危矣라 하며 相與發徒하여 圍之於
초　　　즉　진채위의　　　　　상여발도　　　　위지어

野하니 孔子曰, 詩云〈匪兜匪虎가 率彼曠野라.〉
야　　　공자왈　시운　비두비호　　솔피광야

하거늘「吾道非邪아. 吾,何爲於是리오?」하다. 子貢
　　　　오도비사　　오　하위어시　　　　　　자공

曰,「夫子道,至大하여 天下,莫能容이라.」하니 顔
왈　　부자도　지대　　　천하　막능용　　　　　　안

回曰,「不容何病이리요? 然後에 見,君子라.」하다.
회왈　　불용하병　　　　연후　　견군자

楚昭王이 興師迎之하니 乃得至楚하다.
초소왕　　흥사영지　　　내득지초

[본문풀이]

　초나라에서 사람을 시켜 공자를 초빙하거늘, 진과 채나라의 대
부가 꾀하여 말하기를, '공자가 초나라에 임용되면, 곧 진과 채에
위태롭다.' 고 하면서 더불어 무리를 보내어 평야에서 그를 에워
싸니 공자가 말하기를, 시경에 이르기를, 〈들소도 아니요 범도 아

안회(顔回)
대만국립고궁박물관 소장

닌 것이, 저기 광야에서 방황한다.)고 했거늘, '나의 도가 옳지
않는 것인가. 내 어찌 이와 같이 되는가?' 하였다. 자공이 이르기
를, '선생님의 도는 지극히 커서 천하가 능히 받아들이지 못한 것
뿐입니다.' 하니, 안회가 이르기를, '받아들이지 않는 것이 무슨
걱정입니까? 그러한 뒤에 군자를 보게 됩니다.' 하였다. 초나라
소왕이 군사를 일으켜 그를 맞이하니, 이에 초나라에 이를 수가
있었다.

[덧붙임]

여기서 공자, 자공, 안회 이 세 사람의 대화가 나온다. 공자가 초나라에 초빙되니 진과 채나라의 대부가 불쾌감을 나타낸다. 공자는 시경의 말을 인용하여 말하면서 '내 도가 옳지 않는 것이 아닌가?' 하니, 자공이 말하기를, '선생님의 도는 지극히 큰데 천하가 받아들이지 못할 뿐이라.' 고 한다. 안회가 있다가 '그게 무슨 걱정입니까?' 하고, 그러한 뒤에야 비로소 군자를 보게 된다고 하였다. 자공과 안회는 공자의 수제자인 것이다.

[어려운 한자]

[聘] : 예빙할(빙). [匪] : 아니(비). [兜] : 투구(두), 들소(두). [曠] : 밝을(광), 들판(광). [邪] : 사특할(사), 耶와 같이 쓰였음.

[참고사항]

[陳蔡危矣(진채위의)] : 진나라와 채나라가 위태롭다라는 뜻. [圍之於野(위지어야)] : 들판에서 에워싸다. [詩(시)] : 시경을 말함. [夫子(부자)] : 공자를 가리키는 말. 공자의 경칭으로 '선생님' 의 뜻임.

○孔子乃,序書하니 上自唐虞로 下至秦穆이라.
공자내 서서　　　　상자당우　　　하지진목

刪,古詩三千하여 爲,三百五編하니 皆,絃歌之禮樂
산 고시삼천　　위 삼백오편　　　개 현가지예악

하니 自此可述이라. 晚而喜易에 讀易,韋編三絶이
　　자차가술　　　만이희역　　독역 위편삼절

라. 因,魯史記로 作,春秋하니 自隱으로 至哀히 十
　　인 노사기　작 춘추　　　자은　　　지애　십

二公으로 絶筆於,獲麟하다. 筆則筆,削則削하여 子
이공　　절필어획린　　　　필즉필삭즉삭　　　자

夏之徒가 不能贊,一辭라. 弟子,三千人이 身通六
하지도　　불능찬일사　　　제자삼천인　　신통육

藝者는 七十有二人이라. 年,七十二而卒하다.
예자　　칠십유이인　　　년칠십이이졸

[본문풀이]

공자는 이에 서경(書經)에 서문을 썼는데, 위로는 당우(唐虞)로부터 아래로는 진나라 목공(穆公)에 이르렀다. 옛 시 3천 편을 모아서 305편만을 골라 시경을 만들었으니, 이것은 다 현악에 맞추어 예와 악이 이로부터 만들어진 것이다. 늦게 주역을 좋아하여 주역을 읽었는데, 가죽으로 엮은 끈이 세 번이나 끊어질 정도였다. 노나라 사기에 의해 '춘추(春秋)'를 지었으니, 은공(隱公)으로부터 애공(哀公)에 이르기까지 12제후로 기록하다가 기린을 잡는데서 절필하였다.

공자의 묘
산둥성 취푸[曲阜]에 위치

기록할 것은 다 기록하고 깎아버릴 것은 깎아버려 자하(子夏)의
무리가 한 마디도 더할 수가 없었다. 제자가 삼천이나 되었는데,
몸에 육예를 통하는 자만 72인이었다. 나이 72세에 세상을 떠났
다.

[덧붙임]

공자의 행적과 그의 저술을 기록하고 있다. 서경과 시경을 저술하는
내용이 나온다. 이 모두 경서에 속하는 것으로, 서경은 당우로부터 목
공에 이르기까지 20권 58편을 저술하고, 시경은 중국 천지에 흩어져
있는 옛 시 3천 편을 수집하여 305편을 뽑아 시경을 만들고 그 서문에
다 '詩三百一言而弊之曰思無邪'라고 했다. 또 나이 들어 주역을 즐겨
읽었는데 가죽 책가위가 세 번이나 끊어졌다고 했다. 이것이 위편삼절
(韋編三絶)이다. 그리고 노나라의 사기인 '춘추'를 짓고, 공자 제자가 3
천 명이나 되었지만 쓸만한 제자는 72사람이었다 한다. 나이 72세에
세상을 떠났다.

[어려운 한자]

[穆]: 화목할(목). [刪]: 깎을(산). [絃]: 줄(현). [述]: 지을(술), 찬술. [削]: 깎
을(삭). [贊]: 도울(찬).

[참고사항]

[書(서)]: 중국 요순시대로부터 주나라까지의 정사에 관한 문서를 공
자가 수정하여 편찬한 책. 서경(書經) 20권 58편. 서전(書傳), 또는 상
서(尙書)라고도 한다. [詩(시)]: 시경(詩經), 시전(詩傳)이라고 하는 3경

에 속하는 책이다. [易(역)]: 중국 태고시대에 복희씨가 만들었다는 괘를 주나라 문왕과 주공을 거쳐 공자가 완성했다는 책. 공식 명칭은 역경(易經). 주(周)나라 때 집대성하였다고 해서 주역(周易)이라고도 한다. *詩, 書, 易을 삼경이라고 한다. [韋編三絶(위편삼절)]: 가죽으로 엮은 책이 3번이나 끊어졌다는 말. 종이가 발명되기 이전인 한나라까지 모든 문자의 기록이 대나무 판이나 가죽에 기록했다는 뜻으로, 위편(韋編)이라고 했다. [春秋(춘추)]: 중국 노나라 은공으로부터 애공까지의 역사적 사실을 기록한 책. [自隱,至哀十二公(자은,지애십이공)]: 은공(隱公)으로부터 애공(哀公)에 이르기까지 12제후로 기록하다. [六藝(육예)]: 중국 고대의 6가지 학과목. 禮, 樂, 射, 御, 書, 數가 그것이다.

○孔子之子 鯉는 字가 伯魚이니 早死라. 孫伋의 字
　공자지자　리　자　백어　　　조사　　손급　자

는 子思로 作,中庸하다. 孟子가 其,門人也니, 名은
　자사　작중용　　맹자　기문인야　　명

軻요 魯,孟孫之後로 生於鄒하다. 幼被,慈母三遷
가　노맹손지후　　생어추　　유피자모삼천

之教하고 長,受業,子思之門이라. 道旣通에 遊,齊梁
지교　　장수업자사지문　　　도기통　유제양

이나 不用이라 退與萬章之徒로 難疑答問하여 作,
　불용　　퇴여만장지도　　난의답문　　작

孟子七篇하니라.
맹자칠편

[본문풀이]

　공자의 아들 리(鯉)의 자는 백어(伯魚)인데, 일찍 죽었다. 손자

급(伋)의 자는 자사(子思)로서 중용을 지었다. 맹자가 그의 문하생이니 이름은 가(軻)이고, 노나라 맹손의 후손으로 추(鄒) 땅에서 태어났다. 어려서 어머니로부터 삼천(三遷)의 가르침을 받았고, 장성하여서는 자사의 문하에서 학업을 받았다. 도가 이미 통달하여 제나라와 양나라에 가서 유세를 하였으나 쓰이지 않음으로 물러나 만장(萬章)의 무리와 더불어 의문에 문답하는 맹자 7편의 책을 저술했다.

[덧붙임]

공자의 아들은 리(鯉), 자는 백어(伯魚)이다. 손자 급(伋)이 있었으니, 그가 자사(子思)이다. 자사는 중용을 지었고 맹자가 그의 제자였다. 맹자는 이름이 가(軻)이니, 노나라 맹손(孟孫)의 후손으로 추(鄒)에서 태어났다. 맹자 어머니의 삼천지교(三遷之敎)는 전해내려 오는 이야기로 유명하다. 제나라와 양나라에 가서 유세를 했으나 받아들이지 않아 만장의 무리들과 문답하는 형식의 책인 '맹자(孟子)' 7편을 지었다.

[어려운 한자]

[伋] : 속일(급), 공자의 손자 자사(子思)의 이름. [庸] : 떳떳할(용), 고용. [軻] : 수레(가). [鄒] : 나라 이름(추).

[참고사항]

[中庸(중용)] : 자사가 지은 책. 천인합일(天人合一) 사상과 과불급(過不及)이 없고 불편부당(不偏不黨)한 중용의 덕과 도를 강조한 유학의 4서에 드는 책. 논어, 맹자, 중용, 대학 = 四書(사서). [三遷之敎(삼천지교)] :

맹모삼천지교. 맹자를 가르치기 위해 집을 3번이나 옮겼다는 고
사.(공동묘지 – 시장 거리 – 향교)

○老子는 楚, 苦縣之人也라. 姓은 李요 名은 耳, 字
　　노자　　초 고 현 지 인 야　　성　이　　명　은　이　　자

는 伯陽으로 又曰, 耼이라. 爲周, 守藏吏하다. 孔子
　　백양　　　우왈 담　　　위주 수장리　　　공자

問焉에 老子告之曰, 「良賈는 深藏若虛하고 君子
문언　　노자고지왈　　양고　　심장약허　　　군자

는 盛德容貌하니 若愚라.」하다. 孔子, 去謂弟子曰,
　　성덕용모　　　약우　　　공자 거위제자왈

「今見老子하니 其猶龍乎아?」하다. 老子見, 周衰하고
금견노자　　　기유용호　　　　　노자견 주쇠

去하여 至關하니 關令, 尹喜曰, 「子將隱矣하니 爲
거　　　지관　　　관령 윤희왈　　자장은의　　　위

我著書하라.」하니 乃著, 道德五千餘言而去하고 莫
아저서　　　　　　내저 도덕오천여언이거　　　막

知其, 所終이러라.
지기 소종

[본문풀이]

　노자는 초나라 고현 사람이었다. 성은 이(李)씨요, 이름은 이
(耳), 자는 백양, 또는 담(耼)이라고도 했었다. 그는 주나라 수장(守
藏)의 관리였다. 공자가 그에게 도를 물으니 노자가 고하여 말하
기를, '좋은 장사치는 깊이 갈무리해두기에 빈 것과 같고, 군자는
덕을 담았기에 어리석은 것 같다.'고 했다. 공자가 돌아가 제자들
에게 일러 말하기를, '이제 노자를 보니 그는 용과 같지 않은가?'

했다. 노자가 주나라의 쇠함을 보고 물러나 관문에 이르니 관의 영(슈)인 윤희가 말하기를, '그대는 장차 은자가 되려 하니 나를 위해 글을 하나 지어 주시오.' 하기에, 이에 도덕 5천여 언어구(言語句)를 써 주고 가서는 그의 죽음을 아무도 아는 바가 없었다.

[덧붙임]

노자는 공자보다 나이가 많은 윗사람으로 알려져 있다. 공자가 노자를 찾아가서 도를 물었다는 사실을 보더라도 공자보다 위의 사람이다. 공자가 노자에게 도를 묻고 돌아와서 제자들에게 이르는 말이 '용과 같지 않는가?' 하였으니, 노자가 보통 사람으로 보이지 않고 사상과 이상의 인물로 보였다는 말일 것이다. 생몰연대의 미상으로 오직 그의 '도덕경'이 남아있을 뿐이다. 전해오는 말에 의하면, 그는 국가의 보관물을 감독하는 관리라는 것과 당시 주나라가 쇠망해지는 것을 보고 어디론가 떠나고자 관문에 이르니, 관을 지키는 윤희(尹喜)가 '나를 위해 좋은 말을 부탁' 한다고 하니, 도덕경 5천여 마디의 글을 주었다고 한다. 그래서 남은 것이 '노자 도덕경'이다.

[어려운 한자]

[聃] : 이름(담). [貌] : 모양(모). [猶] : 같을(유), 꾀하다(유).

[참고사항]

[老子(노자)] : 춘추시대의 철인으로 도가의 창시자임. 공자보다 앞의 사람으로 알려졌으나 실존 인물이 아니라는 설도 있다. [守藏吏(수장리)] : 국가의 재물을 간수하는 관리. [關(관)] : 중국 하북성에 있는 함곡

노자기우도(老子騎牛圖)
명나라 때 장로(張路)의 작품

관(函谷關)을 이르는 말. [道德(도덕)] : 노자의 저술이라고 알려진 〈노
자 도덕경(老子 道德經)〉을 말함. 도가의 경서. 우주간(宇宙間)에 존재
하는 이법(理法)을 도(道)라고 하며, 무위(無爲)의 치(治), 무위의 처세훈
(處世訓)을 기록했음.

○自, 齊桓公으로 八世인 至, 景公하여 有, 晏子者하
　　자 제환공　　　　팔세　　지경공　　　　유안자자

여 事之하다. 名은 嬰이요 字는 平仲으로 以, 節儉力
　　사지　　　명 영　　　자 평중　　　이절검역

行으로 重於齊하다. 一狐裘, 三十年에 豚肩不掩豆
행　　　중어제　　　일호구 삼십년　　　돈견불엄두

나 齊國之士를 待以擧火者가 七十餘家라. 晏子出
　　제국지사　　대이거화자　　칠십여가　　　안자출

에 其御之妻가 從, 門間, 窺其夫하니 擁, 大蓋하고
　 기어지처　　종　문간　규기부　　　옹　대개

策, 駟馬하며 意氣揚揚自得하니 其而歸에 妻, 請去
책　사마　　　의기양양자득　　　기이귀　　처　청거

曰, 「晏子는 身相齊國이요 名顯諸侯에 觀其志하니
왈　　안자　　신상제국　　　명현제후　　관기지

嘗有以自下하니 子爲人, 僕御하여 自以爲足하니
상유이자하　　　자위인　복어　　　자이위족

妾是以, 求去也라.」하니 御者乃自, 抑損하다. 晏子,
첩시이　구거야　　　　　어자내자　억손　　　안자

怪以問之하니 以實對라. 故로 薦爲大夫하다.
괴이문지　　　이실대　　고　　천위대부

[본문풀이]

　제나라 환공으로부터 8대인 경공에 이르러 안자(晏子)라는 자
가 있어서 그를 섬겼다. 이름은 영, 자는 평중으로 근검절약을 역
행(力行)함으로써 제나라에 다시 등용되었다. 한 벌의 여우 갖옷
으로 30년에, 돼지 어깨고기가 제기를 가리지 못했으나 제나라
선비 70여 집이 거화(擧火)하여 대접하였다. 안자가 나갈 때에 그
의 마부의 아내가 남편을 문틈으로 엿보니, 큰 덮개를 가리고 사
마를 채찍질하며 의기양양하거늘, 그가 돌아왔을 때 그의 아내가
청해 말하기를, '안자는 몸이 제나라 재상이요, 이름이 제후들 사
이에 높아도 그 뜻을 보니 일찍부터 스스로 낮추기에, 그대는 겨
우 남의 말몰이꾼으로 스스로 만족하니 내[첩]은 떠나가기를 원
한다.' 하니, 말몰이꾼은 스스로 억눌리게 되었다. 안자가 괴이

히 생각해 물으니, 그는 사실대로 대답했다. 그래서 그를 천거하여 대부가 되게 했다.

[덧붙임]

　제나라 경공 때 안자(晏子)라는 사람이 있었다. 그는 근검절약함으로서 제나라에 등용되었다고 한다. 한 벌의 갖옷을 삼십 년을 입었고 그 흔한 돼지고기도 접시를 가리지 못하게 담았다니 지독한 구두쇠였다. 그러나 쓸 때는 쓰는 사람, 제나라 선비 70여 가를 거창하게 대접하는 사람이었다. 안자(晏子)가 나갈 때에는 그의 마부가 오히려 뽐내며 당당하게 나서니, 그 마부의 아내가 문틈으로 보고 못마땅하여 떠나고 싶다고 하니, 안자(晏子)가 그 사유를 물어 마부를 천거하여 대부가 되게 하였다는 이야기다.

[어려운 한자]

　[嬰] : 어릴(영).　[豚] : 돼지(돈).　[豆] : 그릇, 제기(두).　[擁] : 안을(옹).　[駟] : 사마(사).　[損] : 덜(손).

[참고사항]

　[豆(두)] : 제기의 일종이다. 제기의 총칭으로 쓰임. 조(俎)와 두(豆)는 작은 제기라는 뜻으로 쓰임. [擧火(거화)] : 불을 사용하여 음식을 만듦. 사람이 생활을 한다는 뜻으로 사용됨. [駟馬(사마)] : 말 네 마리가 끄는 수레. [抑損(억손)] : 억눌리다. 자세를 낮춤. [大夫(대부)] : 중국 주나라 때의 관직. 경(卿) 다음의 관직임.

오월(吳越)의 성쇠

○壽夢以後로 四君而至,闔廬로 擧,伍員하여 謀,
수몽이후 사군이지합려 거오원 모

國事하다. 員의 字는 子胥로 楚人,伍奢之子라. 奢,
국사 원 자 자서 초인오사지자 사

誅而奔吳하고 以,吳兵入郢하여 吳伐越이라가 闔
주이분오 이오병입영 오벌월 합

廬,傷而死하다. 子,夫差가 立하고 子胥는 復事之하
려상이사 자부차 입 자서 부사지

다. 夫差,志,復讐하여 朝夕,臥薪中하여 出入,使人
부차지복수 조석와신중 출입사인

呼曰,「夫差야! 而忘,越人之,殺而父邪아.」하다.
호왈 부차 이망월인지살이부사

周敬王二十六年에 夫差는 敗越于,夫椒하다. 越王
주경왕이십육년 부차 패월우부초 월왕

勾踐이 以,餘兵으로 捿,會稽山하여 請爲,臣妻爲妾
구천 이여병 서회계산 청위신처위첩

하니 子胥言,不可라 하니 太宰伯,嚭가 受,越賂하고
자서언불가 태재백비 수월뇌

說,夫差하여 赦越하다.
설 부차 사월

[본문풀이]

　수몽 이후 4대 째인 합려에 이르러 오원(伍貝)을 천거하여 국사를 도모했다. 오원의 자(字)는 자서(子胥)로 초나라 사람 오사(伍奢)의 아들이다. 오사가 목이 베이자, (자서는) 오나라로 도망쳐 와서는 오나라 군대를 이끌고 영(郢)을 쳐들어가서 오나라는 월나라를 정벌하려다가 합려가 상처를 입고 죽었다. 아들 부차가 즉위하였고, 자서는 다시 그를 섬겼다. 부차는 복수할 것을 뜻하여 아침저녁으로 섶에 누워 출입하는 사람으로 하여금 '부차야, 월나라 사람이 너의 아비를 죽인 일을 잊었느냐.' 하고 외치게 했다.

　주나라 경왕 26년에 부차는 월나라를 부초(夫椒)라는 곳에서 패하게 하였다. 월왕 구천이 남은 군사를 이끌고 회계산에 들어가 싸우다가 패하여 신하가 되고 아내는 첩이 될 것을 청하거늘, 자서가 안 된다고 하였는데 태재백(太宰伯) 비(嚭)가 월의 뇌물을 받고 부차를 설득하여 월을 용서하게 하였다.

[덧붙임]

　오나라가 월나라를 정벌하려다가 오나라의 합려가 죽었다. 그래서 아들 부차가 왕위에 올랐다. 부차는 아버지의 복수를 위하여 아침저녁 윗옷을 벗고 섶(薪)에 누워서 '부차야, 월나라 사람이 아버지를 죽인 것을 잊었느냐?' 하고 복수의 칼을 갈았다. 주나라 경왕 26년에 부차는 월나라와의 싸움에서 또 패하였다. 월왕 구천이 남은 군사를 이끌고 회계산에 들어가 신하가 되고, 아내는 첩을 삼으려고 하니 자서는 불가하다고 했다. 그러나 태재백 비가 월나라에 뇌물을 받고 부차를 설득하여 월의 용서를 받았다는 이야기다.

[闔]:문짝(합). [奢]:사치(사). [椒]:산초나무(초). [嚭]:클(비). [賂]:뇌물(뇌).

[참고사항]

[壽夢(수몽)]:오나라의 제후로 봉해진 태백의 19세손으로, 왕을 일컬은 자. 주나라 때는 천자의 나라인 주왕실의 군주만 왕이요, 그 외의 군주는 공(公)이라고 하였다.

○越王, 勾踐은 反國하여 懸膽於, 坐臥하고 卽仰, 膽
월왕 구천 반국 현담어 좌와 즉앙 담

嘗之曰,「汝忘, 會稽之恥耶아?」 擧, 國政, 屬, 大夫,
상지왈 여망 회계지치야 거 국정 속 대부

種하고 而與, 范蠡로 治, 兵事, 謀吳하다. 太宰, 嚭는
종 이여 범려 치 병사 모오 태재 비

譖, 子胥恥謀不用, 怨望하며 夫差는 乃賜子胥, 鐲鏤
참 자서치모불용 원망 부차 내사자서 촉루

之劍하다. 子胥, 告其, 家人曰,「必樹吾墓, 檟하라.
지검 자서 고기 가인왈 필수오묘 가

檟可材也리라. 抉, 吾目하여 懸, 東門하라. 以觀越兵
가가재야 결 오목 현 동문 이관월병

之, 滅吳하리라.」하고 乃自剄하다. 夫差는 取其尸하
지 멸오 내자경 부차 취기시

여 盛以鴟夷하여 投之江하다. 吳人憐之하여 立祠,
성이치이 투지강 오인련지 입사

江上命曰, 胥山이라 하다. 越, 十年生聚하고 十年敎
강상명왈 서산 월 십년생취 십년교

訓하여 周, 元王四年에 越伐吳하고 吳, 三戰三北하
훈 주 원왕사년 월벌오 오 삼전삼배

다. 夫差_는 上,姑蘇_{하여} 亦,請成於越_{하나} 范蠡_가 不
　　부차　　상고소　　　　역청성어월　　　범려　　불

可_{라 하니} 夫差曰, 吾無以見, 子胥_{라 하고} 爲,幎冒乃
가　　　　　부차왈 오무이견 자서　　　　　위 멱모내

死_{하다.}
사

[본문풀이]

　월의 임금 구천은 나라로 돌아와서 앉고 눕는 자리에다 쓸개를
걸어두고 우러러 쓸개를 맛보면서 하는 말이, '너는 회계산에서
의 치욕을 잊었느냐?' 하였다. 나라의 정사를 들어 대부인 종(種)
에게 맡기고 범려와 더불어 오나라를 도모하기 위해 병사를 다스
렸다. 태재 비는 자서가 계획을 쓰지 않음을 부끄럽게 여겨 원망
하여 참언을 하였다. 부차는 이에 자서에게 촉루라는 칼을 주어
죽으라고 했다. 자서는 그의 아내에게 말하기를, '반드시 내 무덤

회계산(會稽山)
절강성(浙江省) 소흥(紹興)에 위치

에 가(檟)나무를 심어라. 그 가(檟)나무는 관의 재목으로 쓸 것이다. 내 눈을 뽑아 동문에다 걸어라. 월나라 군대가 오를 멸하는 것을 보리라.' 하고는 스스로 목을 찔러 죽었다. 부차는 그 시체를 가져다 치이(鴟夷 : 가죽 포대)에 담아 강에다 던졌다. 오나라 사람들이 가엽게 여겨 강 언덕에 사당을 짓고 서산(胥山)이라 하였다. 월나라는 10년 동안 군대를 기르고 재물을 모아서 10년 동안 훈련해서 주나라 원왕 4년에 월은 오를 정벌하였고, 오는 3번 싸워 3번을 패하였다. 부차는 고소(姑蘇)에 올라 역시 월나라에 화의를 청하였으나 범려(范蠡)가 들어주지 않으니 부차가 말하기를, '내가 자서를 볼 수 없다.' 하고 천으로 얼굴을 가리고 죽었다.

[덧붙임]

구천은 돌아와서 자기가 거처하는 자리에 쓸개를 걸어두고 나오면서 들어가며 맛을 보면서 '너는 회계의 싸움을 잊었는가? 하고 역시 복수를 다짐했다. 주 원왕 4년에 월이 오를 쳐서 오나라는 삼전삼패했다. 부차는 고소에 올라가서 월나라에 화의를 청하였다. 그러나 범려가 들어주지 않으니 부차가 말하기를, '내가 자서를 볼 수 없다' 하고 천으로 얼굴을 가리고 죽었다고 한다.

그래서 오월의 관계는 원수의 관계다. 화신상담, 오월동주 이런 말들이 이때에 생겨난 것이다.

[어려운 한자]

[膽] : 쓸개(담). [恥] : 부끄러울(치). [蠡] : 좀먹을(려). [嚭] : 클(비). [譖] : 참소할(참). [鏤] : 새길(루). [檟] : 개오동나무(가). [抉] : 도려낼(결). [剄] : 목

벨(경). [鴟]: 솔개(치). [幎]: 덮을(멱).

[참고사항]

[反國(반국)]: 여기서는 '환국'과 같음. [仰膽嘗之(앙담상지)]: 쓸개를 우러러 그것을 맛보다. 와신상담으로 원수를 갚기 위해 괴롭고 어려운 것을 참고 견딘다는 일. 월왕(越王) 구천(勾踐)의 고사. [會稽之恥(회계지치)]: 월왕 구천과 오왕 부차와 회계산 싸움에서 패하여 목숨을 살려달라고 부차에게 애걸했던 치욕적인 고사. [钃鏤(촉루)]: 중국 옛적 명검의 일종. [鴟夷(치이)]: 말가죽으로 만든 부대. [生聚(생취)]: 백성을 길러 군사를 강화함. 군대를 많이 모아 강화함. [幎冒(멱모)]: 시체의 얼굴을 가리는 천.

○越旣滅吳하고 范蠡는 去之라. 遺,大夫種書曰,
월 기 멸 오 　　범 려 　거 지 　　유 대 부 종 서 월

「越王爲人이 長頸烏喙라. 可與共患難이나 不可
월 왕 위 인 　長 경 오 훼 　　가 여 공 환 난 　　불 가

與共安樂이라. 子,何不去오?」하다. 種이 稱疾不朝
여 공 안 락 　　자 하 불 거 　　　　종 　칭 질 부 조

하니 或이 讒種且,作亂하여 賜劍死하다. 范蠡는 裝
　　혹 　참 종 차 작 란 하여 사 검 사 　　범 려 　장

其,輕寶珠玉하고 與,私從으로 乘舟江湖하여 浮海
기 경 보 주 옥 　　여 사 종 　　승 주 강 호 　　부 해

出齊하여 變,姓名하여 自謂〈鴟夷子皮〉라 하다. 父
출 제 　　변 성 명 　　자 위 　치 이 자 피 　　　　부

子,治産,至,數十萬하니 齊人이 問其賢하고 以,爲
자 치 산 지 수 십 만 　　제 인 　문 기 현 　　이 위

相하니 蠡, 喟然曰, 「居家致, 千金하고 居官致, 卿相
이라. 此, 布衣之極也라. 久受尊名은 不詳이라.」하
고 乃歸相印하고 盡散其財하여 懷, 重寶間行하다.
止於陶하여 自謂「陶朱公」이라 하고 貲, 累鉅萬하
다. 魯人猗頓이 往問術焉하니 蠡曰, 「畜, 五牸하
라.」乃, 大蓄牛羊을 於, 猗氏하니 十年間에 貲擬王
公이라. 故로 天下言, 富者를 稱, 陶朱, 猗頓하다.

[본문풀이]

　월나라는 이미 오나라를 멸망시켰고. 범려는 떠나갔다. 대부
종에게 글을 보내어 말하기를, '월왕은 사람됨이 목이 길고 까마
귀의 입과 같아서 더불어 환란은 함께할 수 있지만 안락은 함께
할 수 없다. 그대는 어찌 떠나지 않는가?' 했다. 종(種)이 병을 일
컫고 조회(朝會)하지 않으니 어떤 사람이 종이 장차 난을 꾸민다
고 참소하여 칼을 내려 죽게 했다.

　범려는 가벼운 보물과 주옥을 챙겨 사사로운 종자(從者)와 더
불어 강과 호수에 배를 띄워 제나라로 가서 성명을 바꾸고 스스
로 치이자피(鴟夷子皮)라 했다. 부자가 재산을 다스려 수십 만에
이르니, 제나라 사람이 그의 어짊을 듣고 재상을 삼으니 려(蠡)가
탄식하여 말하기를, '집에서는 천금을 이루었고 관직에 있어서

는 경상(卿相)에 이르렀다. 이것은 포의로서는 극에 이른 것이다. 오래 높은 이름을 받는 것은 상서롭지 못하다.' 하고 이에 재상의 인을 돌려주고 다 그 재산을 나눠주고, 귀중한 보배만을 품고 남 모르게 떠났다. 도(陶)라는 곳에 멈추어 스스로 도주공이라 이르 고 재물이 크게 만금을 쌓았다. 노나라 사람 의돈(猗頓)이 가서 방 법을 물으니, 범려가 대답하기를, '암소 다섯 마리를 기르라.' 고 했다. 이에 크게 소와 양을 의씨(猗氏)의 고장에서 기르니, 10년 동안 자산이 왕공에 비길 만하게 되었다. 그러므로 천하의 부자 를 말하는 자를 도주(陶朱)와 의돈(猗頓)으로 일컫게 되었다.

[어려운 한자]

[頸] : 목(경). [喙] : 부리(훼). [讒] : 참소할(참). [蠡] : 좀먹을(려). [喟] : 한숨 (위), 탄식. [貲] : 재물(자). [鉅] : 클(거). [猗] : 아름다울(의). [頓] : 조아릴 (돈). [牸] : 암소(자).

[참고사항]

[鴟夷子皮(치이자피)] : 치이는 말가죽으로 만든 부대인데, 이런 이름 같지 않은 이름을 지어 불렀다. 범려의 또 다른 이름이다. [喟然(위연)] : 탄식하다. [布衣(포의)] : 서민. 벼슬하지 못한 사람. [相印(상인)] : 재상 의 도장. 인수(印綬)는재상의 관인. [陶(도)] : 중국 산동성 서남 지방에 있는 지명. [累鉅萬(누거만)] : 만금을 쌓다. [猗氏(의씨)] : 의는 중국 산 동성에 있는 지명으로, 지명을 따서 성으로 삼은 것. 여기서는 의씨 고장이라는 뜻.

전국시대의 나타남

○秦人이 恐喝諸侯하여 求,割地하다. 有,洛陽人,
　　　진인　　공갈제후　　　　구 할지　　　　　유 낙양인

蘇秦하여 遊說,秦惠王이나 不用하다. 乃往說,燕文
소진　　　　유세 진혜왕　　　　불용　　　　　내왕설 연문

侯하여 與趙,從親하다. 燕資之以,至趙하니 說,趙肅
후　　　여조 종친　　　　연자지이 지조　　　설 조숙

侯曰, 「諸侯之卒이 十倍於秦이라. 幷力西向이면
후왈　　제후지졸　　십배어진　　　병력서향

秦必破矣라. 爲,大王計는 莫若,六國從親하여 以擯
진필파의　　위 대왕계　　막약 육국종친　　　이빈

秦이라.」하다. 肅侯,乃資之以約,諸侯하다. 蘇秦은
진　　　　　숙후 내자지이약 제후　　　　소진

以,鄙諺으로 說,諸侯曰, 「寧爲鷄口,無爲牛後.」라
이 비언　　　설 제후왈　　영위계구 무위우후

하다. 於是에 六國從合하다.
　　　어시　　육국종합

[본문풀이]

　　진나라 사람이 제후를 공갈하여 땅을 갈라줄 것을 요구했다.
낙양 사람 소진이란 자가 있어 진나라의 혜왕에게 유세하였으나 쓰이지 않았다. 이에 연나라로 가서 문후(文侯)를 설득하여 조나라와 더불어 종친(從親)하게 하였다. 연나라에서는 자금을 주어 조나라에 이르게 하니 조나라 숙후를 설득하여 말하기를, '제후의 군졸이 진나라의 10배입니다. 힘을 합하여 서쪽을 향한다면 진나라를 반드시 깨뜨릴 수 있습니다. 대왕을 위한 계획은 여섯 나라가 종친(從親)하여 진나라를 물리칠만한 것이 없습니다.'고 하였다. 숙후(肅侯)는 이에 자금을 주어 제후와 약속하게 하였다. 소진은 저속한 속담으로써 제후를 설득하기를, '차라리 닭의 입이 될지언정, 소의 궁둥이는 되지 마십시오.' 라고 하였다. 이에 육국(六國)을 종합(從合)하게 되었다.

춘추전국시대(春秋戰國時代)

[덧붙임]

전국시대가 도래했다. 이때 소진(蘇秦)이란 자가 있었다. 소진은 진나라 혜왕에게 유세를 하였으나 그의 말을 듣지 않았기 때문에 소진은 연나라 문후에게로 가서 조나라로 더불어 종친하게 되었다. 소진은 진나라를 빼고 6국을 종친(연합)하여 진나라를 치자는 술책을 내놓았다. 그는 전략가이며 종략가였다. 소진은 말을 잘하는 사람으로 6국을 종횡하며 그들을 설득하였다. 〈寧爲鷄口,無爲牛後〉란 말로 제후를 설득하였으니, '닭의 입은 될지라도, 소의 궁둥이는 되지 말라.'는 말은 너무도 유명했다. 그 말의 내용인즉, 조금이라도 남의 나라 땅을 조금씩 조금씩 갉아먹자는 말로써, 그의 말솜씨로 결국 육국을 종합하게 되었다.

[어려운 한자]

[擯] : 물리칠(빈). [鄙] : 더러울(비), 국경. [諺] : 상스러운 말(언). [寧] : 차라리(녕).

[참고사항]

[從親(종친)] : 동서남북의 여러 나라와 행하는 외교정책. 여기서는 강국인 진나라를 상대로 하는 외교정책. [鄙諺(비언)] : 저속한 말. [寧爲鷄口,無爲牛後(영위계구,무위우후)] : 입은 음식을 먹는 기관이요, 궁둥이는 배설물을 내는 기관이므로, 작아도 입이 되어야지 궁둥이는 되지 말라는 속담. [六國(육국)] : 楚, 燕, 齊, 韓, 魏, 趙. [從合(종합)] : 연합하게 됨.

○蘇秦者는 師,鬼谷先生하다. 初出遊에 困於歸하
니 妻不下機하고 嫂不爲炊하다. 至是하여 爲,從約
長하고 幷相六國하여 行過洛陽이러니 車騎輜重이
擬於王者라. 昆弟妻嫂가 側目,不敢仰視하고 俯伏
侍,取食하다. 蘇秦笑曰,「何,前倨而後恭也오?」嫂
曰,「見,季子하니 位高金多也라.」하다. 秦,喟然歎
曰,「此一人身이 富貴則,親戚畏懼之요 貧賤則,
輕易之하니 況,衆人乎아? 使我有洛陽에 負郭田二
頃이면 豈能佩,六國相印乎아.」於是에 散千金하여
以賜,宗族朋友하다. 旣定從約歸趙하니 肅侯가 封
爲武安君하다. 其後에 秦使犀首로 欺趙하고 欲敗
從約하니 齊魏伐趙하다. 蘇秦이 恐去趙하고 而從
約解하다.

[본문풀이]

소진은 귀곡선생을 스승으로 삼았다. 처음 유세에 나섰다가
곤궁하여 돌아왔는데, 아내는 베틀에서 내려오지도 않고 형수는

밥을 짓지도 않았다. 이에 이르러 종약(從約)의 장이 되고 여섯 나라를 다스리는 재상이 되어서 낙양을 지나가게 되니, 수레와 말과 짐바리는 왕에 비길 만했다. 형제와 아내와 형수가 곁눈질하면서 감히 우러러보지 못하고 허리를 굽혀 모시면서 음식을 들었다. 소진이 웃으면서, '왜 먼저는 거만하고 뒤에는 공손합니까?' 하니, 형수가 대답하기를 '시동생의 지위가 높고 돈이 많은 것을 보아서 그렇습니다.' 했다.

소진이 한숨을 쉬면서 탄식하여 하는 말이, '같은 사람의 몸인데 부귀하면 친척도 이를 두려워하고, 빈천하면 가볍고 쉽게 여기니, 하물며 일반 사람에 있어서랴? 나로 하여금 낙양 변두리에 농토 2경이 있게 했다면 어찌 능히 여섯 나라 재상의 인수(印綬)를 할 수 있었겠는가.' 하고는, 여기서 천금을 흩어 써 친척과 친구들에게 주었다. 이미 종약을 정하고 조나라로 돌아가니 숙후가 무안군으로 봉해져 있었다. 그 뒤 진나라가 서수(犀首)로 하여금 조나라를 속이게 하고 종약을 깨뜨리고자 하니, 제나라와 위나라가 조나라를 정벌하였다. 소진이 두려워 조나라를 떠나고 종약은 풀렸다.

[덧붙임]

소진은 종약가(從約家)였다. 말로써 여러 나라로 다니면서 유세를 하여 나라와 나라 사이를 오가면서 종약을 했다. 처음에 그의 말을 들어주는 나라가 없어 실패하고 집으로 돌아온다. 출세하지 못하고 집으로 돌아오니 아내는 베틀에서 내려오지 않고, 형수는 밥도 지어주지 않았다. 그러나 그 후에 종약가로서 6국을 다스리는 재상이 되어 낙양으로 지나가니, 그의 수레와 말이 왕자에 비길 만했다. 그를 무시하던 아내와 형수도 곁눈질을 하며 우러러보지도 못했다. 사람은 출세를 하고 볼 일이었다.

[어려운 한자]

[炊] : 불 땔(취), 취사. [輜] : 짐수레(치). [嫂] : 형수(수). [娰] : 형수(수), 嫂와 동자임. [佩] : 찰(패). [犀] : 무소(서).

[참고사항]

[鬼谷先生(귀곡선생)] : 본명은 전해지지 않고 낙양 근처 귀곡이라는 곳에 살았기 때문에 붙여진 이름. [季子(계자)] : 소진의 자(字)라고도 하고, 또는 형수가 시동생을 부르는 호칭이라고도 한다. [喟然(위연)] : 탄식하는 모양. [郭田(곽전)] : 한 구획의 농토. [頃(경)] : 땅의 넓이를 재는 단위. 1경은 100묘, 한 가족이 경작할 수 있는 적당한 규모.

○魏人에 有,張儀者하니 與,蘇秦으로 同師라. 嘗遊
위인 유장의자 여소진 동사 상유

楚하여 爲,楚相所辱하니 妻慍有語하니 儀曰,「視,
초 위초상소욕 처온유어 의왈 시

吾舌하라. 尙在否아?」蘇秦이 約從時에 激儀,使人
오설 상재부 소진 약종시 격의사인

入秦하니 儀曰,「蘇君之時에 儀,何敢言가.」蘇秦
입진 의왈 소군지시 의하감언 소진

去趙하고 而,從解하니 儀는 專爲橫하여 連,六國以
거조 이종해 의 전위횡 연육국이

事秦하다.
사 진

[본문풀이]

위나라 사람 중에 장의라는 자가 있었으니 소진으로 더불어 스승을 함께했다. 일찍 초에 가서 초나라 재상에게 욕된 바가 되니, 아내가 성을 내니 이에 장의가 말하기를, '내 혀를 보시오, 아직 있는가, 없는가를…' 했다. 소진이 합종의 약속을 맺었을 때 장의를 격하게 하여 진나라로 돌려보내니 장의는 말하기를, '소군(蘇君)의 때에 의(儀)가 어찌 감히 말할 것인가.' 했다. 소진이 조나라를 떠나고 합종(合從)이 깨어지니 의(儀)는 온전히 연횡(連橫)을 위하여 여섯 나라를 연합하여 써 진나라를 섬기게 하였다.

[덧붙임]

소진과 장의는 선생을 같이한 동문수학했던 사이였다. 그들은 말솜씨에 익숙하여 역시 종약으로 유명했다. 장의는 일찍 초나라에 가서 재상이 된 바 있었는데 아내가 못마땅하여 성을 내니 장의가 말하기를, '내 혀를 보시오, 아직 있는지 없는지를…' 그는 달변가로 앞으로의 승승장구를 넌지시 말하고 있는 것이다. 소진이 조나라를 떠나고 종합이 깨어지니 장의는 연합하여 진나라를 섬기게 하는데 성공하게 된다. 예부터 말 잘하는 사람을 '소진, 장의'라 했으니, 그들은 전국시대를 대표하는 종약가들이었다.

[慍] : 성낼(온). [激] : 격할(격). [橫] : 가로(횡).

[참고사항]

[同師(동사)] : 같은 스승이란 말로, 귀곡선생을 말한다. 즉 같이 귀곡
선생 밑에 함께 공부했다는 뜻.

○秦,昭襄王이 立하다. 有,魏人,范睢者러니 嘗從,
　진 소 양 왕　　립　　　　　유 위 인 범 휴 자　　　　　상 종

須賈使齊하니 齊王이 聞其辯口하고 乃賜之,金及
수 가 사 제　　　제 왕　　문 기 변 구　　　　내 사 지 금 급

牛酒하다. 賈는 疑睢以國,陰事告齊하고 歸告,魏
우 주　　　　가　　의 휴 이 국 음 사 고 제　　　귀 고 위

相,魏齊하니 魏齊,怒하여 笞擊睢하고 折脅拉齒하
상 위 제　　　위 제 노　　　태 격 휴　　　절 협 납 치

니 睢,佯死하다. 秦使者,至魏하여 潛載,睢與歸하여
　휴 양 사　　　진 사 자 지 위　　　잠 재 휴 여 귀

薦于,昭襄王하여 以爲客卿하다. 教以,遠交近攻之
천 우 소 양 왕　　　이 위 객 경　　　교 이 원 교 근 공 지

策하니 爲,丞相하고 號,應侯라 하다. 睢,旣得志于
책　　　위 승 상　　　호 응 후　　　　　휴 기 득 지 우

秦하여 一飯之德도 必償하고 睚眦之怨도 必報하리
진　　　일 반 지 덕　　필 상　　　애 자 지 원　　필 보

라 하다.

[본문풀이]

　진나라 소양왕이 즉위했다. 위나라에 범휴라는 사람이 있었는

데, 일찍 수가(須賈)를 따라 제나라에 사신으로 가니 제나라 왕이 그가 말을 잘한다는 소문을 듣고 이에 금과 소고기와 술을 그에게 하사했다. 수가(須賈)는 범휴(范雎)가 나라의 음사(陰事 : 비밀)를 제나라에 고한 것이라 의심하고 돌아가 위나라의 재상 위제(魏齊)에게 고하니, 위제가 노하여 범휴(范雎)를 몽둥이로 때려서 갈비뼈를 꺾고 이를 부셔버리니, 범휴(范雎)는 거짓으로 죽은 체하였다. 진나라 사자가 위나라에 이르렀다가 몰래 범휴(范雎)를 수레에 싣고 더불어 돌아가서 소양왕에게 천거하여 객경(客卿)이 되었다. 범휴(范雎)가 원교근공책(遠交近攻策)을 가르치니 승상으로 삼고 응후(應侯)라 호칭하였다. 범휴(范雎)는 이미 진나라에서 뜻을 얻어 한 끼의 밥과 덕도 반드시 갚고, 눈을 흘기는 원한도 반드시 갚겠다고 했다.

[덧붙임]

위나라 사람 범휴라는 자가 있었다. 제나라 사신으로 갔다가 제왕의 푸짐한 대접을 받고 돌아왔는데, 위나라 제상 위제가 나라의 비밀을 제나라에 고했다는 의심을 받고 몽둥이로 두들겨 맞아 반 주검이 되었다. 이것을 본 진나라 사자가 위나라에 왔다가 몰래 수레에 싣고 진나라로 돌아갔다. 진나라 소양왕에게 천거하여 객경(客卿)이 되었는데, 범휴는 진나라에서 뜻을 얻어 '내가 받은 덕과 원수를 반드시 갚겠다.' 고 했다. 그는 '원교근공책(遠交近攻策)'의 계책을 내어 승상이 되었다. 즉, 먼 나라는 사귀고, 가까이 있는 나라부터 쳐서 없애자는 계책이었다.

[어려운 한자]

[范]:풀 이름(범). [眭]:눈 부릅뜰(휴). [苔]:이끼(태). [脅]:옆구리(협).
[拉]:꺾을(랍). [償]:갚을(상). [睚]:눈초리(애). [眦]:눈 흘길(자). 貲와 同
字.

[참고사항]

[陰事(음사)]:비밀스러운 일. [客卿(객경)]:외국인으로 대신이 된 사
람. [遠交近攻策(원교근공책)]:먼 나라와는 친교를 맺으면서 가까운
나라부터 공격하는 정책. [睚眦(애자)]:눈을 흘기다.

○魏伐韓하니 韓請救於齊하다. 齊使,田忌로 爲將
위벌한   한청구어제   제사 전기 위장

하여 以救韓하니 魏將,龐涓은 嘗與,孫臏으로 同學
이구한   위장 방연 상여 손빈   동학

兵法하여 涓爲,魏將軍하여 自以,所能不及으로 以
병법   연위 위장군   자이 소능불급   이

法,斷其兩足,而黥之하니 齊使至魏하여 竊載以歸
법단기양족이경지   제사지위   절재이귀

하다. 至是하여 臏爲,齊軍師하여 直走魏都하고 涓
지시   빈위 제군사   직주위도   연

은 去韓而歸하다. 臏은 使,齊軍으로 入,魏地者,爲
거한이귀   빈   사 제군   입위지자 위

十萬竈하고 明日에 爲,五萬竈하고 又明日에 爲,二
십만조   명일 위 오만조   우명일 위이

萬竈하다. 涓이 大喜曰,「我固知,齊軍怯이라. 入,
만조   연 대희왈   아고지 제군겁   입

吾地三日에 士卒亡者,過半矣라.」乃倍日,竝行逐
오지삼일   사졸망자과반의   내배일 병행축

之하다. 臏은 度其行하여 暮,當至馬陵이라 하다. 道
지   빈   도기행   모 당지마릉   도

陜而旁多阻하여 可,伏兵이라. 乃斫大樹하여 白而
협이방다조   가 복병   내작대수   백이

書曰, 〈龐涓은 死, 此樹下〉하고 令, 齊師, 善射者하
서왈 방연 사 차수하 영 제사 선사자

여 萬弩가 夾道以伏이라가 期暮에 見, 火擧而發하
만노 협도이복 기모 견 화거이발

다. 涓이 果夜至斫木下하여 見白書하고 以火燭之
연 과야지작목하 견백서 이화촉지

하다. 萬弩俱發하니 魏師, 大亂相失하다. 涓이 自剄
만노구발 위사 대란상실 연 자경

曰,「遂成, 豎子之名이라.」하다. 齊는 大破魏師하고
왈 수성 수자지명 제 대파위사

虜, 太子申하다.
노 태자신

[본문풀이]

위(魏)나라가 한(韓)나라를 치니 한나라는 제(齊)나라에 구원을
요청했다. 제나라에서는 전기(田忌)로 하여금 장수로 삼아서 한
나라를 구하게 했다. 위나라 장수 방연(龐涓)은 일찍 손빈(孫臏)과
더불어 병법을 함께 배웠다. 연(涓)은 위나라 장군이 되어 스스로
능히 미치지 못하는 바로써, 법으로 그 두 다리를 끊고 묵형을 실
시하였다. 제나라 사신이 위나라에 이르러 몰래 수레에 싣고 돌
아갔다. 이에 이르러 빈(臏)은 제나라의 군사가 되어 곧 위나라의
도읍으로 곧바로 달려가고, 연은 한나라를 떠나서 돌아갔다.

빈은 제나라 군사로 위나라 땅에 들어간 자로 하여금 10만의
부뚜막(군의 수)을 만들고 다음 날은 5만 부뚜막, 또 다음 날은 2
만 부뚜막(군대)을 만들게 하였다. 연은 크게 기뻐하여 말하기를,
'나는 본래부터 제나라 군대가 겁쟁이라는 것을 알았다. 우리 땅

에 들어와 사흘 만에 사졸이 도망한 자가 반이나 넘는다.' 하고
는, 이에 날을 갑절로 하여 아울러 가서 그를 뒤쫓았다. 빈은 그
행정(行程)을 헤아려 밤에는 마땅히 마릉(馬陵)에 이를 것이라 했
다. 길은 좁고 근처에 험한 곳이 많아 가히 병사를 숨길만했다.
이에 큰 나무를 쪼개어 희게 하여 글씨를 써 놓기를, 〈방연은 이
나무 밑에서 죽는다.〉 하고는, 제나라 군대의 활 잘 쏘는 자에게
만노(萬弩)가 길을 끼고 숨겼다가 밤에 불 드는 것을 보거든 쏘게
하였다. 방연이 과연 깎아 놓은 나무 밑에 이르러 흰 글씨를 보고
불로써 이것을 밝혔다. 만노(萬弩)가 함께 쏘아대니 위나라 군대
가 크게 어지러워지고 서로 질서를 잃었다. 방연이 스스로 목을
찔러 죽으면서 말하기를, '드디어 애송이의 이름을 이루는구나.'
하였다. 제나라는 크게
위나라의 군대를 깨뜨리
고 태자 신(申)을 사로잡
았다.

손빈(孫臏)
『역대성현명인상(歷代聖賢名人像)』, 북경
고궁박물관출판사 1994, 위키피디아 출처

[덧붙임]

위나라 장수 방연과 제나라 장수 손빈은 함께 병법을 공부했던 동기다. 손빈이 군사를 몰고 위나라에 들어가서 3일 만에 절반의 군사가 도망갔다고 했다. 이것을 안 방연은 제나라 군사를 뒤쫓아 따라 갔다. 손빈은 행정(行程)을 계산하여 마릉까지 이르는 시간을 생각하여 방연을 좁은 길에 몰아넣는 계획을 세웠다. 큰 나무를 깎아 글씨를 쓰되 〈방연은 이 나무 아래서 죽는다.〉 하고, 하얀 글씨가 드러나도록 했다. 그 옆에 복병을 하고 방연의 군사가 오길 기다렸다. 밤이 되어 어둠을 타고 내려오는 방연이 과연 그 나무 아래에 이르러 불을 밝혀 그 글을 읽는 동안 복병한 군사가 활을 쏘아 위나라 군대를 깨트렸다. 결국 방연과 손빈의 전략에서 손빈이 승리한 것이다.

[어려운 한자]

[龐]: 클(방). [涓]: 시내(연). [黥]: 묵형할(경). [竊]: 훔칠(절). [臏]: 종지뼈(빈). [竈]: 부엌(조). [斫]: 벨(작). [豎]: 더벅머리(수).

[참고사항]

[黥(경)]: 묵형의 하나. 얼굴에 찔러 먹을 바르는 형벌. 죄인임을 알리게 하는 벌의 하나. [竈(조)]: 부뚜막. 군대가 야전을 할 때, 병사가 각자 자기 밥을 지을 부뚜막을 만든다는 뜻으로, 10만 조는 10만 명을 나타냄. [倍日竝行(배일병행)]: 하루 걸음으로 이틀 가는 거리를 일컫는 말. [馬陵(마릉)]: 중국 산동성 서남부에 있는 지명. [弩(노)]: 활의 종류. 한꺼번에 여러 개의 화살을 날리는 활. [豎子(수자)]: 더벅머리 아이. 애송이.

○趙,惠文王이 嘗得,楚和氏璧하여 秦,昭王이 請
조 혜문왕 상득초화씨벽 진소왕 청

以十五城으로 易之라. 欲不與,畏秦强하고 欲與恐,
이십오성 역지 욕불여 외진강 욕여공

見欺라. 藺相如가 願奉璧往이라 「城不入則,臣請,
견기 인상여 원봉벽왕 성불입즉 신청

完璧而歸하리라.」하다. 旣至秦하니 王이 無意償城
완벽이귀 기지진 왕 무의상성

이라 相如는 乃欺取璧하니 怒髮指冠하여 郤立,柱
상여 내기취벽 노발지관 극립주

下曰,「臣頭는 與璧俱碎리다.」하고 遣,從者하여 懷
하왈 신두 여벽구쇄 견종자 회

璧間行,先歸하고 身待命於秦이라. 秦昭王이 賢而
벽간행선귀 신대명어진 진소왕 현이

歸之하다.
귀지

[본문풀이]

　　조나라 혜문왕이 일찍이 초화씨(楚和氏) 구슬을 얻으니 진나라 소왕이 열다섯 성과 바꾸기를 요청했다. 구슬을 주지 않으면 진나라의 강함이 두렵고, 주고자 하니 속임수를 당할까봐 두려웠다. 인상여가 구슬을 받들고 진에 가기를 원하면서 '성이 들어오지 않으면 신은 청하건대, 구슬을 온전하게 가지고 오겠습니다.' 했다. 이미 진에 이르니, 왕은 성을 줄 의사가 없으므로, 인상여(藺相如)는 이에 거짓말을 하여 구슬을 취하니 노한 머리털이 관을 치받듯 하여, 서있는 기둥 틈 사이로 내려와 말하기를, '신의 머리는 구슬과 더불어 부서질 것입니다.' 하고는, 종자를 보내어 구슬을 품고 사잇길로 먼저 가게 하고 자신은 목숨을 진나라에 맡기고 기다렸다. 진나라 소왕은 그를 현자라고 하며 돌려보냈다.

[덧붙임]

조나라 혜문왕이 초화씨라는 구슬을 얻었다. 이것은 천하의 보물이었다. 이것을 안 진나라 소왕이 그 구슬을 15성과 바꾸자는 제안이 들어와서 바꾸기로 했는데, 인상여(藺相如)가 구슬을 가지고 진나라로 들어갔다. 그러나 성은 안 주고 구슬만 빼앗길까봐 걱정을 했는데, 역시 진소왕은 15성을 줄 의사가 없었다. 인상여는 '저의 머리는 이 구슬과 함께 부서질 것입니다.' 하고, 구슬을 종자에 맡기고 기다리고 있으니 진 소왕은 과연 현자로다 하고 돌려보냈다. 그래서 혜문왕은 인상여를 나중에 상경(上卿)으로 봉했다.

[어려운 한자]

[璧] : 구슬(벽). [藺] : 골풀(린). [郤] : 틈(극), 고을 이름(극). [碎] : 부술(쇄).

[참고사항]

[楚和氏璧(초화씨벽)] : 초(楚)나라 변화(卞和)라는 사람이 초산(楚山)에 올라가서 얻은 구슬이라고 함. 한밤중에도 불을 켠 듯 환하여 세상에 둘도 없는 보배였다고 함. [郤立(극립)] : 틈 사이에 서서. 극(郤)은 중국의 지명의 하나임.

○趙王은 以藺相如로 爲, 上卿하여 在, 廉頗右하니
조 왕 　이 인 상 여 　위 상 경 　　재 염 파 우

頗曰,「我는 爲,趙將하여 有,攻城野戰之功이어늘
相如는 素,賤人으로 徒以口舌로 居,我上하니 吾
羞,爲之下라. 我見相如면 必,辱之하리라.」하다. 相
如聞之하고 每朝常,稱病하여 不欲與,爭列하고 出,
望見이면 輒,引車避匿하니 其舍人이 皆以爲恥라.
相如曰,「夫以秦之威로 相如가 廷叱之하여 辱其
群臣하니 相如雖駑나 獨畏,廉將軍哉아. 念하니 强
秦이 不敢加兵於趙者는 徒以吾,兩人在也라. 今,
兩虎共鬪면 其勢,不俱生이라. 吾所以,爲此者는
先,國家之急이요 而後,私讐也라.」하다. 頗聞,肉袒
負荊하고 詣門謝罪하니 遂爲,刎頸之交하다.

[본문풀이]

　　조왕은 인상여로 상경(上卿)을 삼아 염파(廉頗)의 윗자리에 두
었다. 염파가 말하기를, '나는 조나라 장수가 되어 성을 치고 벌
판에서 싸운 공이 있거늘, 상여는 본래 천인인데 한갓 입과 혀로
써 나의 위에 있으니 내가 아래 됨을 부끄럽게 여김이라. 내가 상
여를 보면 반드시 그를 욕보이리라.' 했다. 상여는 이것을 듣고

매양 조정에서는 언제나 병을 칭하고 더불어 자리를 다투고자 하지 않았다. 나가다가 그를 바라보게 되면 문득 수레를 끌고 숨으니 그를 따르는 사람이 모두 부끄럽게 여겼다. 상여가 말하기를, '대저 진나라의 위엄으로도 상여가 조정에서 그것을 꾸짖어 그 여러 신하를 욕보인다고 하니, 상여가 비록 노둔하나 홀로 염장군을 두려워할 것인가. 돌아보아 생각하니, 강한 진나라가 감히 조나라에 군대로 침공하지 못하는 것은 한갓 우리 두 사람이 있기 때문이다. 이제, 두 마리 범이 싸운다면 그 세(勢)는 함께 살지 못한다. 내 이렇게 하는 까닭은, 국가의 위급을 먼저 생각하고 사사로운 원한은 뒤로 함이다.' 하였다. 염파(廉頗)가 이 말을 듣고 소매를 걷어 몸을 드러내고 가시나무를 지고는 상여의 집에 가서 사죄하니, 드디어 문경지교(刎頸之交)가 되었다.

[덧붙임]

인상여와 장군 염파와의 관계다. 인상여를 상경으로 삼으니 그 자리기 염파의 윗자리였다. 염파는 크게 노하여 하는 말이, 나는 장수로서 성을 치고 이겨서 그 공로로 여기까지 왔는데, 인상여는 본래 천인으로 입과 혀를 놀려 나보다 높은 자리에 왔으니, 이 무슨 일인가? 내가 인상여를 만나면 꼭 욕을 줄 것이다 했다. 인상여는 '우리 두 사람이 있기에 조나라에 군대가 침공하지 못한다. 그리고 두 마리 범이 싸운다면 그 세력이 함께 살지 못한다.' 라고 했다. 염파는 이 말을 듣고 웃통을 벗고 가시나무를 지고 인상여의 집에 가서 사죄함으로써 아주 친한 친구가 되었다는 것이다. 이 두 사람 사이에서 '문경지교' 라는 말이 생겨났다.

[頗] : 자못(파). [羞] : 바칠(수). [輒] : 문득(첩). [匿] : 숨을(닉). [叱] : 꾸짖다
(질). [駑] : 둔할(노). [袒] : 웃통 벗을(단). [刎] : 목 벨(문). [頸] : 목(경).

[참고사항]

[右(우)] : 윗자리. 상석. 문관(文官)은 좌(左)가 윗자리이고, 무관(武官)
은 우(右)가 윗자리임. [爭列(쟁렬)] : 자리를 다투다. [讐(수)] : 사적인
원한. [肉袒(육단)] : 옷을 벗고 살을 드러냄. [負荊(부형)] : 가시를 짊어
지다. [刎頸之交(문경지교)] : 목이 떨어져도 생사를 같이하는 동지. 친
구.

○趙,惠文王子 孝成王이 立하다. 秦伐,韓하니 韓,
上黨은 降於趙하고 秦攻趙하다. 廉頗는 軍,長平하
고 堅壁不出하니 秦人은 行,千金하여 爲,反間曰,
「秦獨畏,馬服君의 趙奢,之子,括이 爲將耳이라.」
하다. 王은 使括로 代頗하니 相如曰,「王은 以名으로
使括하니 若,膠柱鼓瑟耳니라. 括은 徒能讀,其父書
나 不知,合變也라.」하나 王은 不聽하다. 括은 少學
兵法하여 以,天下莫能當이라. 與父奢言도 不能難

이라. 然이나 不以爲然하다. 括母問故하니 奢曰,
연　　　불이위연　　　괄모문고　　　사왈

「兵,死地也에 以括易言之라. 趙若將括이면 必破
병 사지야　이괄이언지　조약장괄　　필파

趙軍이라.」하다. 及括將行에 其母,上書曰,「括은
조군　　　급괄장행　기모 상서왈　괄

不可使라.」하다. 括이 至軍하니 果爲秦將하여 白
불가사　　　괄　지군　　과위진장　　백

起,所射殺하고 卒,四十萬이 皆降하여 坑於長平하
기 소사살　졸 사십만　개항　　갱어장평

니라.

[본문풀이]

　조나라 혜문왕이 죽고 그의 아들 효성왕이 즉위했다. 진나라
가 한나라를 치니 한나라 상당(上黨)은 조나라에 항복하고, 진나
라는 조나라를 공격하였다. 염파(廉頗)는 장평(長平)에 진을 치고
성벽을 굳게 하여 나오지 않았다. 진나라 사람은 천금을 주어 반
간을 놓아서 말하기를, '진나라는 홀로 마복군(馬服君) 조사(趙奢)
의 아들 괄(括)이 장수되는 것을 두려워할 뿐이다.' 했다.

　왕은 괄(括)로 하여금 염파(廉頗)를 대신하게 하니, 상여가 말하
기를, '왕은 이름으로써 괄(括)을 사용하니 이것은 기러기발에 아
교로 붙이고 비파를 타는 것과 같을 따름입니다. 괄(括)은 헛되이
그 아버지의 글을 읽었지만 변화에 합치는 것은 잘하지 못합니
다.' 하였으나 왕은 듣지 않았다. 괄은 젊어서 병법을 읽어 천하
에 능히 당할 자가 없다고 하였다. 아버지인 사(奢)도 더불어 말

함에 어려움이 없다고 했다. 그러나 옳다고도 하지는 않았다. 괄(括)의 어머니가 까닭을 물으니, 사(奢)가 말하기를, '병(兵)은 사지(死地)인데, 괄(括)은 쉽게 이것을 말한 것이라. 조나라가 만약 괄(括)을 장수로 하면 반드시 조나라 군대는 파멸할 것이요.' 하였다. 괄(括)이 장차 행함에 미쳐 그 어머니가 글을 올려 말하기를, '괄(括)을 쓰지 말아야 합니다.' 했다. 괄(括)이 군에 이르니, 과연 진나라 장수 백기(白起)에게 사살된 바 되었고, 병졸 40만이 모두 항복하여 장평에 묻었다.

[덧붙임]

인상여가 조괄(趙括)을 평해서 '교주교슬'이라고 했다. '교주교슬'은 기러기발을 아교로 붙여서 비파를 만들어 탄다는 말이다. 불가능한 것을 억지로 하는 것과 같다고 한 말이니, 임기응변으로 일시적인 방법으로 일을 처리한다는 말이다. 이 사자성어가 인상여에 의해 만들어졌다는 것이 흥미롭다.

[어려운 한자]

[膠]: 아교(교). [奢]: 사치할(사). [括]: 묶을(괄), 括弧(괄호). [坑]: 구덩이(갱).

[참고사항]

[上黨(상당)]: 산동성 동남부에 해당하는 한(韓)나라의 고을 이름. [長平(장평)]: 지명. [反間(반간)]: 남과 남 사이에 거짓을 놓아 상대를 속임. [馬服君(마복군)]: 조사(趙奢)가 왕으로부터 받은 군호(君號). [膠柱

鼓瑟(교주고슬)] : 임기응변의 방법으로 활용할 수 없다는 말. 기러기발을 아교로 붙여서 비파를 타다. 불가능한 일. [白起(백기)] : 진나라 장수의 이름. [長平(장평)] : 지명.

○燕, 昭王(연 소왕)은 弔死問生(조사문생)하며 卑辭厚幣(비사후폐)하여 以招賢者(이초현자)하다. 問, 郭隗曰(문 곽외왈),「齊(제)는 因, 孤之國亂(인 고지국란)으로 而襲破燕(이습파연)이라. 孤(고)는 極知燕小(극지연소)나 不足以報(부족이보)이니 誠得賢士(성득현사)하고 與, 共國(여 공국)하여 以雪, 先王之恥(이설 선왕지치)가 孤之願也(고지원야)라. 先生(선생)은 視可者(시가자)이니 得身事之(득신사지)라.」하다. 隗曰(외왈),「古之君(고지군)이 有以千金(유이천금)으로 使, 涓人(사 연인)으로 求千里馬者(구천리마자)러니 買, 死馬骨(매 사마골), 五百金而返(오백금이반)하다. 君怒(군노)하니 涓人曰(연인왈),「死馬, 且買之(사마 차매지)어니 況, 生者乎(황 생자호)아? 馬今至矣(마금지의)라.」하다. 不期年(불기년)에 千里馬至者三(천리마지자삼)이라. 今王(금왕)이 必欲致士(필욕치사)면 先從隗始(선종외시)하소서. 況, 賢於隗者(황 현어외자), 豈遠千里哉(기원천리재)리오.」하다. 於是(어시)에 昭王(소왕)이 爲隗, 改築宮(위외 개축궁)하고 師事之(사사지)하니 於是(어시)에 士爭趨燕(사쟁추연)하니 樂毅(악의)도 自魏往(자위왕)하다. 以爲亞卿(이위아경)으로 任, 國政(임 국정)하다. 已而使毅(이이사의)로 伐齊(벌제)하여 入臨淄(입임치)하니 齊(제)

王出走라. 毅,乘勝하여 六月之間에 下齊七十餘城
왕 출 주   의 승 승   육 월 지 간   하 제 칠 십 여 성

하나 惟莒와 卽墨은 不下하다.
     유 거   즉 묵   불 하

[본문풀이]

　연나라의 소왕은 죽은 자를 조상하고 산 자를 위문하며, 말을
낮추고 폐백을 후히 하여 써 현자를 초빙했다. 곽외(郭隗)에게 물
어 말하기를, '제나라는 나의 나라의 어지러움으로 인하여 연나
라를 쳐서 깨뜨렸다. 나는 극히 연나라가 작아서 보복하기에 족
하지 않으니 진실로 현사를 얻어 더불어 나라를 함께 하여 선왕
(아버지)의 부끄러움을 씻는 것이 나의 소원이다. 선생은 옳은 사
람으로 보이니 그대를 얻어 섬길 것이오.' 했다.

　외(隗)가 말하기를, '옛날의 어느 임금이 천금으로써 연인(涓
人)으로 하여금 천리마를 구하고자 했더니 죽은 말의 뼈를 5백금
으로 사서 돌아왔다. 임금이 노하니, 연인(涓人)이 말하기를, '죽
은 말의 뼈도 사는데, 하물며 살아있는 말 뿐이겠습니까? 말은 지
금 곧 이를 것입니다.' 했다. 1년이 못되어 천리마가 이른 것이
세 마리나 되었다. '이제 왕께서 반드시 선비를 부르고자 하신다
면 먼저 외(隗:나)로부터 시작하십시오. 하물며 외(隗)보다 현명한
자가 어찌 천리가 멀다 하겠습니까?' 했다.

　이에 소왕이 외(隗)를 위해 집을 고쳐 짓고 스승으로 섬기니,
이에 선비들이 다투어 연나라로 달려가니 악의(樂毅)도 위나라로
부터 갔었다. 아경(亞卿)으로써 국정을 맡겼다. 이미 악의(樂毅)로

하여금 제나라를 치게 하여 임치(臨淄)에 들어가니 제왕이 달아났다. 악의는 승세를 타서 여섯 달 사이에 제나라 70여 성을 항복시켰으나, 오직 거(莒)와 즉묵(卽墨)만이 항복하지 않았다.

[덧붙임]

곽외(郭隗)에 대한 이야기다. 그 말에 의하면, 옛날 어느 임금이 연인(涓人)으로 하여금 천리마를 구하고자 했더니, 죽은 말뼈를 5백금으로 사서 돌아왔다. 임금이 성을 내니, 연인이 말하기를, '죽은 말뼈도 사는데, 하물며 살아있는 말 뿐이겠습니까? 말은 곧 도착할 것입니다.' 했다. 일 년이 못되어 천리마가 이른 것이 세 마리나 되었다. 그래서 임금님에게 하는 말이 '이제 임금님께서 선비를 부르고자 하신다면 저(隗)로부터 시작하십시오. 하물며 외보다 현명한 자가 어찌 천리를 멀다 하리까?' 했다. 〈不遠千里(불원천리)〉라 했다. 임금이 외(隗)를 위해 집을 짓고 외(隗)를 받들어 스승으로 삼으니 여러 선비들이 연나라로 달려갔다. 악의(樂毅)도 그때 위나라로부터 연나라로 간 사람이었다. 사방의 재사들이 구름 떼처럼 몰려왔다. 그래서 악의(樂毅)로 하여금 제나라를 치니, 제왕이 달아났다.

[어려운 한자]

[幣]: 폐백(폐). [隗]: 험할(외). [涓]: 시내(연). [毅]: 떳떳할(의). [淄]: 검은 빛(치). [莒]: 나라 이름(거).

[참고사항]

[孤(고)]: 왕이 자기를 낮추어 이르는 말. 1인칭 대명사. [涓人(연인)]:

궁중의 여러 가지 살림을 맡아보던 관직의 한 사람. [亞卿(아경)] : 아
(亞)는 다음의 뜻. 대신(大臣) 다음 가는 벼슬. 정경(正卿)에 다음 가는
대칭.

○時에 齊城은 惟莒와 卽墨은 不下하니 卽墨人이
　　시　　제성　　유거　　즉묵　　불하　　　즉묵인

推,田單하여 爲,將軍하니 身操版鍤하고 與,士卒로
추 전단　　　위 장군　　　신조판삽　　　여 사졸

分功하고 妻妾을 編於行伍하다. 收,城中得牛,千餘
분공　　　처첩　　편어항오　　　수 성중득우 천여

하여 爲絳繒衣하고 畵,五彩龍文하여 束,兵刃其角
　　위강회의　　　화 오채용문　　　속 병인기각

하고 灌脂,束葦於尾,燒其端하고 鑿城,數十穴하고
　　관지 속위어미 소기단　　　착성 수십혈

夜,縱牛하여 壯士,隨其後하다. 牛尾熱에 怒奔燕軍
야 종우　　　장사 수기후　　　우미열　　노분연군

하여 所觸,盡死傷이라. 而,城中,鼓譟從之하니 聲
　　소촉 진사상　　　이 성중 고조종지　　　성

振天地라. 燕軍敗走하고 七十餘城이 皆復爲齊하
진천지　　　연군패주　　　칠십여성　　개부위제

다. 迎,襄王於莒하여 封單爲,安平君하다.
　　영 양왕어거　　　봉단위 안평군

[본문풀이]

　이때 제나라 성은 오직 거(莒)와 즉묵(卽墨)만은 항복하지 않으
니, 즉묵(卽墨) 사람들은 전단(田單)을 추대하여 장군으로 삼으니
몸소 판자와 삽을 잡고 사졸과 더불어 공을 나누고 처첩을 항오
(行伍)에 편입시켰다. 성 안에서 소 천여 마리를 거두어서 붉은 비

단으로 옷을 지어 오색의 용무늬를 그리고, 그 뿔에는 군인의 칼을 묶고 기름을 뿌린 갈대를 꼬리에 묶어 그 끝을 태우고, 성벽에 수십 구멍을 뚫어 밤중에 소를 풀어놓고 장사들이 그 뒤를 따랐다. 소는 꼬리가 뜨거워지자 노하여 연나라 군진으로 달려가 부딪치니 모두 죽지 않으면 다쳤다. 그리고 성 안에서 북을 두드리고 이에 따라 함성이 천지를 진동하였다. 이에 연나라 군대는 패하여 달아나고 잃었던 70여 성이 모두 다시 제나라 것이 되었다. 양왕이 거(莒)에서 맞이하여 전단(田單)을 봉하여 안평군으로 삼았다.

[덧붙임]

제나라와 연나라의 싸움이다. 앞서 악의(樂毅)가 제나라를 쳐서 이기고 오직 유거와 즉묵만이 남았다고 했다. 즉묵 사람들이 전단(田單)을 추대하여 장군으로 삼고 싸움이 시작되었다. 전단은 즉묵을 지키기 위해 성 안의 소 천여 마리를 거두어 붉은 비단 천을 두르고 그 위에다 용문을 그리고 소의 뿔에다가 칼을 묶어서 기름을 뿌린 갈대를 소꼬리에 묶고 꼬리에 불을 붙여 성벽에다 수십 개의 구멍을 뚫어 소꼬리가 뜨거워지니 노한 소들이 연나라로 진격하여 함성이 천지를 진동했다. 연나라 군대는 패하여 달아나고 잃었던 성 70성도 모두 찾았다. 제나라에서는 전단을 안평위로 삼았다는 이야기다.

[어려운 한자]

[鍤]：가래(삽). [絳]：붉은 비단(강). [灌]：뿌리다, 묻히다(관). [鑿]：뚫을 (착). [縱]：놓을(종). [觸]：닿을(촉). [譟]：시끄러울(조).

[참고사항]

[莒卽墨(거즉묵)]：고을 이름. 연나라 장수 악의에게 70개의 성을 빼앗
겼는데 이 두 성만 항복하지 않았다는 내용이 앞에 나온다. [版鍤(판
삽)]：판은 판자. 전쟁용 성을 쌓는데 필요한 삽. 성벽을 쌓는데 쓰는
도구.

○燕王,喜의 太子,丹이 質於秦이러니 秦王,政이 不
　　연왕희　　　태자단　　질어진　　　　　　진왕정　　불

禮焉이라 怒而亡歸하여 怨秦,欲報之하다. 丹이 聞,
례언　　　노이망귀　　　원진욕보지　　　　단　　문

衛人荊軻賢하고 卑辭厚禮,請之하여 奉養에 無不
위인형가현　　　비사후례청지　　　봉양　　무부

至하다. 乃裝遣軻하니 軻,行至易水하여 歌曰,〈風
지　　　내장견가　　　가행지역수　　　가왈　풍

蕭蕭兮여! 易水寒이로다. 壯士一去兮여! 復不還
소소혜　　　역수한　　　장사일거혜　　　부불환

이로다.〉하다. 于時에 白虹이 貫日하여 燕人畏之하
　　　　　　우시　　백홍　관일　　　연인외지

다. 軻至咸陽하니 秦王政이 大喜見之하다. 軻奉圖
　　가지함양　　　진왕정　　대희견지　　　가봉도

進하여 圖窮에 而,匕首見이라. 把,王袖椹之나 未及
진　　도궁　　이비수현　　　파왕수심지　　미급

身이라. 王이 驚起하니 絶袖라. 軻,逐之하나 環柱走
신　　왕　경기　　　절수　　가축지　　　환주주

하다. 秦法에 群臣이 侍殿上者에 不得操,尺寸兵이
　　　진법　군신　　　시전상자　　부득조척촌병

라. 左右以手搏之하고 且曰,「王은 負劍하소서.」하
　　좌우이수박지　　　차왈　왕　부검

니 遂,拔劍하여 斷其左股하다. 軻引匕首하여 擿王
　　수발검　　　단기좌고　　　가인비수　　　적왕

不中이라. 遂,體解以徇하다. 秦王이 大怒하여 益,
부중　　　수 체해이순　　　진왕　　대로　　　익

發兵伐燕하니 喜는 斬丹以獻하다. 後三年에 秦兵
발병벌연　　희　　참단이헌　　　후삼년　　　진병

虜喜하고 遂,滅燕爲郡하다.
노희　　　수 멸연위군

[본문풀이]

연왕 희의 태자 단이 진나라에 인질이 되었는데 진왕 정이 예를 하지 않아 노하여 도망하여 돌아와서 진을 원망하여 그것을 갚고자 했다. 단은 위나라 형가라는 사람이 현명하다는 말을 듣고 말을 낮추고 예의를 후하게 하여 그를 청하고 받들어 봉양함에 이르지 않음이 없었다. 이에 여장을 갖추어 형가를 보내니, 형가는 가서 역수에 이르러 노래를 지어 불러 이르기를, 〈바람이 쓸쓸함이여! 역수가 차갑도다. 장사가 한 번 떠남이여! 다시 돌아오지 못하리로다.〉 하였다. 그때에 흰 무지개가 해를 뚫으니 연나라 사람들이 다 두려워했다.

형가가 함양에 이르니 진왕 정이 크게 기뻐하여 그를 만나보았다. 형가는 그림을 받들고 나아가서 그림을 다 펴니 비수가 나타났다. 왕의 소매를 잡고 그를 찔렀으나 몸에 미치지 않았다. 왕은 놀라 일어나 소매를 끊고, 가(軻)는 그것을 쫓으니 기둥을 돌아서 달아났다. 진나라 법에 군신(群臣)들이 전에서 임금을 모실 때는 아주 작은 무기도 잡을 수가 없었다. 그래서 또 이르기를, '왕이시여 칼을 잡으십시오.' 하니, 드디어 칼을 뽑아 그의 왼쪽 다리를 끊었다. 형가는 비수를 왕에게 던졌으나 맞지 않았다. 마침내 몸을 해체하여 던져버렸다. 진왕은 크게 노하여 더욱 군대를 발하여 연나라를 치니 연왕(燕王) 희(喜)는 단(丹)을 베어 써 진에 바쳤다. 3년 뒤에 진나라 군대는 희(喜)를 포로로 하여 마침내 연(燕)을 멸망시키고 군(郡)으로 삼았다.

[덧붙임]

연나라 태자 단이 진나라에 볼모로 갔다가 돌아왔다. 그는 진나라에 원수를 갚기 위하여 형가라는 의인을 청하여 진나라로 보낸다. 연 태자 단은 칼을 품고 역수에서 단과 이별하게 된다. 이것이 소위 '易水送別(역수송별)'이다. 역수에 이르러 노래를 지어 불렀다. 〈바람이 쓸쓸함이여! 역수가 차갑도다. 장사가 한 번 떠남이여! 다시 돌아오지 못 하리로다.〉 하였다. 결국 형가는 진왕 정을 저격하는 데 실패하고 진나라에서 붙잡혀 죽고, 이에 노한 진왕은 연나라를 쳐서 멸망

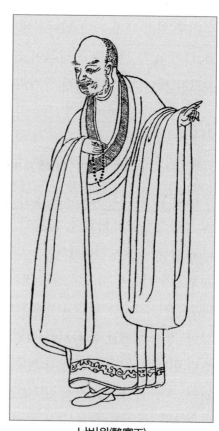

낙빈왕(駱賓王)
『만소당죽장서전(晩笑堂竹莊書傳)』,
위키피디아 출처

시켰다. 여기서 후세 당나라의 시인 낙빈왕(駱賓王)의 '역수송별' 이란
시 한 수를 적는다.

此地別燕丹터니 壯士髮衝冠이라.
차 지 별 연 단　　장 사 발 충 관

昔時人已沒에도 今日水猶寒이라.
석 시 인 이 몰　　금 일 수 유 한

「여기에서 연단(燕丹)과 이별할 그때에

　장사의 머리카락이 갓을 다 찔렀다네.

　그때 사람들은 이미 모두 죽고 없는데도

　오늘 저 물은 오히려 차갑게만 느껴지네.」

[어려운 한자]

[衛] : 지킬(위). [軻] : 수레(가). [蕭] : 쓸쓸하고 고료할(소). [虹] : 무지개(홍).
[椹] : 찌르다(심), 나무 이름(심). [袖] : 소매(수). [搏] : 잡아 묶다(박). [股] :
넓적다리(고). [匕] : 비수(비). [擿] : 들출(적). [徇] : 두를(순), 주창할(순).

[참고사항]

[喜(희)] : 연나라 임금 소왕을 말함. 연나라 4대째 왕. [秦王政(진왕정)] :
진나라 왕 정(政). 천하를 통일하여 시황제가 된다. 진시황임. [易水
(역수)] : 중국 하북성 북부에 흐르는 강의 이름. [咸陽(함양)] : 섬서성에
있는 진나라의 서울. [袖椹(수심)] : 소매.

⑪ 맹상군(孟嘗君)과 평원군(平原君)

○田嬰이 封於薛이러니 有子曰,文이라. 食客,數千
人하여 名聲이 聞於諸侯하니 號爲,孟嘗君이라 하다.
秦,昭王이 聞其賢하고 乃,先納質於齊하고 以求見
하나 至則止囚하고 欲殺之하다. 孟嘗君이 使人으로
低,昭王,幸姬하여 求解하니 姬曰,「願得君,狐白裘
하노라.」하다. 蓋,孟嘗君은 嘗以獻,昭王하고 無,他
裘라. 客有能爲,狗盜者하여 入秦藏中하여 取裘以,
獻姬하니 姬,爲言得釋하니라. 卽馳去,變姓名하고
夜半至,函谷關하니 關法에 鷄鳴이라야 方,出客이
라. 恐,秦王後悔,追之하여 客에 有能爲,鷄鳴者하여
鷄盡鳴이라 遂,發傳하니라. 出,食頃하여 追者過至하

나 而不及이라. 孟嘗君은 歸,怨秦하여 與,韓魏로 伐
　　이불급　　　　맹상군　귀원진　　　여한위　　벌

之하여 入,函谷關하니 秦이 割城以和하다.
지　　　입함곡관　　　진　　할성이화

[본문풀이]

　전영은 설에 봉해졌으니 아들이 있어 문(文)이라 했다. 식객이
추천명이요 명성이 제후들에게 들렸으니, 이름하여 맹상군이라
했다. 진나라 소왕이 그의 현명함을 듣고 이에 먼저 인질을 제나
라에 보내고 만나보기를 했으나 곧 이르니, 잡아 가두고 그를 죽
이고자 하였다. 맹상군은 사람을 시켜 소왕의 행희(幸姬)에게 가
서 풀어줄 것을 요구하게 되었다. 희가 말하기를, '원컨대, 군의

함곡관고지(函谷關故址)

호백구를 얻고 싶소.' 했다. 그러나 맹상군은 일찍 소왕에게 바치고 다른 것이 없었다. 식객 중에 도둑질 잘하는 자가 있어 진나라의 보물 창고 속에 들어가서 갓옷을 취하여 희에게 바치니, 희가 말을 하여 풀려났다.

곧 말을 달려서 떠나 성명을 바꾸고 밤중에 함곡관에 이르니 관법에 닭이 울어야 바야흐로 객을 내보냈다. 진왕이 후회하여 이를 쫓을까 두려워 식객 중에 능히 닭울음 소리를 잘 내는 자가 있어 다른 닭들이 모두 따라 울어 드디어 전(傳:역)을 출발하였다. 나간 뒤, 식경이 되어 쫓는 자가 지나와서 이르렀으나 미치지 못하였다. 맹상군은 돌아와서 진나라를 원망하여 한나라와 위나라를 더불어 쳐서 함곡관에 들어가니 진나라가 성을 떼어주고 화친했다.

[덧붙임]

제나라 맹상군이 진나라 소왕에게 인질로 잡혀갔다. 맹상군은 평소에 식객이 수천 명으로 제후들 간에 소문이 자자했다. 진나라에 잡힌 맹상군은 도망치기 위해 먼저 진소왕의 행희(幸姬)에게 도움을 요청했다. 희는 호백구(狐白裘)를 원했다. 그러나 이미 진왕에게 바치고 없었다. 맹상군은 식객 중에서 도둑질을 잘하는 자를 시켜서 보물창고에 있는 그 호백구를 훔쳐내어 희에게 주고 그의 도움에 의하여 풀려나서 돌아오게 되었다. 말을 타고 함곡관에 도착하니 관법에 닭이 울어야 사람들을 통관시켰다. 식객 중에 닭울음 소리를 잘 내는 자를 시켜 닭울음 소리를 내니, 뭇 닭이 따라 울고 함곡관의 관문이 열렸다. 그래서 맹상군은 말을 몰아 무사히 인질에서 도망쳐 나왔다.

[어려운 한자]

[囚] : 가둘(수). [裘] : 갖옷(구). [馳] : 달릴(치).

[참고사항]

[食客(식객)] : 남의 집에 붙어서 얻어먹으며 문객 노릇을 하는 사람.
[孟嘗君(맹상군)] : 죽은 뒤에 내리는 시호의 하나. 맹(孟)은 자이고, 상(嘗)은 봉해진 땅인 설(薛)에 가까운 지명이라고 한다. [狐白裘(호백구)] : 여우의 흰 털로 만든 모피의 일종. [狗盜(구도)] : 개 도둑, 좀도둑. [傳(전)] : 역참(驛站). 오늘날의 역(驛)을 말함. [食頃(식경)] : 밥 먹을 시간.

○齊襄王이 旣立이나 而孟嘗君은 中立爲, 諸侯하
제양왕   기립   이맹상군   중립위 제후

여 無所屬하다. 王이 畏之하여 與, 連和하니 初에 馮
무소속   왕   외지   여연화   초   풍

驩은 聞, 孟嘗君好客하고 而來見하니 置, 傳舍十日
환   문 맹상군호객   이래견   치 전사십일

에 彈劍, 作歌曰, 〈長鋏歸來乎아 無食魚〉하다. 遷
탄검 작가왈   장협귀래호   무식어   천

之, 幸舍하니 食有魚矣라. 又歌曰, 〈長鋏歸來乎아
지 행사   식유어의   우가왈   장협귀래호

出無輿〉라 하다. 遷之代舍하니 出有輿矣라. 又歌
출무여   천지대사   출유여의   우가

曰, 〈長鋏歸來乎아 無以爲家〉라 했다. 孟嘗君이
왈   장협귀래호   무이위가   맹상군

聞, 不悅하다. 時에 邑入不足으로 以奉客을 使人出
문 불열   시 읍입부족   이봉객   사인출

錢於薛하다. 貸者가 多不能, 與息이라. 孟嘗君이 乃,
전어설   대자 다불능 여식   맹상군   내

進驩하여 請責之하다. 驩往하여 不能與者는 取其
券燒之하다. 孟嘗君이 怒하니 驩曰, 「令, 薛民으로
親君이라.」하다. 孟嘗君은 竟爲薛公하여 終於薛하
다.

[본문풀이]

제나라 양왕이 이미 즉위하였으나 맹상군은 중립하여 제후가
되어서도 속한 바가 없었다. 왕이 두려워하여 더불어 연화(連和)
하려 하니, 처음에 풍환은 맹상군이 식객을 좋아한다는 것을 듣고
와서 뵈이니 전사(傳舍)에 두기 열흘 만에 칼을 두드리며 노래를
지어 부르기를, 〈장협(칼)이여, 돌아갈까. 밥에 생선이 없다.〉 하
였다. 행사(幸舍)로 옮기니 밥에 생선이 있었다. 또 노래하여, 〈장
협(칼)이여, 돌아갈까. 나감에 수레가 없다.〉 했다. 대사로 옮겨
나감에 수레가 있었다. 또 노래하여, 〈장협(칼)이여, 돌아갈까. 집
이 없구나!〉 했다. 맹상군이 듣고 기뻐하지 않았다. 때에 고을의
수입이 객을 먹임에 부족하여 사람으로 하여금 설(薛)에다 돈을
내게 하였다. 빌린 자가 많은 이자를 물 수도 없었다. 맹상군이 이
에 환(驩)을 보내어 이를 꾸짖도록 청하였다. 환이 가서 줄 수 없
는 자는 그 문서를 취하여 이를 태웠다. 맹상군이 노하니 환이 말
하기를, '설의 백성으로 하여금 군을 친하게 하였습니다.' 했다.
맹상군은 마침내 설공(薛公)이 되어 설(薛)에서 생을 마쳤다.

[어려운 한자]

[馮] : 성(풍), 탈(빙). [驩] : 기뻐할(환). [鋏] : 집게(협).

[참고사항]

[傳舍(전사)] : 하객이 머물러 먹게 하는 객사. [鋏(협)] : 가위, 혹은 칼.
[幸舍(행사)] : 중객(中客)을 머물러 묵게 하는 객사. [代舍(대사)] : 상객을
머물러 있게 하는 객사. [息(식)] : 이자. [薛(설)] : 여기서는 지방명임.

○秦이 攻趙,邯鄲하니 趙,平原君이 救求於楚하여
진 공조한단 조 평원군 구구어초

擇,門下文武,備具者,二十人하여 與之俱得十九人
택 문하문무 비구자 이십인 여지구득십구인

하다. 毛遂自薦하니 平原君曰,「士,處世에 若,錐處
모수자천 평원군왈 사 처세 약 추처

囊中하여 其末立見이라. 今,先生은 處,門下三年에
낭중 기말입현 금 선생 처 문하삼년

未有聞이라.」하니 遂曰,「使遂로 得處囊中이면
미유문 수왈 사수 득처낭중

乃,脫穎而出이니 非,特末見而已이라.」하다. 平原
내 탈영이출 비 특말현이이 평원

君이 乃以備數하니 十九人이 目笑之하다. 至楚에
군 내이비수 십구인 목소지 지초

定從不決하니 毛遂,按劍하고 歷階升曰,「從之利
정종불결 모수 안검 역계승왈 종지이

害는 兩言而決耳이라. 今,日出而言하여 日中,不決
해 양언이결이 금 일출이언 일중불결

何也오 하니 楚王이 怒叱曰, 胡不下요? 吾與而君
하야 초왕 노질왈 호불하 오여이군

言하노니 汝何爲者오?」하다. 毛遂가 按劍而前曰,
언   여하위자   모수   안검이전왈

「王이 所以叱遂는 以,楚國之衆也로이다. 今十步
왕   소이질수   이 초국지중야   금십보

之內에 不恃,楚國之衆也하니 王之命은 懸於遂手
지내   불시초국지중야   왕지명   현어수수

이니 合從은 爲楚요 非,爲趙也라.」하다. 王曰,「唯
합종 위초 비위조야   왕왈   유

唯라. 誠若,先生之言이라. 謹奉,社稷以從하리라.」
유   성약 선생지언   근봉 사직이종

하다. 遂曰,「取,鷄狗馬之血來하라.」하여 捧,銅盤
수왈   취계구마지혈래   봉동반

하고 跪進曰,「王은 當,鍤血而定從하고 次者吾君
궤진왈   왕   당삽혈이정종   차자오군

이요. 次者遂라.」하고 左手持盤하고 右手,招十九
차자수   좌수지반   우수초십구

人하여 鍤血於堂下曰,「公等은 碌碌하여 所謂,因
인   삽혈어당하왈   공등   녹록   소위인

人成事者也라.」하다.
인성사자야

[본문풀이]

　진나라가 조나라 한단(邯鄲)을 공격하자, 조나라 평원군(平原
君)은 초나라에 구원을 얻고자 문하에서 문무(文武)가 갖추어진
20인을 가려 함께 가기로 했는데, 19명을 얻었다. 모수(毛遂)가
자천하니 평원군이 말하기를, '선비가 세상에 처함에 송곳이 주
머니 속에 든 것 같아서 그 끝이 나타나기 마련이다. 지금 선생은
문하에 있기 3년에 들은 것이 있지 않다.' 고 하니 수(遂)가 말하
기를, '수(遂)로 하여금 주머니 속에 있게 하면 자루가 빠져 나오

니 특히 끝이 보일 뿐만 아닙니다.' 하였다. 평원군은 이에 써 수를 갖추니 19명이 눈웃음으로 그것을 웃었다. 초나라에 이르러 종(從)을 정하는데 결정하지 못하니, 모수가 칼을 겨누고 계단에 뛰어올라 말하기를, '종의 이로움과 해로움은 두 말로 결정될 뿐입니다. 지금 해 뜨면서 말하여 해가 중천에 이르러도 결정을 못함은 무엇입니까?' 했다. 초왕이 노하여 꾸짖기를, '어찌 내려가지 않느냐? 나는 너의 군주와 더불어 말하노니, 너는 무엇 하는 놈이냐?' 하였다. 모수가 칼을 잡고 앞으로 가 말하기를, '왕이 수를 꾸짖는 까닭은 초나라의 무리(군대)입니다. 지금 열 걸음 안에서는 초나라 무리를 믿을 수 없으니 왕의 목숨은 수(邃)의 손에 달렸으니 합종(合從)은 초나라를 위한 것이요, 조나라를 위한 것이 아닙니다.' 했다. 왕이 '옳다. 옳다. 진실로 선생의 말과 같다. 삼가 사직(국가)을 받들어 써 따르리라.' 하였다.

모수가 말하기를, '닭, 개, 말의 피를 취하여 오라.'고 하여 구리 쟁반에 받쳐 들고 무릎을 꿇어 나아가 말하기를, '왕은 마땅히 피를 마시어 종(從)을 정하고, 다음에는 우리 임금이요, 다음에는 수(邃)입니다.' 하고, 왼손에 쟁반을 들고 오른손으로 일행 19명을 불러 전당 아래서 피를 마시게 하고는 '그대들은 보잘것없는, 이른바 남에게 인연해서 일을 하는 자들이다.' 하였다.

[덧붙임]

모수자천(毛邃自薦)이란 말이 있다. 어떤 일에 자기가 나서서 자신을 천거하는 것을 말한다. 모수라는 사람이 자신을 천거했다는 말에서 나온 것인데, 초나라에 구원병을 얻으러 가는데 모수가 자신을 추천한 것에서 나온 말이다. 여기에 대해서 평원군이 모수에게 하는 말, 낭중지추(囊中之錐)란 말이 나온다. 낭중지추란 주머니 속에 든 송곳을 말하는데, 이 송곳은 언제라도 그 끝이 밖으로 튀어나오기 마련이다. 평원군은 곧 '선비가 세상에 처함에 송곳이 주머니 속에 든 것과 같아서 그 끝이 나타나기 마련'이라고 해서 이 말이 생겨났다.

[어려운 한자]

[邯] : 땅이름(한). [鄲] : 조나라의 서울(단), 지명. [錐] : 송곳(추). [囊] : 주머니(낭). [穎] : 이삭(영), 자루. [按] : 누르다(안), 잡다. [劍] : 칼(검). [叱] : 꾸짖다(질). [跪] : 꿇다(궤). [歃] : 마실(삽). [碌] : 녹록할(록), 평범한 모양(록).

[참고사항]

[邯鄲(한단)] : 하북성 남부에 있는 지명. [歷階升(역계승)] : 한 계단 한 계단을 올라서 지나오다. 승(升)은 승(昇)과 같음. [兩言(양언)] : 두 말. 곧 앞의 말이 '이로운가? 해로운가?'의 두 말, 또는 楚를 위함인가? 趙를 위함인가?의 두 말. [合從(합종)] : '同盟'과 같은 뜻임. [社稷(사직)] : 토지의 신과 곡식의 신. 이 두 신을 받드는 곳이 사직임. 즉 국가를 말함. [歃血(삽혈)] : 짐승을 잡아 그 피를 마시면서 맹세하는 일. [碌碌(녹록)] : 보잘것없는 미미한 사람들.

제2편

진(秦)·한(漢)과 육조(六朝)

○秦王‚政이 初竝‚天下하여 自以‚「德兼三皇하고 功
　진왕정　　초병천하　　　자이　　덕겸삼황　　　공

過五帝라.」하다. 更號曰‚「皇帝」라. 하고 命爲制하고
과오제　　　　　갱호왈　　황제　　　　　　명위제

令爲詔라 하고 自稱曰‚ 朕이라 하다. 制曰‚「死而
영위조　　　　　자칭왈　짐　　　　　　제왈　　사이

以‚行爲諡하니 則是는 子議父하고 臣議君也이니
이 행위시　　즉시　　　자의부　　　　신의군야

甚‚無謂라. 自今以來로 除‚諡法하며 朕爲始皇帝라
심 무위　　자금이래　제시법　　　　짐위시황제

하고 後世以‚計數하여 二世三世로 至于萬歲히 傳
　　　후세이계수　　　이세삼세　　지우만세　전

之無窮이라.」하다. 收‚天下兵하여 聚‚咸陽하고 銷
지무궁　　　　　　　수천하병　　　취함양　　　소

以爲‚鍾鐻金人十二하니 重各千石이라. 徙‚天下豪
이위 종거금인십이　　　중각천석　　　　사천하호

富於咸陽하니 十二萬戶이니라.
부어함양　　　십이만호

[본문풀이]

진왕 정이 처음으로 천하를 통일하여 스스로 '덕은 삼황을 겸하였고, 공은 오제를 지난다.' 라고 했다. 호를 고쳐 황제(皇帝)라 하고, 명(命)을 제(制)라 하고, 영(令)을 조(詔)라 하고, 스스로 칭하여 짐(朕)이라고 말하였다. 제(制)하여 말하기를, '죽어서 행한 것으로써 시(諡)를 함은, 이것은 아들이 아비를 의논하고 신하가 임금을 논하는 것이 되니, 심히 말할 것이 없다. 지금 이제부터 시법(諡法)을 없애고 짐을 황제라 하고, 수(數)를 헤아려 2세, 3세라 하여 만세에 이르도록 이것을 전하여 다함이 없도록 한다.' 했다. 천하의 병기를 거두어 함양에 모아 종거(鍾鐻)와 금인(金人) 열 둘을 만드니 무게가 각각 천석이었다. 천하의 호족과 부호를 함양으로 이사시키니 12만 호이였다.

[덧붙임]

진왕 정이 천하를 통일했다. 그가 진시황이다. 그는 스스로 덕겸삼황(德兼三皇)하고 공과오제(功過五帝)라고 큰소리를 치며, 황제라는 이름을 처음 사용했다. 그래서 진시황이다. 온 천하의 부호들을 서울로 불러들이고 무기를 녹여 금인을 만드니 모두 열둘이였다. 그가 말하기를, 스스로 짐(朕)이란 명칭을 처음 사용하여 2세, 3세, 만세에 이르기까지 우리 진나라는 영원무궁하리라 했다.

[어려운 한자]

[朕] : 나(짐). [諡] : 시호(시). [銷] : 녹일(소). [鐻] : 금은 장식(거).

진시황제(秦始皇帝)
『삼재도회(三才圖會)』인물권(人物卷)에서

[참고사항]

[秦王,政,初幷天下(진왕,정,초병천하)] : 춘추전국시대에 이르러 제후들은 비로소 왕을 칭하고, 칠웅(七雄 : 秦, 楚, 燕, 齊, 韓, 魏, 趙)이 천하를 겨루다가 마침내 진왕 정이 즉위 26년 만에 6웅을 차례로 멸하고 천하를 통일하여 비로소 중원은 통일국가를 형성하였다. [三皇(삼황)] : 중국 고대 전설상의 황제, 즉 천황씨, 지황씨, 인황씨와 수인씨, 복희씨, 신농씨가 있다. [五帝(오제)] : 중국의 전설상의 5임금. 즉 소호, 전욱, 제곡, 제요, 제순. [皇帝(황제)] : 삼황과 오제를 아울러 이르는 말. 진시황 이후 중국을 통일한 임금은 모두 황제란 칭호를 붙였다. [詔(조)] :

황제 자신의 뜻에 의해 일방적으로 내리는 명령. [朕(짐)] : 천자가 자
기를 호칭해서 부르는 말. 1인칭 대명사인 '나'라는 뜻. [諡(시)] : 죽
은 사람 생전의 행장을 보아 내리는 호칭. [鍾鐻(종거)] : 종과 종을 거
는 대. [金人(금인)] : 동인(銅人). 구리를 부어 만든 사람 모양.

○三十四年에 丞相李斯가 上書曰,「異時에 諸侯
　삼십사년　　승상이사　　상서왈　　이시　　제후

竝立하여 厚超遊學이러니 今,天下已定에 法令出
병립　　　후초유학　　　금천하이정　　법령출

一하니 百姓은 當家則,力農工하고 士則,學習法令
일　　백성　당가즉 역농공　　　사즉 학습법령

하여 今,諸生이 不師今而學古하고 以非,當世하여
　　금제생　불사금이학고　　　이비당세

惑亂黔首라. 聞,令下면 則各,以其學議之하여 入
혹난검수　　문영하　즉각 이기학의지　　　입

則心非하고 出則巷議하여 率群下以,造謗이니 臣
즉심비　　　출즉항의　　　솔군하이조방　　신

請컨대 史官의 非,秦記면 皆,燒之하고 非,博士官
청　　사관　비진기　개소지　　　비박사관

所職이면 天下有藏,詩書百家語者면 皆詣,守尉하
소직　　천하유장 시서백가어자　개예수위

여 雜燒之하고 有偶語,詩書者면 棄市하시고 以古,
　잡소지　　　유우어 시서자　기시　　　이고

非今者族하되 所不法者는 醫藥,卜筮,種樹之書리
비금자족　　소불법자　의약 복서 종수지서

이다. 若有,欲學法令이면 以吏爲師하소서.」制曰,
　　약유 욕학법령　　이리위사　　　제왈

「可라.」하다.
가

[본문풀이]

34년에 승상 이사가 상서하여 가로되, '다른 때에는 제후가 아울러 다투어 후하게 유학(遊學)을 초빙했으니, 이제 천하는 이미 정해졌고 법령은 한 군데서 나오니, 백성은 집에 당하면 곧 농공에 힘쓰고, 선비는 곧 법령을 학습하여 이제 모든 선비는 지금을 스승으로 하지 않고 옛것은 배워서 당세를 그르다 하여 검수(黔首 : 백성들)를 어지럽게 합니다. 영을 내리는 것을 들으면 곧 각자 그 배운 것으로써 그것을 의논하여 들어오면 곧 마음에 그르다고 하고, 나가면 곧 거리에서 의논하여 많은 부하를 이끌고 써 비방을 만드니 신이 청하옵건대, 사관(士官)의 진(秦)의 기록이 아닌 것은 다 불살라야 하고 박사관이 맡은 바 직(職)이 아니고 천하에 시, 서, 백가어를 장서(藏書)한 자가 있으면 모두 수(守), 위(尉)에서 나아가 함께 섞어 불사르고, 시와 서를 말하는 자가 있으면 기시(棄市)의 형에 처하시고 옛(古)것으로써 지금을 비난하는 자는 족(族 : 일족을 멸하는 벌)하되, 법에 관계되지 않는 바의 것은 의약(醫藥), 복서(卜筮), 종수(種樹)의 서적입니다. 만약 법령을 배우고자 함이 있으면 관리로 스승을 삼게 하소서.' 했다. 제(制)하여 말하기를, '옳다' 고 하였다.

[덧붙임]

황제 밑에 재상으로 지내는 이사(李斯)라는 사람이 있었다. 그는 진시황에게 글을 올려 세상의 모든 책은 소위 시서백가서(詩書百家書)로, 이 책을 읽는 사람은 선비가 되어 그 선비는 황제의 잘못을 글로 적어

비판하는 것이기 때문에 의약, 복서, 종수에 관한 책을 제외하고 모든 책을 없애야 합니다 했다. 시황은 옳은 말이라 했다.

[어려운 한자]

[惑] : 의혹할(혹). [黔] : 검을(검). [謗] : 비방할(방). [筮] : 점칠(서). [制] : 법 제(제).

[참고사항]

[丞相(승상)] : 중국의 옛날 벼슬 이름. 정승(政丞). 재상(宰相). [李斯(이 사)] : 중국 춘추시대 초(楚)나라 사람으로, 진(秦)나라에 가서 승상(丞 相)이 되었다. 시황제를 도와 천하를 통일하고 군현제(郡縣制)를 실시 하고 중앙집권제를 실시하는 등 공이 컸으나 사상 통일을 강행하기 위해 분서(焚書)하는 등 잘못을 저질렀다. 시황제가 죽은 뒤에 조고 (趙高)와 짜고 거짓 조서(詔書)를 꾸며 맏아들 부소(扶蘇)를 자살로 몰 았고, 2세 황제 호해(胡亥)를 옹립하였으나 나중에 조고의 참소로 처 형되었다. [黔首(검수)] : 일반 백성을 말함. 벼슬을 하지 않은 사람을 일컬어 하는 말임. [詩書(시서)] : 시경(詩經)과 서경(書經). [百家語(백가 어)] : 중국 춘추시대 여러 학파의 학설. 노자, 장자, 묵자, 순자, 한비 자 등. [皆詣(개예)] : 모두 현직에서 내쫓다. [守尉(수위)] : 둘 다 지방행 정구역의 장관. 지방장관을 이름. [棄市(기시)] : 시장 바닥에서 사형을 집행하여 머리를 시장 여러 사람이 있는 곳에 버려두는 형벌.

○三十五年에 侯生과 盧生이 相與,譏議始皇하고
　삼 십 오 년　　후 생　　노 생　　상 여 기 의 시 황

因,亡去하다. 始皇이 大怒曰,「盧生等은 吾,尊賜
인 망거   시황   대로왈   노생등   오 존사

之甚厚라 今乃誹謗我하니 諸生在,咸陽者는 吾,使
지심후   금내비방아   제생재함양자   오 사

人廉問이러니 或爲妖言하여 以亂黔首라.」하다. 於
인염문   혹위요언   이란검수   어

是에 使,御史로 悉,按問諸生이러니 傳相告하고 引
시 사어사   실안문제생   전상고   인

乃自除하여 犯禁者, 四百六十餘人이러라. 皆坑之
내자제   범금자   사백육십여인   개갱지

咸陽하니 長子,扶蘇諫曰,「諸生이 皆誦法孔子하니
함양   장자부소간왈   제생   개송법공자

今,上이 皆,重法繩之하시니 臣은 恐,天下不安이니
금상   개중법승지   신   공천하불안

라.」하니 始皇이 怒하여 使,扶蘇로 北監,蒙恬軍於
시황   노   사부소   북감몽념군어

上郡하다.
상군

[본문풀이]

　35년에 후생과 노생이 서로 더불어 시황을 헐뜯어 비방을 하고 곧 도망쳐 가버렸다. 시황이 크게 노하여 '노생 등은 내가 존중하여주는 일이 심히 두터웠건만 이제 이에 나를 비방하니, 모든 선비들이 함양에 있는 자를 내가 사람을 시켜 남모르게 묻게 하였더니, 혹은 요사스러운 말을 하여 백성을 어지럽게 한다.' 고 하였다.

　이에 어사로 하여금 모든 선비를 조사 탐문하게 했더니, 전하여 서로 고하고, 인(引)하여 이에 스스로 자제하고 금하는 것을 범한 자 460명이나 되었다. 모두 함양에서 생매장하니, 장자 부소가 간하여 말하기를, '모든 선비가 다 공자를 송법(誦法)하거늘, 이에 황제께서 법을 무겁게 하여 이것을 묶으니, 신은 천하가 불안할까 두렵습니다.' 하니, 시황이 노하여 부소로 하여금 북쪽 몽념장군 상군(上郡)의 상장군으로 보내버렸다.

[덧붙임]

후생과 노생이란 사람이 있어 황제를 기롱하고는 도망쳐서 숨어버렸다. 아무리 찾으려고 해도 찾지 못했다. 이에 노발대발한 시황제는 이렇게 나를 욕을 하는 놈들은 선비들이라 하고, 서울 함양에 선비들을 모으니 460여인이었다. 땅에 구덩이를 파고는 생매장을 했다. 천하의 모든 책을 모아 불사지르니, 이것이 '분서갱유(焚書坑儒)'이다. 진시황의 폭정이 시작된 것이다. 그래도 한마디 말하는 사람이 없었다. 장자 부소(扶蘇)가 아버지에게 한마디 했다가 시황은 대노하여 그를 변방의 상장으로 쫓아보내고 말았다.

[어려운 한자]

[譏] : 나무랄(기). [誹] : 비방할(비). [謗] : 비방할(방). [妖] : 요사할(요). [繩] : 노끈(승), 묶다. [恬] : 편안할(념).

[참고사항]

[扶蘇(부소)] : 시황의 장자로, 시황제가 죽은 뒤에 이사와 환관인 조고가 짜고 거짓 조서를 꾸며 자살하게 하였으므로 황제의 뒤를 잇지 못했다. [繩(승)] : 묶으다.

❷ 진말(秦末), 영웅들의 출현

○陽城人, 陳勝의 字는 涉이니 少, 與人傭耕이러니
轍耕之隴上하여 悵然久之曰, 「苟, 富貴면 無相忘
이라.」하니 傭者笑曰, 「若爲傭耕하여 何, 富貴也
오.」하니 勝이 太息曰, 「嗟呼라. 燕雀이 安知鴻鵠
之志哉아!」하다. 至是에 與, 吳廣으로 起兵于, 蘄하
다. 時發, 閭左하여 戍, 漁陽하니 勝, 廣이 爲屯長하다.
會, 大雨道不通하니 乃召徒屬曰, 「公等은 失期하
니 法當斬하리라. 壯士, 不死則已어니와 死則, 擧, 大
名하리라. 王侯將相이 寧有種乎아.」하니 衆皆從之
라. 乃, 詐稱, 公子扶蘇, 項燕이라 하고 稱, 大楚라 하
다. 勝이 自立爲, 將軍하고 廣은 爲, 都尉하다.

[본문풀이]

양성 사람 진승의 자는 섭이니, 젊어서 남과 함께 고용되어 밭을 갈았는데, 갈기를 그치고 언덕 위로 가서 창연하게 한참 있다가 말하기를, '진실로 부귀해지면 서로 잊지 않을 것이다.' 하니, 일하던 자들이 웃으면서 말하기를, '너는 고용되어 밭 갈기를 하면서 어찌 부귀할 수 있겠는가.' 하니, 진승이 크게 한숨을 쉬어 말하기를, '아아, 연작(燕雀)이 어찌 홍곡(鴻鵠)의 뜻을 알랴!' 했다. 이에 이르러 오광과 더불어 기(蘄)에서 군사를 일으켰다. 때에 여좌(閭左)를 발하여 어양(漁陽)에서 수자리 하게 되니, 승과 광이 둔장(屯長)이 되었다. 그때 큰 비를 만나 길이 통하지 않으니 이에 도속(徒屬)을 불러 말하기를, '그대들은 때를 잃었으니 법대로 참수를 당하리라. 장사가 죽지 않으면 그만이어니와 죽으면 곧 크게 이름을 드날리리라. 왕후장상이 어찌 종류가 있을 것인가.' 하니, 대중이 다 이에 따르는지라. 이에 거짓으로 공자(公子) 부소와 항연(項燕)을 칭하고 대초(大楚)라 일컬었다. 진승은 자립하여 장군이 되고, 오광은 도위가 되었다.

[덧붙임]

함양에 사는 진승(陳勝)이란 사람이 있었다. 그는 남의 집 품팔이꾼으로 일하면서도 큰 뜻은 버리지 않았다. 그는 언덕 위에 밭을 갈면서 '우리가 부귀해지면 우리는 잊지 않을 것이다.' 하니, 옆의 친구가 비웃으며 하는 말이 '이렇게 땅을 갈아서 무슨 부귀를 얻으랴?' 했다. 진승이 길게 탄식하며 '연작이 어찌 홍곡의 뜻을 알리요.' 했다. 여기서

'燕雀(연작)이 安知鴻鵠之志(안지홍곡지지)요.' 하는 말이 나왔다. 그것은 작은 참새가 어찌 홍곡의 뜻을 알겠는가 하는 말이다. 그는 오광과 함께 둔장(屯長)이 되었다. '사람이 전쟁터에서 죽으면 그만이지만 죽지 않으면 큰 이름을 날리리라.' 했다. 그리고 '왕후와 장상이 어찌 종자가 따로 있으리오.'〈王侯將相(왕후장상)이 寧有種乎(영유종호)아.〉한 말이 고사성어로 오래 남게 되었다.

[어려운 한자]

[涉]: 건널(섭). [傭]: 고용살이(용). [轍]: 거둘(철), 수레(철). [隴]: 고개 이름(롱). [悵]: 슬퍼할(창). [鴻]: 기러기(홍), 크다. [鵠]: 곡새(곡). [蘄]: 고을 이름(기).

[참고사항]

[陽城(양성)]: 중국 하북성 중부에 있던 고을 이름. [蘄(기)]: 중국 안휘성 북부의 지명. [閭左(여좌)]: 마을의 왼편. 여좌는 부역이 면제되는 빈민이 사는 곳. [漁陽(어양)]: 흉노에 대비하는 전선으로, 지금의 북경지방에 해당하던 고을 이름. [屯長(둔장)]: 주둔하는 군대의 작은 단위의 우두머리. [王侯將相(왕후장상)]: 왕과 제후와 장군과 재상.

○項梁者는 楚將, 項燕之子也니라. 嘗, 殺人하고
항량자　　초장 항연지자야　　　　상 살인

與, 兄子籍으로 避仇吳中하다. 籍의 字는 羽이니 少
여 형자적　　피구오중　　　적 자 우　　소

時에 學書不成하고 去, 學劍하여 又不成이라. 梁怒
시　학서불성　　거 학검하여　우불성　　양노

하니 籍曰,「書는 足以姓, 記名而已요 劍은 一人敵
적왈　서 족이성 기명이이　검　일인적

也니 不足學이요 學,萬人敵하나이다.」하니 梁이 乃
야 부족학 학 만인적 량 내

敎籍,兵法하다. 會稽守,殷通이 欲,起兵하여 應,陳
교적 병법 회계수 은통 욕 기병 응 진

涉하여 使梁으로 爲將하다. 梁이 使籍으로 斬通하여
섭 사량 위장 량 사적 참통

佩其印綬하고 遂擧,吳中兵하여 得,八千人하다. 籍
패기인수 수거오중병 득 팔천인 적

이 爲,裨將하니 時年이 二十四하니라. 居鄹人,范增
위비장 시년 이십사 거소인범증

이 年七十에 好,奇計러니 往說項梁曰「陳勝은 不
년칠십 호기계 왕설항량왈 진승 불

立楚後,而自立하니 其勢不長이라. 今,君은 起江東
립초후이자립 기세부장 금군 기강동

하니 楚,蜂起之將이 爭附君者하니 以君,世世楚將
초 봉기지장 쟁부군자 이군 세세초장

으로 必能復立,楚之後라.」하다. 於是에 項梁은 求
필능부립초지후 어시 항량 구

得,楚懷王孫,心하여 立爲,楚懷王하니 以從民望하
득 초회왕손심 입위 초회왕 이종민망

니라.

[본문풀이]

　항량이란 자는 초나라 장군 항연의 아들이다. 일찍 사람을 죽
이고 형의 아들인 적(籍)과 더불어 오중(吳中)으로 원수를 피했다.
적(籍)의 자는 우(羽)이니 어렸을 때 글을 배워서 이루지 못했고,
물러가서 칼 쓰는 법을 배워 또 이루지 못했다. 항량이 노하니 적
(籍)이 말하기를, '글은 써 성명을 기록함에 족할 뿐이요, 칼은 한

사람의 대적함에 족하
니 만인을 대적함을
배우고 싶습니다.' 하
니, 항량이 이에 적(籍)
에게 병법을 가르쳤
다. 회계의 수(守) 은통
이 병을 일으켜 진섭
에게 응하고자 하여
항량으로 하여금 장수
로 삼았다. 항량은 적
(籍)으로 하여금 은통
(殷通)을 죽이게 하여
그 인수를 차고, 드디
어 오중에 병을 들어
서 8천 명을 얻었다.
적(籍)은 비장이 되었
는데 그때의 나이 24
세였다.

범증(范增)

　거소 사람 범증이 나이 70세에 기이한 계획을 좋아하더니 가
서 항량을 설득하여 말하기를, '진승은 초나라의 후손을 세우지
않고 스스로 섰으니 그 세력은 길지 못하다. 이제 그대는 강동에
서 일어남에 초나라의 벌떼같이 일어나는 장수 등이 다투어 그대
에게 붙는 자가 많으니, 그대가 대대로 초나라의 장수로 반드시

능히 초나라의 후손을 다시 세울 것이기 때문이다.' 하였다. 이에 항량은 초나라 회왕의 손자인 심(心)을 구하여 초나라의 회왕을 삼으니 백성의 소망을 따르게 되었다.

[덧붙임]

항우는 항량의 조카다. 항우는 소시에 글을 배워 성공하지 못하고, 칼을 배워서도 성공하지 못하니, 그의 삼촌이 노하여 꾸짖게 되니 항우 왈, '글은 성명을 기록할 따름이요, 칼은 한 사람을 대적하는 것이니, 만 사람을 대적하는 법을 배우겠다.' 고 했다. 그래서 삼촌 항량에게 병법을 배웠다. 회계수 은통이 기병을 했는데 진섭이 항량으로 장수로 삼고 항우를 비장으로 삼으니, 그때 나이 24세였다. 그때부터 항우의 능력이 발휘되는 때였다.

[어려운 한자]

[佩] : 찰(패). [綬] : 인끈(수). [鄋] : 고을 이름(소). [蜂] : 벌(봉).

[참고사항]

[吳中(오중)] : 중국 강소성 남부에 있는 지금의 소주(蘇州). 당시는 회계군(會稽郡). [會稽守(회계수)] : 회계군의 군수. 수(守)는 군수. [陳涉(진섭)] : 오광과 더불어 진에 반기를 들고 자립하여 왕이 되었다가 피살된 진승(陳勝). 섭(涉)은 그의 자. [印綬(인수)] : 인은 관인(官印). 임관할 때 받아 항상 몸에 지녀서 관리임을 증명하는 것. 수(綬)는 끈. [裨將(비장)] : 지방장관으로, 여기서는 부장. [居鄋(거소)] : 거소현(居鄋縣)으로 안휘성 중부의 지명.

❸ 초한(楚漢) 전쟁

○項羽가 率,諸侯兵하고 欲,西入關하니 或說沛公
　항우　　솔 제후병　　욕 서입관　　　혹설패공

하여 守,關門하다. 羽至門閉하여 大怒,攻破之하고
　　　수 관문　　　우지문폐　　　대로 공파지

進至,戲西하여 期旦,擊沛公하니 羽兵,四十萬을
진지 희서　　　기단 격패공　　　우병 사십만

號,百萬이라 하고 在,鴻門하고 沛公兵,十萬은 在,
호 백만　　　　　재 홍문　　　패공병 십만　　 재

霸上하다. 范增,說羽曰,「沛公이 居,山東에 貪財
패상　　　범증 설우왈　패공　거 산동　　탐재

好色이러니 今,入關하야는 財物無所取라. 此,其志
호색　　　　금 입관　　　　재물무소취　　차 기지

不在小이니 急擊勿失하라.」하다. 羽,季父項伯이
부재소　　　급격물실　　　　　　　우 계부항백

素善,張良이라 夜馳至,沛公軍하여 告良하다.
소선 장량　　　야치지 패공군　　　고량

[본문풀이]

항우가 제후의 병을 이끌고 서쪽 관문에 들어가고자 하니, 어
떤 사람이 패공에게 말하여 관문을 지키게 했다. 항우가 문에 이

르니, 문이 닫혀 있거늘 크게 노하여 이것을 쳐부수고 나아가 희(戲)의 서쪽에 이르러 아침에 패공을 칠 것을 기약하니 항우의 병력은 40만을 백만이라 이름하고 홍문에 있었고, 패공의 병력 10만은 패상(覇上)에 있었다.

범증(范增)이 항우에게 설득하여 말하기를, '패공이 산동에 살 때에는 재물을 탐내고 색을 좋아하더니, 이제 관에 들어와서는 재물을 취하는 바가 없습니다. 이것은 그의 뜻이 작은 데 있지 않는 것이니 급히 쳐서 잃음이 없어야 합니다.' 했다. 항우의 3촌 항백(項伯)이 본래 장량과 좋은 사이라 밤에 달려가서 패공의 군에 이르러 장량에게 알리려고 했다.

[덧붙임]

항우와 패공이 제후병을 이끌고 관문을 통해 입성하는 장면을 서술하고 있다. 누가 먼저 관문으로 들어가서 선점을 하느냐 하는 것이 관건이었다. 항우가 서쪽 관문을 통해 입관하니 이미 패공이 먼저 들어와 있었다. 항우의 군사 40만 명을 백만이라 호칭하며 홍문관으로 들어섰다. 패공의 군사 10만 명이 패상에 있었다. 범증이 항우에게 호감을 보이며 설득하여 급히 패공을 쳐부수라고 하며 선점을 하라고 한다. 항우의 삼촌 항백은 패공의 책사 장량과 잘 아는 사이라서 달려가서 알리려고 했다.

[어려운 한자]

[旦] : 아침(단). [鴻] : 클(홍). [馳] : 달려갈(치).

[關(관)]: 함곡관. [沛公(패공)]: 천하를 통일하기 전의 유방(劉邦). [山東(산동)]: 함곡관 동쪽을 이르는 말. [不在小(부재소)]: 작은 데 있지 않다. 큰 뜻을 품고 있다.

○沛公이 旦從, 百餘騎하여 見羽鴻門하고 謝曰,
패공   단종 백여기   견우홍문   사왈

「臣이 與, 將軍으로 戮力以攻秦에 將軍은 戰, 河北
신   여장군   육력이공진   장군   전하북

하고 臣은 戰, 河南하여 不自意하고 先入關破秦하고
신 전하남   불자의   선입관파진

得復見, 將軍於此하니 今者에 有, 小人之言이 令,
득부견 장군어차   금자 유 소인지언   영

將軍으로 與臣有隙이라.」하니 羽曰,「此는 沛公,
장군   여신유극   우왈 차 패공

左司馬, 曹無傷之言이라.」하다. 羽는 留, 沛公하여
좌사마 조무상지언   우 유 패공

與飮하다. 范增이 數目羽擧하여 所佩, 玉玦者三이
여음   범증 삭목우거   소패 옥결자삼

나 羽, 不應이라. 增, 出使項莊으로 入前爲壽하여 請
우 불응   증 출사항장   입전위수   청

以劍舞하여 因擊沛公하니 項伯이 亦, 拔劍起舞하며
이검무   인격패공   항백 역 발검기무

以身으로 翼蔽沛公하니 莊不得擊이러라.
이신   익폐패공   장부득격

[본문풀이]

패공이 아침에 1백여 기를 따르게 하여 항우를 홍문에서 만나

고 사과하여 말하기를, '신이 장군과 더불어 힘을 다하여 진나라를 공격함에 장군은 하북에서 싸우고, 신은 하남에서 싸워 스스로 뜻하지 않게 먼저 관에 들어와 진을 깨뜨리고 다시 여기서 장군을 뵐 수 있게 되었으니, 이제 소인의 말이 있어 장군으로 하여금 신과 더불어 틈이 있게 하였습니다.' 하니, 항우가 말하기를, '이것은 패공의 좌사마인 조무상의 말이오.' 했다.

항우는 패공을 머무르게 하여 함께 술을 마셨다. 범증(范增)이 자주 항우를 보면서 차고 있는 바의 옥결을 들기 3번이었으나 항우는 응하지 않았다. 범증이 나가서 항장(項莊)으로 하여금 들어가 앞에서 수(壽)를 하여 써 칼춤을 청하고 인하여 패공을 치게 하니 항백이 또한 칼을 뽑아 일어나 춤추며 몸으로써 패공을 가리니 장(莊)은 칠 수가 없었다.

[덧붙임]

패공이 1백 기병을 거느리고 홍문관에서 항우를 만났다. 패공은 항우에게 기가 꺾여 사례를 하고 함께 진나라를 공격하자고 한다. 그대(항우)는 하북에서 싸우고, 나는(패공) 하남에서 싸워서 진나라를 깨뜨리게 되었다고 말하며 항우에게 저자세를 보인다. 그래서 항우와 패공은 함께 술을 마신다. 그때 범증이 항우에게 옥결을 들어 보이며 3번이나 패공을 치라고 했다. 그러나 항우는 응하지 않았다. 범증은 항장으로 하여금 들어가 칼춤을 추게 하여 패공을 치게 했다. 항백도 일어나서 칼춤을 추면서 패공을 가려서 패공을 치는 것을 막았다. 그래서 항장은 패공을 칠 수가 없었다. 이것이 그 유명한 홍문관 잔치였다. 여기서 항우와 패공의 운명이 결정된 것이다.

[戮] : 죽일(륙). [隙] : 틈(극), 사이. [玦] : 옥(결), 패옥. [蔽] : 가릴(폐). *[패공, 항우, 범증, 항장, 항백].

[참고사항]

[臣(신)] : 여기서 신은 패공이 항우에게 저자세를 보이면서 자기를 낮춘 행동이다. [河北(하북)] : 황하의 북쪽. [河南(하남)] : 황하의 남쪽. [左司馬(좌사마)] : 사마는 나라의 군정을 맡아보는 벼슬. 좌사마, 우사마가 있다. [玉玦(옥결)] : 허리에 차는 옥으로 만든 고리. 여기에서 결은 결단(決斷)을 내라는 암시이다. [翼蔽(익폐)] : 새가 날개를 펴서 새끼를 가린다는 뜻.

○張良이 出하여 告, 樊噲하여 以事急이라 하니 噲,
擁盾直入하여 嗔目視羽하니 頭髮上指하고 目皆盡
裂이라. 羽曰,「壯士로다! 賜之卮酒하라.」하니 則,
與斗卮酒하다.「賜之彘肩하라.」하니 則, 生彘肩하
다. 噲, 立飮하고 拔劍, 切肉啖之라. 羽曰,「能, 復飮
乎아.」하니 噲曰,「臣은 死且不避인데 卮酒, 安足
辭리오. 沛公이 先破, 秦入咸陽하여 勞苦而功高如
此하니 未有, 封爵之賞이라. 而, 將軍은 聽, 細人說

하고 欲誅有功人하니 此는 亡秦之續耳니라 竊爲
　　　욕주유공인　　　차　　망진지속이　　　　절위

將軍하여 不取也라 하다.」 羽曰, 坐하라 하니 噲從
장군　　　불취야　　　　　우왈　좌　　　　　쾌종

良坐하다. 須臾에 沛公이 起如厠하여 因招噲出하
양좌　　　수유　　패공　　기여측　　　　인초쾌출

고 間行趨霸上하고 良留謝羽曰,「沛公은 不勝杯
　　간행추패상　　　양류사우왈　　패공　　불승배

杓하여 不能辭하고 使臣良으로 奉白璧一雙하여 再
표　　　불능사　　　사신양　　　봉백벽일쌍　　　재

拜獻,將軍足下하고 玉斗一雙을 再拜奉亞父足下
배헌 장군족하　　　옥두일쌍　　재배봉아보족하

하다.」 羽曰,「沛公은 安在오.」 하니 良曰,「聞將軍,
　　　　우왈　패공　　안재　　　　　양왈　문장군

有意督過之하고 脫身獨去하여 已至軍矣라.」 하다.
유의독과지　　　탈신독거　　　이지군의

亞父拔劍하여 撞,玉斗而破之曰,「唉! 豎自,不足
아보발검　　　당 옥두이파지왈　애　수자 부족

謀라. 奪,將軍天下者는 必,沛公也니라.」 하다.
모　　탈 장군천하자　　필 패공야

[본문풀이]

　　장량이 나가서 번쾌에게 일이 급함을 고하니, 번쾌가 방패를
끼고 곧장 들어가 눈을 부릅뜨고 우(羽)를 보니, 머리털이 위로 치
켜서고 눈꼬리가 다 찢어졌다. 항우가 말하기를, '장사로다! 이
사람에게 술잔을 주어라.' 하니, 곧 한 말의 술을 주었다. '돼지
어깨 살을 주어라.' 하니, 곧 산돼지의 어깨 살이었다. 번쾌가 서
서 마시고 칼을 뽑아 고기를 잘라서 그것을 씹어 먹었다. 항우가
말하기를, '또 마실 수 있는가.' 하니, 번쾌가 말하기를, '신은 죽

음도 또한 피하지 않거늘 술잔을 어찌 사양하겠습니까 했다.

패공이 먼저 진(秦)나라를 파하고 함양에 들어와 고생한 공로가 이와 같이 높으니 아직 봉작(封爵)의 상은 잊지 않습니다. 그리고 장군은 세인(細人)의 말을 듣고 공이 있는 사람을 죽이고자 하니, 이것은 망한 진나라의 뒤를 이을 뿐이니 간절히 장군을 위하여 취하지 않으면 합니다.' 했다. 우가 '앉아라.' 하니, 번쾌는 장량을 따라 앉았다.

잠시 후 패공이 일어나 측소(변소)로 가서 인하여 쾌를 불러 나오게 하고 사잇길로 하여 패수가로 달려가고, 장량은 머무르다가 우에게 사과하여 말하기를, '패공은 술을 견디지 못하여 말을 하지 못하고 신하인 장량으로 하여금 백벽[白玉] 한 쌍을 받들어 두 번 절하고 장군의 발 아래에 바치고, 옥두(玉斗) 한 쌍을 두 번 절하고 아보(亞父 : 범증)의 발 아래에 받들게 하였습니다.' 했다.

항우가 말하기를, '패공은 어디 있는가.' 하니, 장량이 말하기를, '장군이 이것을 독과(督過 : 허물을 꾸짖다.)할 뜻이 있음을 듣고, 몸을 벗어나 홀로 가서 군진에 이르렀습니다.' 했다. 아보가 칼을 빼어 옥두(玉斗)를 쳐서 이를 깨뜨리고 말하기를, '아아! 애송이 하고는 모사(謀事)하기에 족하지 않다. 장군의 천하를 뺏을 자는 반드시 패공이다.' 했다.

[덧붙임]

장량이 나가서 번쾌를 만나 일의 위급함을 알린다. 이런 위급한 상태에서 장군 번쾌가 칼춤을 추는 현장에 들어선다. 그는 눈을 부릅뜨고 항우를 노려보며 항우의 기선을 제압한다. 번쾌의 머리는 하늘을 향해 치솟고 두 눈은 찢어져 무서운 상태를 드러낸다. 항우는 번쾌를 보고 과연 장사로다! 하고 감탄을 한다. 항우가 그에게 술을 권하니 말술을 들이킨다. 칼을 뽑아 돼지의 어깨 살을 베어서는 질겅질겅 씹어 삼킨다. 항우가 술을 더 마실 수 있느냐? 하고 물으니, 죽음을 무서워하지 않는데 술을 두려워 하리오 한다. 그러는 사이에 패공은 측간에 가는 척하면서 빠져나갔다. 범증은 안타까워하면서 천하를 얻을 자는 패공이라는 말을 남기고 쓸쓸한 표정을 짓고 있었다.

[어려운 한자]

[樊] : 울타리(번). [噲] : 목구멍(쾌). [瞋] : 성낼(진). [卮] : 술잔(치). [彘] : 돼지(체). [啖] : 먹을(담). [趣] : 달릴(추). [唉] : 그래!(애)

[참고사항]

[卮酒(치주)] : 술잔. [杯杓(배표)] : 술잔. 여기서는 그냥 '술'이란 뜻. [白璧(백벽)] : 흰 구슬. 화씨벽(和氏璧). [玉斗(옥두)] : 옥으로 만든 국자. [亞父(아보)] : 아버지 다음으로 존경할 만한 인물. 여기서는 범증을 존경하여 이르는 말. [豎子(수자)] : 더벅머리 아이. 애송이.

○沛公이 至軍하여 立誅曹無傷하다. 居,數日에 羽
　패공　　지군　　　입주조무상　　　　거수일　　우

引兵西하여 屠,咸陽하고 殺,降王,子嬰하고 燒秦宮
인병서　　　도함양　　　살항왕자영　　　소진궁

室하니 火,三月不滅이라. 掘,始皇塚하고 收,寶貨婦
실　　　화삼월불멸　　　굴시황총　　　수보화부

女而東하니 秦民이 大,失望하다. 韓生이 說,羽曰,
녀이동 진민 대 실망 한생 설우왈

「關中은 阻山帶河하고 四塞之地,肥饒하여 可都以
관중 조산대하 사색지지비요 가도이

霸라.」하다. 羽見秦殘破하고 且思東歸曰,「富貴不
패 우견진잔파 차사동귀왈 부귀불

歸故鄕은 如,衣繡夜行耳이라.」하다. 韓生退曰,
귀고향 여 의수야행이 한생퇴왈

「人言하되 〈楚人은 沐猴而冠〉이러니 果然이로다.」
인언 초인 목후이관 과연

하니 羽聞之하고 烹韓生하다. 後에 羽自立하여 爲,西
우문지 팽한생 후 우자립 위서

楚霸王하고 立,沛公하여 爲,漢王하여 王,巴蜀漢中
초패왕 입패공 위한왕 왕파촉한중

하니 是歲가 漢元年也니라.
시세 한원년야

[본문풀이]

　패공이 군진에 이르자마자 조무상을 죽였다. 거(居)한지 수일
만에 항우는 병을 이끌고 서쪽으로 가서 함양을 도륙하고 항복한
왕 자영을 죽이고 진의 궁실을 불태우니 불은 석 달 동안이나 꺼
지지 않았다. 시황의 무덤을 파헤치고, 보물과 부녀자들을 거두
어 동쪽으로 가니 진나라 백성들이 크게 실망하였다. 한생이 항
우를 설득하여 말하기를, '관중은 산을 막고 강을 둘렀고 사방이
막힌 땅으로서 기름지고 풍요로워 가히 도읍하여 패(覇)를 할 만
한 곳입니다.' 했다. 항우는 진이 쇠잔하고 파괴된 것을 보고 또
동으로 돌아갈 생각으로 말하기를, '부귀한 뒤에 고향으로 돌아

가지 않음은 비단 옷을 입고 밤길 가는 것과 같을 뿐이다.' 했다. 한생은 물러나 말하기를, '사람들이 말하기를, 〈초나라 사람은 목욕한 원숭이가 관을 쓴 것과 같다.〉 하더니, 과연 그렇다.' 하니, 항우가 이 말을 듣고 한생을 삶아 죽였다. 뒤에 항우가 자립하여 서초 패왕이 되고, 패공을 세워 한왕(漢王)을 삼아 파촉(巴蜀) 한중의 왕이 되니, 이 해가 한나라의 원년이었다.

[덧붙임]

패공은 군문으로 돌아와 조무상을 베어 죽였다. 며칠 후에는 항우가 함양을 도륙했다. 항복한 진왕 자영을 죽이고 진나라의 궁궐을 불질렀다. 불이 석 달을 타도 꺼지지 않았다. 진시황의 무덤을 파헤쳐 그 속에 있는 금은보화와 부녀자들을 거두어 갔다. 진나라 사람들이 큰 실망을 했다. 한생이 항우에게 일러 말하기를, '이 관중은 산이 막히고 강을 끼고 있어 사색지지로 패업(霸業)을 할 만한 땅입니다.' 하고 말했다. 여기에 금의야행(錦衣夜行)이란 말이 나온다. 항우가 고향으로 돌아갈 생각에서 한 말일 것이다. '비단 옷을 입고 밤길을 간다.' 즉, 출세해서 고향으로 돌아간다는 말일 것이다. 한생이 물러나면서 하는 말이 '초나라 사람은 욕후이관(浴猴而冠)' 이라더니 과연 그렇구나 했다. '초나라 사람들은 목욕한 원숭이가 갓을 쓴 꼴이다.' 라는 말로, 이 말은 항우를 두고 하는 말이었다. 이 말을 들은 항우는 한생을 삶아[烹] 죽였다.

[어려운 한자]

[屠] : 도륙하다(도). [塚] : 무덤(총). [饒] : 풍요로울(요). [繡] : 비단(수). [猴] : 원숭이(후). [烹] : 삶을(팽).

[西(서)] : 서쪽에 있는 진(秦)을 말함. [東(동)] : 동쪽에 위치한 초(楚).
[關中(관중)] : 섬서성 위수 연안 일대의 지역. [衣繡夜行(의수야행)] : 비
단옷 입고 밤길을 간다. 그것은 그가 출세한 사실을 아무도 몰라준다
는 뜻. [西楚覇王(서초패왕)] : 동초와 서초를 말함. 남북의 오를 동초,
강소성 북쪽의 팽성(彭城)을 서초(西楚)라 했다. [巴蜀漢中(파촉한중)] :
사천성(四川省)의 파군(巴郡)과 촉군(蜀郡). 한중(漢中)은 섬서성 남부의
군 이름.

〇初에 淮陰人, 韓信이 家貧하여 釣, 城下하니 有,
　　초　　회음인 한신　　가빈　　　　조 성하　　　유

漂母하여 見信餓하고 飯信이라 信曰, 「吾, 必厚報
표모　　　　견신아　　　반신　　신왈　　오 필후보

母하리라.」 하니 怒曰, 「大丈夫, 不能自食이라 吾愛,
모　　　　　　노왈　 대장부 불능자식　　　오애

王孫而進食하니 豈望報乎리오.」 淮音, 屠中少年이
왕손이진식　　　기망보호　　　　회음 도중소년

有, 侮信者하여 因, 衆辱之曰, 「若雖長大하여 好, 帶
유 모신자　　　인 중욕지왈　　약수장대　　　호 대

劍이나 中情怯耳로다. 能死면 刺我하라. 不能이면
검　　　중정겁이　　　능사　 자아　　　불능

出我胯下하라.」 信, 熟視之라가 俛出, 胯下蒲伏하니
출아과하　　　　신 숙시지　　　면출 과하포복

一市人이 皆笑信怯이라 하다. 後에 項梁이 渡淮에
일시인　 개소신겁　　　　　후　 항량　　도회

信, 從之하고 又, 數以策干이나 項羽不用이라. 亡歸,
신 종지　　　우 수이책간　　　항우불용　　　망귀

漢하여 爲, 治粟都尉하다. 數與, 漢王臣, 蕭何語하니
한　　　위 치속도위　　　수여 한왕신 소하어

何,奇之하여 謂王曰,「信은 國士로 無變이라.」하니
하 기 지　　위왕왈　신　국사　무변

王이 乃設,壇場具禮하니 諸將이 皆喜하여 人人自
왕　내설 단장구례　제장　개희　인인자

以,爲得大將이라 하다. 至拜에 乃,韓信也하니 一軍
이 위 득 대 장　　지배　내한신야　일군

皆驚하다. 王이 遂用信計하여 襲秦諸長하니 章邯
개 경　　왕　수용신계　습진제장　장한

은 敗死하고 司馬欣等은 皆降하다.
패 사　　사 마 흔 등　개 항

[본문풀이]

처음에 회음(淮陰) 사람 한신(韓信)이 집이 가난하여 성 아래서 낚시질을 했는데, 빨래하는 부인이 있어 한신이 배고파하는 것을 보고 그에게 밥을 주니, 한신이 말하기를, '내가 반드시 두텁게 표모(漂母)에게 갚으리라.' 하니, 표모가 노하여 말하기를, '대장부가 스스로 먹을 수가 없기에 내 왕손(王孫)을 가엽게 여겨 밥을 주었거늘 무슨 갚음을 바라리오.' 했다. 회음 도살장 근처의 소년들이 한신을 업신여기는 자가 있어 무리들로 하여 그를 욕하여 말하기를, '네가 비록 몸이 크고 칼 차기를 좋아하나 속마음은 겁쟁이일 뿐이다. 능히 죽일 수 있으면 나를 찔러라. 하지 못하면 내 바짓가랑이 밑으로 기어 나가라.' 했다. 한신이 그를 익히 보다가 구부려 바짓가랑이 밑으로 지나가 엎드리니 온 시장 사람들이 다 한신이 겁쟁이라고 웃었다.

뒤에 항량(項梁)이 회수를 건널 때 한신이 그를 따랐고, 또 자주 계책으로써 항우에게 간여하였으나 항우는 그를 쓰지 않았다. 도망하여 한나라로 돌아가 치속도위(治粟都尉)가 되었다. 자주 한왕(漢王)의 신하 소하(蕭何)와 더불어 이야기하니 소하가 그를 기특히 여겨 왕에게 일러 말하기를, '한신만큼 국사(國事)에 견줄만한 사람은 없습니다.' 하니, 왕이 이에 단장(壇場)을 세우고 예를 갖추니 모든 장수가 다 기뻐하여 사람마다 하되 자기가 대장을 얻게 될 것이라 하였다. 배(拜)함에 이르러서는 한신이기에 전군이 놀랐다. 왕이 드디어 한신의 계책을 써서 진(秦)의 모든 장수를 습격하니, 장한(章邯)은 패하여 죽고, 사마흔(司馬欣)은 모두 항복하였다.

[덧붙임]

한신에 관한 이야기다. 그는 회음 땅 사람으로 집이 가난하여 성 아래 낚시질을 하니 빨래하는 아낙네[漂母]가 한신의 배고픔을 보고 밥을 주었다. 그리고 키가 큰 한신은 칼을 차고 길거리로 나왔다. 이것을 본 회음의 소년들이 한신을 자기네들의 바짓가랑이 사이로 지나가게 했다. 한신은 이런 모욕을 당하면서 지나다가, 처음은 항우에게 갔다가 불용하므로 한나라로 도망가니 도위라는 직책을 주었다. 나중에는 대장군으로 봉해져서 유방을 도와 천하통일의 큰 공을 세운다. 처음으로 한신의 계책을 들어서 진나라 장수를 습격하여 장한(章邯)은 패하고, 사마흔(司馬欣)은 항복하는 성과를 거두었다.

[어려운 한자]

[釣] : 낚시(조). [漂] : 빨래할(표). [屠] : 죽일(도). [怯] : 겁낼(겁). [胯] : 바지(과). [蒲] : 부들(포). [邯] : 땅이름(한).

[淮陰(회음)]: 고을 이름. 강소성 남부의 회음현(淮陰縣). [王孫(왕손)]: 공자(公子)와 같은 뜻. [蒲伏(포복)]: 엉금엉금 기어가다. 怖伏(포복)과 같음. [國士無雙(국사무쌍)]: 나라 안에서 으뜸가는 큰 인물. 다른 사람과 비교할 수 없는 훌륭한 인물.

○漢,三年에 韓信,張耳가 以兵擊趙에 聚兵,井陘
한 삼년   한신장이   이병격조   취병정형

口하니 趙王歇,及,成安君,陳餘가 禦之하다. 夜半
구   조왕헐급성안군진여   어지   야반

에 信傳하여 發,輕騎二千하여 人人持,赤幟하고 從,
  신전   발경기이천   인인지적치   종

間道하여 望,趙軍하다. 戒曰,「趙見我走면 必,空壁
간도   망조군   계왈 조견아주   필공벽

逐我하리라. 若,疾入趙壁하여 拔,趙幟하고 立,漢赤
축아   약질입조벽   발조치   입한적

幟하라.」하다. 乃使萬人으로 先行,背水陣하고 平旦
치   내사만인   선행배수진   평단

에 建,大將旗鼓하고 鼓行出,井陘口하니 趙開壁擊
  건대장기고   고행출정형구   조개벽격

之하다. 戰,良久에 信耳,佯棄旗鼓하고 走,水上軍하
지   전양구   신이양기기고   주수상군

니 趙,果空壁逐之라. 水上軍은 皆殊死戰하다. 趙軍
  조과공벽축지   수상군   개수사전   조군

은 已失信等하고 歸壁하여 見,赤幟大驚하여 遂亂
  이실신등   귀벽   견적치대경   수란

遁走하다. 漢軍은 夾擊,大破之하여 斬,陳餘하고 禽,
둔주   한군   협격대파지   참진여   금

趙歇하다. 諸將,賀因問曰,「兵法에 右倍山陵하고
조헐   제장하인문왈   병법   우배산능

前左水澤이라 하니 今, 背水而勝은 何也요.」하니,
전 좌 수 택　　　금　배 수 이 승　　하 야

信曰,「陷之死地以後에 生하고 置之亡地以後에
신 왈　　함 지 사 지 이 후　　생　　　　치 지 망 지 이 후

存乎이라.」하니 諸將이 皆服하다.
존 호　　　　　제 장　　개 복

[본문풀이]

한 3년에, 한신과 장이가 병력으로써 조나라를 칠 때 군사를 정형구에 모아 두었기에, 조왕 헐과 성안군 진여가 막았다. 밤중에 신이 전하여 가볍게 무장한 기병 2천을 발하여, 사람마다 붉은 기를 가지고 사잇길에서 조나라 군대를 바라보게 하였다. 경계하여 말하기를, '조나라는 우리가 달아나는 것을 보면 반드시 성벽을 비우고 우리를 쫓을 것이다. "곧바로 재빠르게 조나라 성벽으로 들어가 조나라 기를 뽑고 한나라 붉은 기를 세워라." 했다. 이에 만인으로 하여금 먼저 가서 물을 등지고 진을 치게 하고, 동틀 무렵에 대장의 기치를 세우고 북을 치면서 행진하여 정형구에 나가니, 조군에서는 성벽을 열고 이것을 쳤다. 싸우기 얼마 후 신과 이가 거짓으로 기치와 북을 버리고 수상의 진군으로 달아나니, 조나라는 과연 성벽을 비우고 이것을 쫓았다. 수상의 군대는 모두 죽기를 한하고 싸웠다. 조군은 이미 신 등을 잃고 성벽으로 돌아가 붉은 깃발을 보고 크게 놀라 드디어 어지럽게 도망쳐 달아났다. 한군은 양쪽에서 끼고 들이쳐 크게 이것을 깨뜨려 진여를 죽이고 조헐을 사로잡았다.

모든 장수가 축하하고 인하여 물어 말하기를, '병법에 산이나 언덕을 뒤로 하고 강이나 못을 앞으로 한다고 했는데, 지금 물을 등지고 이긴 것은 무슨 까닭입니까?' 했다. 신이 말하기를, '죽은 땅에 빠져야 그 다음에 살아나고, 망하는 땅에 두어야 그 다음에 살아난다.' 고 하니, 모든 장수가 다 탄복하더라.

[덧붙임]

한신은 배수진으로 조나라를 격퇴했다. 이 배수진은 물을 등지고 싸우는 전법으로 군사들의 후퇴를 막기 위해 쓰는 전술이었다. 한신의 말을 빌리면 '죽은 땅에 빠져야 그 다음에 살아나고, 망하는 땅에 두어야 그 다음에 살아난다.' 고 했다. 이 전법을 사용한 우리나라 임진왜란 때 신립장군이 이 탄금대에서 배수진을 사용했다가 왜군에 패전하여 우리 군사를 물속에 장사지낸 부끄러운 역사적 기록이 있다.

[어려운 한자]

[陘] : 지레목(형,경). [歇] : 쉴(헐). [幟] : 깃발(치). [倍] : 등질(배).

[참고사항]

[聚兵井陘口(취병정형구)] : 병력을 정형구에 집결하다. [背水陣(배수진)] : 물을 등지고 진을 치다. 적에게 후퇴를 막기 위해 베푸는 전술. 배수진은 물을 등지고 싸우기 때문에 후퇴는 어려운 것으로 병법에 나오는 전술이라고 함. [旗鼓(기고)] : 깃발. 군의 기치. [右倍山陵,前左水澤(우배산릉,전좌수택)] : 손자병법에 나오는 말로, 적과 맞서 싸우다가 전세가 불리해지면 피할 수 있게 된 진법. [陷之死地以後生(함지사지이후

생)] : 죽을 땅에 떨어져서야 뒤에 살아난다. 이왕 죽을 땅에 떨어졌으니 죽기 살기로 싸워서 이길 수 있다는 전법.

○張良, 陳平이 謂, 漢王曰, 「漢有天下大半하고
楚兵餓疲라. 今釋不擊이면 此는 養虎, 自遺患也니
라.」하니 王이 從之하다. 五年에 王이 追羽하여 至,
固陵하니 韓信, 彭月이 皆, 引兵來하고 黥布亦會하
다. 羽至垓下하니 兵少食盡이라. 信等이 乘之하여
羽敗入壁하여 圍之數重하다. 羽夜에 聞, 漢軍四面
에 皆, 楚歌하니 大驚曰, 「漢旣得楚乎아 何, 楚人多
也오?」起飮帳中하며 命, 虞美人, 起舞하니 悲歌慷
慨하여 泣數行下라. 其歌曰, 〈力拔山兮여! 氣蓋
世로다. 時不利兮여! 騅不逝라. 騅不逝兮여! 可
奈何오? 虞美虞美여 乃若何오?〉騅者는 羽, 平日에
所乘, 駿馬也라. 左右皆泣하여 莫敢仰見라. 羽乃夜
從, 八百餘騎하여 潰圍南出하다.

 장량과 진평이 한나라 왕에게 일러 말하기를, '한나라는 천하
의 태반을 보유하고 초나라의 군병은 굶주려 있습니다. 지금 풀
어주고 치지 않으면 이것은 마치 범을 길러 스스로 근심을 남기
는 것입니다.' 하니, 왕은 이 말을 따랐다. 5년에 왕은 우(羽)를 추
격하여 고릉(固陵)에 이르니 한신과 팽월(彭月)이 모두 군사를 이
끌고 왔고 경포도 역시 만났다. 항우가 해하에 이르니 병은 적고
식량도 다했다. 한신 등이 이것을 틈타서 항우를 패퇴시키고 성
벽 안으로 들어가 그것을 여러 겹으로 포위했다.

 항우는 밤에 한군(漢軍)의 사면에서 다 초나라 노래를 부르는
것을 듣고 크게 놀라서 말하기를, '한은 이미 초를 다 얻었는가.
어찌 초인이 많은가?' 하고는 일어나 장막 안에서 술을 마시며,
우미인에게 명하여 일어나 춤을 추고는 슬픈 노래를 부르고 슬퍼
서 눈물 몇 줄기가 흘렀
다. 이 노래에 이르기를,
〈힘은 산을 뽑음이여, 기
운은 세상을 덮도다. 때가
이롭지 않음이여! 추마가
가지 않도다. 추마가 가지
않음이여! 어찌할거나?
우미여! 우미여! 어찌할
것인가?〉 하였다. 추(騅)
라는 것은 항우가 평소 타

항우(項羽)
『삼재도회(三才圖會)』 인물권(人物卷)에서

고 다니던 준마였다. 좌우 사람들이 눈물을 흘려서 감히 쳐다보지를 못했다. 항우는 이에, 밤에 8백여 기를 따르게 하여 포위를 무너뜨리고 남쪽으로 탈출해 갔다.

[덧붙임]

항우는 해하성에서 패전하여 한신이 득세하게 된다. 항우는 자면서 초나라 노랫소리를 듣고 깜짝 놀라 벌써 '한은 이미 초나라를 다 얻었는가?' 하고 놀란다. '사면초가' 란 말이 여기서 생겨났다. 항우는 일어나서 술을 마시며 우미인을 불러 춤을 추며 슬픈 노래를 부른다. 〈力拔山, 氣蓋世로다. 時不利兮여, 騅不逝라. 騅不逝兮여 可乃何오? 虞美 虞美여 乃若何오.〉 하며 노래 불렀다. 우미인은 항우의 사랑하는 여자였다. 이 노래를 들은 모든 사람들이 울고 있었다. 항우는 팔백여 기를 몰고 어둠을 뚫고 포위망을 무너뜨리고는 남쪽으로 탈출해 어디론가 사라져갔다.

[어려운 한자]

[騅]: 추마(추). [駿]: 준마(준). [潰]: 무너질(궤).

[참고사항]

[漢王(한왕)]: 패공 유방(劉邦). [固陵(고릉)]: 하남성 동부의 지명. [垓下 (해하)]: 안휘성 북부의 지명. [騅(추)]: 오추마(烏騅馬). 청백색의 명마 (名馬). [騅馬(추마)]: 말 이름. 명마. 항우가 타던 준마. [奈何(내하)]: '如何'와 같음. [奈若何(내약하)]: 어떡하면 좋을까?

유방(劉邦)의 천하통일

○漢王이 卽, 皇帝位하여 置酒, 洛陽南宮하다. 上
日,「徹侯諸將은 皆言하라. 吾所以, 得, 天下者何며
項氏, 所以失, 天下者, 何오.」하다. 高起, 王陵이 對
日,「陛下使人으로 攻城掠地하고 因而與之하여
與, 天下로 同其利하나 項羽不然이라 하다. 有功者,
害之하고 賢者, 疑之하며 戰勝而, 不豫人功하고 得
地而, 不與人利라.」하니 上日,「公知其一이요 未
知其二로다. 夫, 運籌, 有幄之中하여 決勝, 千里之
外는 吾不如, 子房이요 鎭, 國家撫하고 百姓, 給饋餉
하고 不絶糧道는 吾不如, 蕭何요. 連, 百萬之衆으로
戰必勝, 功必取는 吾不如, 韓臣이라. 此, 三者는 皆,

人傑也라. 吾能用之하니 此,吾所以,取天下니라. 項
인걸야   오능용지   차 오소이 취천하   항

羽는 有一,范增이나 而,不能用이라. 此其,所以爲,
우   유일 범증   이 불능용   차 기 소 이 위

我擒也니라.」하니 群臣悅服이러라.
아금야   군신열복

[본문풀이]

한왕이 황제의 위에 올라서 낙양의 남궁에서 술자리를 베풀었
다. 상이 이르기를, '여러 제후와 모든 장수는 다 말하라. 내가 천
하를 얻은 까닭은 무엇이며, 항씨(項氏)가 천하를 잃은 까닭은 무
엇인가.' 했다. 고기와 왕릉이 대답하기를, '폐하께서는 사람으
로 하여금 성을 치고 땅을 빼앗게 하시고, 인하여 그것을 주어 천
하와 그 이(利)를 함께 하시나 항우는 그렇지 않습니다. 공이 있
는 자를 해하고 현자를 의심하고, 싸워서 이겨도 공을 그에게 주
지 않고 땅을 얻어도 그에게 이(利)를 주지 않았습니다.' 하니, 상
(上)이 말하기를, '공은 그 하나는 알고, 그 둘은 아직 알지 못했
다. 대개 장막 안에서 계략을 세워 승리를 천리 밖에서 결정함은
나는 자방(子房)만 같지 못하고, 국가를 진정하고 백성을 어루만
지고, 군량을 대어 양도가 끊어지지 않게 함은 나는 소하(蕭何)만
같지 못하다. 백성의 무리를 이어서 싸우면 반드시 이기고, 치면
반드시 취함은 나는 한신(韓信)만 같지 못하다. 이 세 사람은 다
인걸이다. 나는 능히 그들을 썼으니, 이것이 내가 천하를 얻은 까
닭이다. 항우는 하나의 범증(范增)이 있었으나 능히 쓰지 못하였
다. 이것이 나에게 포로가 된 까닭이다.' 하니, 많은 신하가 기뻐

서 탄복하였다.

[덧붙임]

한나라 유방이 황제가 되어 제왕의 자리에 올랐다. 낙양 남궁에 잔치를 벌리고 많은 신하를 더불어서 함께 자리를 같이했다. 모든 신하 여러분은 대답해보라. 내가 천하를 얻은 것과 항우가 천하를 잃은 것은 무엇 때문인가? 하니, 고기 왕릉이 대답하기를, '폐하께서는 성을 공략하여 천하로 더불어 그 이익을 찾으려고 했으나 항우는 그렇지가 못했습니다.' 했다. 임금이 말하기를, '그 하나는 알고 그 둘은 알지 못했다. 나는 자방과 소하와 한신의 이 3자는 다 인걸이다. 나는 이 세 인걸을 잘 활용하여 천하를 얻었고, 항우는 범증이 있었으나 그를 잘 활용을 못했다. 그것이 나의 사로잡음이 되었다.' 고 하니, 여러 신하들이 기뻐하고 복종했다.

한고조(漢高祖) 유방(劉邦)
『삼재도회(三才圖會)』인물권(人物卷)에서

[어려운 한자]

[籌] : 산가지(주), 점치다(주). [幄] : 휘장(악). [饋] : 보낼(궤), 먹일(궤). [餉] : 군량(향), 보내다(향). [擒] : 사로잡을(금).

[참고사항]

[上(상)] : 임금. 황제. [徹侯(철후)] : '열후(列侯)'와 같은 뜻. 여러 제후들. [運籌(운주)] : 계획과 계책을 세움. [子房(자방)] : 장량(張良)의 자(字). [饋餉(궤향)] : '궤(饋)'는 보내다, '향(餉)'은 군량미를 뜻하니, 군량미(軍糧米)의 공급을 말함.

○留侯,張良이 少時에 於,下邳圯上에 遇,老人하니 墮履,邳下하며 謂良曰,「孺子,下取履하라.」良欲歐之나 憫其老하여 乃下取履하다. 老人,以足으로 受之曰,「孺子可教로다. 後五日에 與我期於,此라.」하다. 良,如期往하니 老人已,先在하여 怒曰,「與長者期하고 後何也오.」復約五日하다. 及往에 老人又先在하여 老復約五日하다. 良이 半夜往하니 老人至乃喜하며 授以一編書曰,「讀此면 可爲帝者師하리라. 異日에 見,濟北,穀城山下,黃石하리니

則我也니라.」旦視之하니 乃太公兵法이라. 良이 異
즉 아 야   단시지   내태공병법   량 이

之하여 晝夜習讀하여 旣佐上定天下하고 封於留하
지   주야습독   기 좌상정천하   봉어유

니 後에 經穀城이라가 果得黃石焉하여 奉祠之하다.
후   경곡성   과 득황석언   봉사지

[본문풀이]

유후 장량이 젊었을 때 하비의 다리 위에서 노인 하나를 만났
는데, 그가 신발을 하비에 있는 흙다리 아래 떨어뜨리며 장량에
게 일러 말하기를, '어린놈아, 내려가 신발을 가져오너라.' 했다.
장량은 그를 때려주고 싶었으나 그 노인이 가엾어서 이에 내려가
서 신발을 가져왔다. 노인은 발로써 그것을 받으면서 하는 말이
'어린놈이 가르칠 만하다. 닷새 뒤에 나와 더불어 여기서 만나기
를 약속하자.' 했다. 장량이 기약대로 가니, 노인은 이미 먼저 와
있으면서 노하여 말하기를, '어른과 더불어 기약하고 뒤에 함은
무엇이냐.' 하면서 다시 닷새를 기약하였다. 가서 그곳에 이르니
노인은 또 먼저 와있으면서 노하여 다시 닷새를 기약하였다.

장량이 밤중에 가니 노인이 이르러 이에 기뻐하면서 한 권의
책을 주면서 '이것을 읽으면 가히 제자(帝者)의 스승이 될 것이
다. 다른 날 제북(濟北) 곡성산(穀城山) 밑의 황석(黃石)을 볼 것이
니, 그가 곧 나다.' 했다. 아침에 이것을 보니, 곧 태공병법(太公兵
法)이었다. 장량이 이것을 기이하게 여기고 주야로 익히고 읽어
이미 상(上)을 도와 천하를 평정하고 유(留)에 봉하니, 뒷날 곡성을
지나다가 과연 황석을 얻으니 받들어 이것에 제사하였다.

[덧붙임]

장량의 이야기다. 장량이 소시에 비하의 다리에서 어떤 노인을 만났다. 그 노인은 비하의 다리 위에서 신발을 떨어뜨려 놓고는 장량에게 '유자야, 저 신발을 주워오라.'고 했다. 여기서 유자는 젊은 사람을 비하해서 하는 말이다. 〈애야, 저기 저 신발을 주워다오.〉 하는 뜻이다. 장량은 신발을 주워서 갖다 드렸다. 좀 가다가 다시 일부러 신발을 떨어뜨리고는 '애야, 저 신발 좀 주워다오.' 한다. 이번에도 주워 갖다 드렸다. 그리고는 그 노인은 받으면서 '유자(孺子)로다.' 하고, 5일 후에 여기서 만나자고 했다. 장량은 5일 후에 그 자리에 나가니 벌써 그 노인이 와 있었다. 노인이 하는 말이 '어른과의 약속인데 왜 늦느냐?' 하고는 5일 후로 약속을 다시 했다. 그 다음에는 한밤중에 나가 기다리니 그 노인이 와서는 기뻐하면서 한 권의 책을 주었다. 그리고는 '이 책을 읽으면 가히 제왕의 스승이 될 만할 것이다.' 했다. 그 노인이 자

장량(張良)
『만소당죽장서전(晚笑堂竹莊書傳)』,
위키피디아 출처

기는 곡성산(穀城山) 밑의 황석(黃石)이라고 했다. 아침에 그 책을 보니 태공병법이었다. 장량은 이 병법을 열심히 읽어서 병법에 능통하게 되어 유방을 도와 유후(留侯)가 되었다.

[어려운 한자]

[邳] : 클(비). [圯] : 흙다리(이). [毆] : 때릴(구). [憫] : 가엾을(민).

[참고사항]

[留侯(유후)] : 유는 강소성 북부 일대의 지역으로 장량에게 봉해진 땅. 그래서 장량을 유후라고 했다. [下邳(하비)] : 하비현. 강소성 북부에 있는 고을 이름. [圯(이)] : 흙다리. 흙으로 만든 다리. [孺子(유자)] : 나이가 적은 어린아이. [一編書(일편서)] : 한 권으로 엮은 책. 대쪽으로 엮어서 쓴 책. [濟北(제북)] : 산동성에 있는 고을 이름. [太公兵法(태공병법)] : 강태공이 지었다는 6권의 60편의 병서. 육도(六韜)를 이름.

○高祖六年에 人이 有, 上書하여 告, 楚王韓信反하
　　고조육년　　인　　유상서　　　　고초왕한신반

니 諸將曰, 「發兵하여 坑, 孺子耳라.」 하니 上이 問,
　제장왈　발병　　갱유자이　　　　상　문

陳平하니 平, 危之하여 曰, 「古有, 巡狩會諸侯어니
진평　　평위지하여　왈　고유순수회제후

陛下, 第出僞遊, 雲夢하고 會, 諸侯於, 陳하고 因, 禽
폐하　제출위유　운몽　　회제후어진　　인금

之하면 一力士之, 事耳라.」 하니 上이 從之하여 告,
지　일역사지사이　　　　상　종지　고

諸侯,會陳하며「吾將遊,雲夢하리라.」하고 至陳하
제후 회진　　　　오장유 운몽　　　　　　지진

니 信이 上謁하다. 命,武士하여 縛信하고 載,後車하
신　상알　　　명무사　　　박신　　　재후거

니 信曰,「果若人言이로다.〈狡兎死면 走狗烹하고
신왈　과약인언　　　　　　교토사　　주구팽

飛鳥盡이면 良弓藏하고 敵國破면 謀臣亡〉이러니
비조진　　양궁장　　　적국파　　모신망

天下已定에 臣固當烹이라.」하다. 遂,械繫以歸하여
천하이정　신고당팽　　　　　　수계계이귀

赦爲,淮飮侯하다.
사위 회음후

[본문풀이]

　고조 6년에, 사람이 글을 올려 초왕 한신이 반한다고 고함이 있으니, 모든 장수가 '병력을 발하여 어린놈을 잡아 묻을 뿐입니다' 하였으나 상(上)이 진평에게 물으니, 평이 이것은 위험하다며 말하기를, '옛날에도 나라 안을 순행하여 제후를 모은 일이 있었으니, 폐하께서는 나가시어 거짓 운몽(雲夢)에 노시고 제후를 진(陳)에 모으시고, 인하여 사로잡으면 한 역사(力士)의 일일 뿐입니다.' 하니, 상이 이를 좇아 제후에게 고하여 모이게 하며 '내가 장차 운몽에 놀리라.' 하고 진에 이르니, 한신이 받들어 배알하였다. 무사에게 명하여 신을 결박하게 하고 뒤 수레에 실으니, 한신이 말하기를, '과연 사람의 말과 같구나.〈교활한 토끼가 죽으면 사냥개가 삶아지고, 나는 새가 다하면 좋은 활이 갈무리되고, 적국이 깨지면 모사하는 신하가 죽는다.〉하더니, 천하가 이미 평

정되었으니 신하가 진실로 마땅히 삶아지는구나.' 하였다. 드디
어 형틀에 매여 써 돌아와 용서하여 회음후(淮陰侯)를 삼았다.

[덧붙임]

한신이 배반했다는 보고가 들어왔다. 임금이 한신을 잡아오라 했다.
나라 안의 제후들이 모두 운몽(雲夢)에서 논다는 소문을 내고 모였을 때
무사들을 발하여 한신을 잡아 묶어서 왔다. 한신이 하는 말이 '재빠른
토끼를 다 잡으면 사냥개를 삶아 죽이고, 새를 다 잡으면 활을 갈무리
한다. 적군이 깨지면 모사가 죽는다.' 하더니, 천하가 이미 정해지니
나를 이제 삶아 죽이는구나 했다. 그러나 임금은 한신을 풀어주고 돌려
보냈다. 그리고 회음후(淮陰侯)를 삼았다. 여기서 〈烹 당한다.〉는 말이
생겨났다. 이것은 사용 목적이 끝나면 버린다는 뜻이다.

[어려운 한자]

[坑] : 구덩이(갱), 묻다. 즉, 죽이다.   [狩] : 사냥(수), 순수(巡狩)할(수).   [縛] :
묶을(박).   [狡] : 교활할(교).   [烹] : 삶을(팽).

[참고사항]

[孺子(유자)] : 나이 어린 사내아이라는 뜻. 여기서는 한신을 욕하여 이
르는 말. [雲夢(운몽)] : 호북성 중부 양자강 북쪽 기슭에 있는 호수 이
름. [陳(진)] : 진현. 하남성 동부 지역의 지명. [上謁(상알)] : 받들어 뵙
다. [狡兎(교토)] : 잔꾀가 많은 교활한 토끼. [走狗(주구)] : 사냥개를 뜻
함.

○上이 嘗,從容問,韓信하되 諸將이 能將兵,多少
하니 上曰,「如我能將幾何오?」信曰,「陛下,不過
將,十萬이라.」하니 上曰,「於君,何如오?」하다. 信
曰,「臣은 多多益辨이라.」하니 上笑曰,「多多益辨
이면 何以爲,我禽이리오?」하다. 曰,「陛下는 不能
將兵이나 而,善將將이라.」하다.「此는 信이 所以爲,
陛下,禽이니다.」且,陛下는 所謂,天授요 非,人力也
라 하다.

[본문풀이]

임금이 일찍이 조용하게 한신에
게 묻되, 모든 장수가 능히 병력을
거느릴 수 있는 많고 적음에 관해
서 물으니, 상이 말하기를, '나와
같은 이는 능히 얼마를 거느릴 것
인가?' 했다. 한신이 말하기를,
'폐하께서는 10만을 거느림에 지
나지 않습니다.' 하니, 상이 말하
기를, '그대에 있어서는 얼마인
가?' 하였다. 한신이 말하기를,

한신(韓信)

'신은 많으면 많을수록 좋습니다.' 하니, 상이 웃으시며 말하기를, '많으면 많을수록 좋다면 어째서 나의 부림을 당하게 되었는가?' 하였다. (한신이) 말하기를, '폐하께서는 병졸의 장수가 될 수는 없으나 선장(善將)의 장수를 잘 거느리십니다.' 했다. '이것은 신이 폐하의 아랫사람[禽]이 된 까닭입니다.' 하였다. 또 폐하는 이른바 하늘이 준 것으로서 사람의 힘이 아니기 때문입니다라고 했다.

[덧붙임]

임금이 한신에게 물었다. 장수들이 최대의 군사를 거느릴 수 있는 숫자가 얼마나 되느냐? 하고 물으니, 한신은 다다익선(多多益善)이라고 했다. 임금이 다시 물었다. '나는 몇 사람이나 거느릴 수 있느냐?' 했다. 한신은 왕에게 '폐하는 장수를 거느릴 따름입니다.' 했다. 그것은 하늘이 준 힘이기 때문이라고 말했다.

[어려운 한자]

[辨] : 분별할(변). [禽] : 새(금), 사로잡다(금).

[참고사항]

[辨(변)] : 좋다. 부리다. 편하다 등으로 풀이하여 군대가 많으면 많을수록 한신에게는 부릴 수 있고 편리하게 활용할 수 있다는 뜻으로, '좋다' 고 풀이한다. 다다익선(多多益善)과 같은 뜻으로 쓰임. [禽(금)] : 사로잡다(금)자로 擒자와 같은 뜻. 사로잡힘을 당하는 사람이니까 아랫사람을 말한다.

○天漢元年에 遣,中郞將,蘇武하여 使,匈奴하니
천한원년　견중랑장소무　　사흉노

單于는 欲降之하여 幽武置,大窖中하고 絶不飮食
선우　욕항지　　유무치대교중　　절불음식

하다. 武는 齧雪與,旃毛,幷咽之하여 數日不死하다.
무　설설여전모병인지　수일불사

匈奴는 以,爲神이라 하고 徙武北海하여 上,無人處
흉노　이위신　　사무북해　상무인처

하고 使,牧羝曰,「羝乳면 乃得歸라.」하다. 二年에
사목저왈　저유　내득귀　　이년

遣,李廣利하여 擊匈奴하니 別將,李陵이 敗,降虜하
견이광리　격흉노　별장이릉　패항로

다. 始元六年에 蘇武는 還自匈奴하니 武,始徙北海
시원육년　소무　환자흉노　무시사북해

上하여 堀野鼠去하여 草實而,食之하여 臥起持,漢
상　굴야서거　초실이식지　와기지한

節하다. 李陵謂,武曰,「人生은 如,朝露이니 何自
절　이릉위무왈　인생　여조로　하자

苦,如此요.」하며 勸,武降이나 終不肯하다. 漢使者,
고여차　권무항　종불긍　한사자

至,匈奴하니 匈奴詭言하여 武已死라 하거늘 漢使,
지흉노　흉노궤언　무이사　한사

知之言하고「天子射,上林하여 中得,雁하니 足有,帛
지지언　　　천자사 상림　　중득안　　족유백

書云하되〈武在,大澤中이라.〉」하다. 匈奴,不能隱하
서운　　　무재대택중　　　　　흉노불능은

고 乃遣,武還하다. 武留,匈奴十九年에 始以强壯出
내견무환　　　무류흉노십구년　　시이강장출

하여 及還에 須髮이 盡白이라. 拜爲,典屬國하다.
급환　　수발　　진백　　　　배위 전속국

[본문풀이]

천한 원년에, 중랑장 소무를 파견하여 흉노에게 사신으로 보내니 선우는 그를 항복시키고자 하여 무를 가두어 큰 움집 속에 두어 음식을 끊고 주지 않았다. 소무는 눈과 전모(旃毛)를 씹어 함께 삼키므로 며칠을 죽지 않았다. 흉노가 써 귀신이라 하고, 그를 북해가의 사람이 없는 곳으로 옮기고 숫양을 치게 하여 말하기를, '숫양이 젖이 나오면 이에 돌아갈 수 있다.' 했다. 2년에 이광리를 보내서 흉노를 치게 하였으니, 별장인 이릉이 패하여 항복하고 포로기 되었다.

시원 6년에, 소무는 흉노로부터 돌아오니 무가 처음 북해가로 옮겨져서 들쥐의 굴을 파서 풀 열매를 감추어 이것을 먹으면서 누우나 서나 한절(漢節)을 지켰다. 이릉이 무에게 일러 말하기를, '인생은 초로와 같다는데, 어찌 스스로 괴롭게 지냄이 이와 같은가' 하며, 무에게 항복할 것을 권했으나 마침내 듣지 않았다.

한나라 사자가 흉노에 이르니, 흉노가 거짓으로 무는 이미 죽었다고 말하거든 한나라의 사자가 이것을 알고 말하기를, '천자가 상림 속에서 활을 쏘아 기러기를 얻었으니, 발에 비단에 쓴 글이 있어 말하기를, 〈무는 큰 연못가에 있다.〉고 했다.' 흉노가 숨길 수 없어 이에 무를 돌려보냈다. 소무가 흉노에 머무르기 19년, 처음 굳세고 씩씩하게 써 나아가서 돌아왔을 때에는 수염과 머리가 다 하얗게 되었다. 전속국의 관리로 배임했다.

[어려운 한자]

[單]: 홑(단). 오랑캐(선). [窖]: 움집(교). [齧]: 깨물다(설). [旃]: 기대(전). [羝]: 숫양(저). [去]: 감추다(거). [肯]: 옳게 여길(긍), 즐길(긍). [詭]: 속일(궤). [匈]: 오랑캐(흉), 흉노(흉). [須]: 수염(수). 鬚와 같음.

[참고사항]

[天漢(천한)]: 전한 황제인 무제의 연호. [中郎將(중랑장)]: 전한 무제 때에 궁중의 경위를 맡아보던 관직의 이름. [單于(선우)]: 한나라 때 중국 북방에서 크게 기세를 떨쳤던 흉노족이 자기의 추장을 높여 부르는 칭호. '넓고 크다'는 뜻. [北海(북해)]: 여기서는 바다를 이르는 말이 아니고 시베리아 남부에 있는 바이칼호를 이르는 말. [始元(시원)]: 무제의 아들. 한나라의 제6대 황제인 소제(昭帝)의 연호. [去(거)]: '감추다'의 뜻. [漢節(한절)]: 대신이나 대장이라는 것을 증명하는 증표. 황제가 사신에게 신표(信標)로 주던 부절(符節). [上林(상림)]: 상림원(上林苑). 장안에 있던 교외의 광대한 천자의 동산. [典屬國(전속국)]: 투항해 온 이민족에 관한 일을 담당하던 관청의 장관.

○宣帝者는 武帝之曾孫也라. 帝興於,閭閻하여
선제자 무제지증손야 제흥어 여염

知,民事之艱難하고 勵精爲治하다. 拜,刺史,守相은
지 민사지간난 여정위치 배 자사 수상

輒,親見問하고 常曰,「民所以安이 其田里하고 而
첩 친견문 상왈 민소이안 기전리 이

無歎息,愁恨之聲者는 政平訟理也라. 與我,共此
무 탄식 수한지성자 정평송리야 여아 공차

者는 其惟,良二千石乎아 以爲太守는 吏民之本이
자 기유 양이천석호 이위태수 이민지본

니 數變易이면 則,民不安이라.」하다. 故로 二千石
삭 변역 즉 민불안 고 이천석

이 有,治理之效면 輒以璽書로 勉勵하고 增秩賜金
유 치리지효 첩이새서 면려 증질사금

으로 漢世良吏가 於是에 爲盛이라. 信賞必伐하여
한세양이 어시 위성 신상필벌

綜核名實政事,文學,法理之士가 咸精其能이니라.
종핵명실정사문학 법리지사 함정기능

[본문풀이]

선제는 부제의 증손이다. 제는 여염에서 일어나 백성 일의 어
려움을 알고 정성껏 힘써 정치를 하였다. 자사(刺史)나 수령, 국상
을 임명할 때는 곧 친히 보고 물었고, 늘 말하기를, '백성이 그 전
리(田里)에서 편안하고 탄식과 근심의 소리가 없는 까닭은 정치가
공평하고 송사가 공정하게 다스려져서이다. 나와 더불어 이것을
함께할 자는 그 오직 '양(良) 2천석'이겠는가. 그래서 하기에, 태
수는 벼슬아치로 백성의 근본이니 자주 바뀌면 곧 백성이 불안하
다.' 하였다.

그래서 2천석이 다스림에 효과가 있으면 문득 새서(璽書)로써 면려(勉勵)하고 질(秩)을 더하고 금을 주었으므로, 한(漢)나라 세상의 좋은 관리가 이에 성하게 되었다. 상을 줄 자에게는 상을 주고, 벌을 줄 자에게는 벌을 주어서 속속들이 밝혀 정사, 문학, 법리를 담당하는 사람이 다 그 능력을 자세하게 하였다.

[어려운 한자]

[閭] : 이문(여). [閻] : 이문(염). [輒] : 문득(첩). [璽] : 옥새(새). [勵] : 힘쓸(려). [良] : 양이(良吏)를 말함. 粮과 같음.

[참고사항]

[閭閻(여염)] : 마을이란 뜻으로 쓰임. '이문(里門)', 또 '민간(民間)'의 뜻으로 쓰였음. [拜(배)] : 임명. [刺史(자사)] : 한(漢)나라 때 행정구역의 우두머리. 군수(郡守)나 제후국(諸侯國), 국상(國相)의 행정을 감찰하는 관직. [守(수)] : 군수, 혹은 지방 장관. 1년간의 봉록이 2천석. [相(상)] : 한나라 때 변방에는 제후를 봉하여 다스리게 했는데, 그 제후국의 행정을 관장하던 관직. 군수와 동격. 봉급은 2천석. [田里(전리)] : 고향. [訟理(송리)] : 송은 소송. 송사로, 지금의 재판과 같은 말. [二千石(이천석)] : 곡물을 봉록으로 주는 벼슬아치의 1년간의 봉급. 2천석의 봉급을 받은 관직, 지방관인 군수(郡守)와 국상(國相)을 가리키는 말. [璽(새)] : 제왕의 옥새. 조칙(詔勅), 조서(詔書)의 뜻. [文學(문학)] : 학문(學問)과 같은 뜻임. [法理(법리)] : 법률(法律).

○建武 初에 隗囂가 據,天水하여 自稱,西州上將
軍이라 하거늘 嘗遣馬援을 往,成都하여 觀,公孫述
하다. 援은 與述로 舊라 謂當握手하고 歡如平生이
라. 時에 述은 已稱帝四年矣이라. 援,旣至하니 盛,
陳陛圍하고 以,迎援이라. 援이 謂其屬曰,「天下雌
雄이 未定인데 公孫은 不,吐哺하고 迎,國士하니 反
修飾,邊幅이 如偶人形이라. 此,何足久稽,天下士
乎리오.」하다. 因辭,歸謂囂曰,「述은 井底蛙耳니
而妄,自尊大라.」하다.

[본문풀이]

　건무 초에, 외효(隗囂)가 천수(天水)에 웅거하여 스스로 서주 상장군이라 일컫기에, 일찍이 마원(馬援)을 파견하여 성도에 보내서 공손술(公孫述)을 살펴보게 하였다. 마원은 공손술과 더불어 친구였으므로 마땅히 손을 잡고 기뻐하기를 평상시와 같이할 것이라고 했다. 그때 술(述)은 이미 황제라 칭하기 4년이나 되었다.

마원이 이미 이르니, 성(盛)하게 계단 앞에 위병 군대를 벌려 세우고 써 마원을 맞이했다. 원이 그 속관에게 일러 말하기를, '천하의 자웅(雌雄)이 아직 정해지지 않았는데, 공손은 머금은 것을 토하지 않고 나라의 사(士)를 맞아한다 하니, 도리어 변폭(邊幅 : 변과 폭)을 꾸미는 것이 인형과 같았다. 이것이 어찌 오래도록 천하의 선비를 머무르도록 하기에 족할 것인가.' 하였다. 인하여 물러나 효(囂)에게 일러 말하기를, '술(述)은 우물 안의 개구리일 뿐이니 그렇게 망령되게 스스로를 높인다.' 라고 했다.

[어려운 한자]

[隗] : 험할(외). [囂] : 드날릴(효). [握] : 잡을(악). [雌] : 암(자). [吐] : 뱉을(토). [哺] : 먹을(포). [幅] : 폭(폭).

[참고사항]

[建武(건무)] : 후한 제 1대 황제인 광무제의 연호. 원년은 서기 25년. [天水(천수)] : 천수군으로 감숙성 남부의 고을 이름. [陛衛(폐위)] : 대궐 계단 앞에 선 의장(儀仗隊). [吐哺(토포)] : 입에 들어있는 음식물을 뱉어내다. 주공(周公)이 현자를 맞이할 때 입에 든 음식물을 삼킬 겨를이 없어 뱉어낸다는 고사를 인용한 말. [邊幅(변폭)] : 옷감의 가장자리. 곧 '겉치레' 의 뜻. [久稽(구계)] : 오래 머무르다.

후한 광무제(後漢 光武帝)
염립본의 제왕역대도권에 수록

○十二年에 公孫述이 亡하니 述은 茂陵人이라. 自,
更始時로 據蜀, 稱帝하고 國號를 成이라 하다. 上이
旣平, 隴右하고 曰,「人苦, 不自足하니 旣得, 隴하고
復望, 蜀이라.」하고 遣, 大司馬, 吳漢等하여 將兵하
고 會, 征南大將軍, 岑彭하여 伐蜀하다. 彭의 戰船이
竝進에 所向無前이라. 述이 使, 盜刺로 殺彭하니 吳
漢이 繼進하여 至, 成都하여 擊殺, 述하니 蜀地悉平
이라. 漢은 在軍, 或戰不利라도 意氣自若하니 上이
歎曰,「吳公은 差强人意하여 隱若, 一敵國矣라.」
하다.

[본문풀이]

12년에 공손술이 죽으니, 술은 무릉(茂陵) 사람이었다. 경시(更始) 때부터 촉에 웅거하여 황제라고 자칭하고, 국호를 성(成)이라 했다. 상(上)이 이미 농우(隴右)를 평정하고 말하기를, '사람은 스스로 족하지 않음에 괴롭게 여기니 이미 농(隴)을 얻고 다시 촉(蜀)을 바라본다.' 하고는, 대사마인 오한(吳漢) 등을 보내어 군사를 이끌고 정남대장군(征南大將軍) 잠팽(岑彭)과 만나 촉을 치게 하였다.

팽(彭)의 전선(戰船)이 진격함에 앞에 막히는 바가 없었다. 술
(述)이 은밀하게 자객으로 하여금 팽을 찔러 죽이니, 오한이 이어
서 진격하여 성도에 이르러 술(述)을 쳐서 죽이니 촉의 땅이 다 평
정되었다. 한나라는 군진에 있어 혹 싸움에 이롭지 않아도 의기
가 자약(自若)하니 임금이 탄식하여 말하기를, '오공은 약간 사람
의 뜻을 강하게 하기에 은근히 적국과 같은 생각이라.' 고 했다.

[어려운 한자]

[隴] : 땅이름(농). [彭] : 성, 이름(팽). [差] : 약간(차).

[참고사항]

[茂陵(무릉)] : 무릉현(茂陵縣). 섬서성(陝西省) 중부의 고을 이름. [更始
(경시)] : 왕망이 죽고 광무제가 후한을 세우기 전인 중간 시기에 황제
가 되었던 유현(劉玄)의 연호. [蜀(촉)] : 사천성(四川省) 일대의 지역.
[隴右(농우)] : 감숙성 천수군 일대로 외효(隗囂)가 웅거하다가 아들 순
(純)이 거느리던 영토. [大司馬(대사마)] : 군사의 일을 맡아보던 장관.
국방장관. [征南大將軍(정남대장군)] : 남방군(南方軍)의 총 사령관. [戰
船(전선)] : 전쟁에 쓰이는 군함. 양자강을 이용하여 촉으로 거슬러 올
라가면서 싸우는 전함(戰艦). [差(차)] : '약간'이란 뜻. 자못 등의 뜻으
로 쓰임.

○上이 於,臟罪에는 無所貸하니 大司徒,歐陽歙이
　상　　어　장죄　　　무소대　　　　대사도　구양흡

嘗,犯臟이라. 歆에 所授,尙書弟子,千餘人이 守闕
求哀하되 竟不免死於獄하다. 所用群臣은 如,宋弘
等으로 皆,重厚正直이라. 上의 姊,湖陽公主는 嘗,
寡居하여 意在,弘이라. 弘이 入見하니 主坐屛後라.
上曰,「諺言에〈貴易交하고 富易妻라.〉하니 人情
乎아?」弘曰,「貧賤之交,不可忘하고 糟糠之妻는
不下,堂이라.」하니 上이 顧主曰,「事不諧矣라.」하
다. 主有蒼頭하여 殺人匿主家하니 吏不能得이라.
洛陽令,董宣이 候主出行,奴驂乘하니 叱,下車,擊
殺之하다. 主入訴하니 上이 大怒하여 召宣欲,捶殺
之하니 宣曰,「縱奴殺人하면 何以治,天下리요? 臣
은 不須,捶하고 請,自殺하리다.」하고 卽以,頭叩楹
하여 流血被面이라. 上이 令,小黃門으로 持之하고
使,叩頭謝主하니 宣이 兩手據地하고 終不肯하다.
上勅하여「强項令出하라.」하고 賜錢,三十萬하다.
當時,州牧과 郡守縣令은 皆,良吏니라.

[본문풀이]

임금이 뇌물을 받은 죄에 대하여는 느슨하게 대하는 바가 없었는데, 대사도(大司徒) 구양흡(歐陽歙)이 일찍 수뢰죄를 범하였다. 흡에게서 상서(尚書)를 배운 바 제자 천여 명이 대궐을 지키고 가엾이 여길 것을 요구하였으되 마침내 옥에서 죽음을 면하지 못하였다.

임용하는 바 많은 신하들은 송홍(宋弘) 등과 같이 모두 중후하고 정직했다. 임금의 누나인 호양공주(湖陽公主)는 일찍 과부로 살고 있으면서 뜻이 송홍에게 있었다. 홍이 들어와 보니, 공주가 병풍 뒤에 앉아 있었다. 임금이 말하기를, '속된 말에 〈귀하게 되면 친구를 바꾸고, 부자가 되면 아내를 바꾼다.〉 했으니, 그것이 인정(人情)이 아닌가?' 하였다. 홍이 말하기를, '가난하고 천할 때의 사귐은 잊어서는 안 되고, 조강지처(糟糠之妻)는 집에서 내보낼 수 없습니다.' 라고 했다. 임금이 공주를 돌아보며 '일이 잘 안된다.' 라고 하였다.

공주에게 종이 있었는데 사람을 죽이고 공주의 집에 숨어 있었으므로 관리가 잡을 수가 없었다. 낙양의 현령 동선(董宣)이 공주가 외출할 때 종이 모시고 타는 것을 몰래 보고는 꾸짖어 수레에서 내리게 하여 쳐서 죽였다. 공주가 대궐로 들어가 호소하니, 임금이 크게 노하여 선을 불러 그를 매질하여 죽이고자 하니, 선이 말하기를, '종이 사람을 죽인 것을 용서하면 어찌 써 나라를 다스릴 것입니까? 신은 매질을 기다리지 않고 청컨대 자살하겠습니다.' 하고는, 곧 머리로써 기둥을 두드려 흐르는 피가 얼굴을 덮었다. 임금이 소황문(환관)으로 하여금 그것을 잡고 머리를 두드려 공주에게 사과하게 하였는데, 선이 두 손으로 땅에 웅거하고 마침내 그렇게 하지 않았다. 임금이 명령하여 '굳센 목의 현령은 나가라.' 하고, 돈 30만을 내렸다. 당시의 고을 목민관과 현령은 다 좋은 관리였다.

[어려운 한자]

[臟] : 오장(장). [歙] : 줄일(흡), 움츠리다(흡). [糟] : 술지게미(조). [糠] : 겨 (강). [候] : 살피다(후). [驂] : 곁마(참). [捶] : 종아리 칠(추). [楹] : 기둥(영). [叩] : 두드릴(고).

[참고사항]

[臟罪(장죄)] : 관리가 뇌물을 받는 죄로, 현재의 수뢰죄에 해당함. [大司徒(대사도)] : 호구, 전토, 재화, 교육을 담당하던 장관. 대사마(大司馬), 대사공(大司公)과 아울러 삼공(三公)이라 일컬음. [尙書(상서)] : 서경을 말함. [公主(공주)] : 한대(漢代) 이후 황제의 딸을 일컫는 말. 여기서 공주는 광무제의 누나임. [糟糠之妻(조강지처)] : 조(糟)는 술지게미, 강(糠)은 겨로 가난했을 때 술지게미와 겨를 먹으면서 남편과 함께 고생한 아내. [不下堂(불하당)] : 집에서 내보내지 않는 것. [蒼頭(창두)] : 노예. 종. [令(령)] : 지방행정구역인 현의 장관. 곧 현령. [驂乘(참승)] : 모시고 타다. 마차를 탈 때 마부는 중앙에, 주인은 마부의 왼쪽에 모시고, 타는 사람은 마부의 오른쪽에 탔다. [小黃門(소황문)] : 환관. 내시. [牧(목)] : 지방행정구역인 주(州)의 장관. [守(수)] : 지방행정구역인 군(郡)의 장관. 군(郡)은 주(州)의 아래. 현(縣)의 위. 목(牧)은 주(州)와 현(縣)의 중간임.

❼ 동한(東漢)의 명장(名將)과 명신(名臣)

○永平十七年에 復置,西域都護와 戊,己,校尉하
영평십칠년 부치서역도호 무기교위

다. 初에 耿秉이 請伐匈奴하여 謂하되「宜如,武帝
초 경병 청벌흉노 위 의여무제

通,西域하여 斷,匈奴,右臂하리라.」上이 從之하여 以
통서역 단흉노우비 상 종지 이

秉與,竇固로 爲,都尉하여 屯,凉州하다. 固는 使,假
병여두고 위도위 둔양주 고 사가

司馬,班超로 使,西域하다. 超至鄯善하니 其王이
사마반초 사서역 초지선선 기왕

禮之甚備하니 凶奴使來하여 頓疎懈라. 超가 會吏
예지심비 흉노사래 돈소해 초 회이

士三十六人曰,「不入虎穴이면 不得虎子라.」하고
사삼십육인왈 불입호혈 부득호자

奔,虜營하여 斬,其使及,從士,三十餘級하니 鄯善,
분 노영 참 기사급 종사 삼십여급 선선

一國震怖하다. 超가 告以威德하여 使勿,復與虜通
일국진포 초 고이위덕 사물 부여노통

하다. 超가 復使于實하니 其王이 亦斬,虜使以降이
초 부사우치 기왕 역참 노사이항

라. 於是에 諸國이 皆,遣子入侍하고 西域復通하니
어시 제국 개 견자입시 서역부통

라. 至是에 竇固, 等이 擊, 車師而還하니 以, 陳睦으
　　　지시　　두고등　　　격차사이환　　　　이진목
로 爲, 都護하고 及以耿恭으로 爲戊, 校尉하고 關寵
　　위도호　　　급이경공　　　위무교위　　　관총
으로 爲己, 校尉하여 分屯, 西域하다.
　　위기교위　　　분둔서역

[본문풀이]

　영평 17년에, 다시 서역도호와 무(戊)와 기(己)에 교위를 설치
했다. 처음에 경병(耿秉)이 흉노를 정벌할 것을 청하면서 이르기
를, '마땅히 무제의 서역을 통하여 흉노의 오른팔을 끊음과 같이
할 것입니다.' 하였다. 임금이 이를 따라 병과 두고로써 도위를
삼아 양주에 주둔하게 하였다. 두고는 가사마인 반초로 하여금
서역에 사신으로 보냈다.

　초가 선선(鄯善)에 이르니 그 왕이 예를 심히 갖추었는데, 흉노
의 사자가 오니 갑자기 대우가 성기고 게을러졌다. 초가 관리 36
명을 모아 '범의 굴에 들어가지 않으면 범의 새끼를 얻을 수 없
다.' 하고는, 노(虜)의 진영으로 달려가 그 사자 및 종자 30여 명
을 베니, 선선의 한 나라가 공포에 떨었다. 초가 위세와 덕으로써
말하여 다시 흉노와 더불어 통하지 못하게 하였다. 초가 다시 위
세와 덕으로써 말하려 다시 흉노와 더불어 통하지 못하게 하였
다. 초가 다시 우치에 사신으로 가니, 그 왕이 흉노의 사자를 베
어 써 항복하였다. 이에 모든 나라가 다 아들을 보내 입시(入侍)하
게 하고 서역이 다시 통하였다.

　이에 이르러 두고 등이 차사를 치고 돌아오니, 진목으로써 도

호를 삼고, 그리고 경공으로써 무의 교위를 삼고, 관감으로 기의
교위를 삼아 나누어 서역에 주둔하게 하였다.

[어려운 한자]

[耿] : 빛날(경). [臂] : 팔(비). [竇] : 구멍(두). [懈] : 게으를(해). [震] : 떨칠
(진), 떨과(진). [怖] : 두려워할(포). [寘] : 둘(치). [龕] : 감실(감).

[참고사항]

[永平(영평)] : 한의 무제의 아들이요, 후한 제2대 황제인 명제(明帝)의
연호. [西域(서역)] : 중국 서쪽에 있는 여러 나라를 통틀어 일컫는 역
사적인 용어. 넓게는 중앙아시아, 서부아시아, 인도를 포함하고 좁게
는 지금의 신강상의 천산남로를 이른다. [都護(도호)] : 중국 한당 때
변방의 여러 미개 민족과 통교도 하고 정벌하던 일도 맡아보던 지방
장관. [校尉(교위)] : 도호(都護)의 지배를 받아가며 도호와 같은 임무
를 띤 장관. [匈奴(흉노)] : 상고시대 중국 북방에서 세력을 떨치던 미
개한 유목민족. 특히 한나라 때 전성기를 이룸. [武帝(무제)] : 전한의
제7대 황제. [楊州(양주)] : 중국 서부 도시로 감숙성에 있다. [鄯善(선
선)] : 지금의 신강성 동부에 위치했던 서역의 한 나라. [虜(노)] : 흉노
를 달리 일컫던 말.

○和帝가 徵,班超하여 還,京師卒하다. 超는 起自,
　　화제　　징반초　　　환 경사졸　　　　초　기자

書生하여 投筆하고 有,封侯,萬里外之志하니 有,相
　서생　　　투필　　유 봉후 만리 외지지　　　유 상

者하여 謂曰,「生은 燕頷虎頭로 飛而食肉하고 萬
里侯相也라.」하다. 自,假司馬로 入,西域하여 章帝,
時에는 爲,西域將兵,長史하고 至,和帝時에 超는
爲,西域都護,騎都尉하여 平定諸國하다. 在,西域,
三十年에 以功으로 封定遠侯하고 至是에 以,年老
乞歸하여「願生入,玉門關하리다.」하니 上이 許之하
다. 任尙이 代爲都護하여 請敎하니 超曰,「君性嚴
急이라. 水淸無大魚라 하니 宜,蕩佚簡易라.」하다.
尙이 私謂人曰,「我는 以,班君이 當有奇策이라 하
다. 今,所言은 平平耳이라.」하다. 尙은 後에 果失邊
和하여 如,超言이라.

[본문풀이]

　　화제(和帝)가 반초를 불러 경사(京師)에서 편안히 죽게 했다. 초
(超)는 서생(書生)으로부터 일어나 붓을 던지고 만리(萬里) 밖에서
의 제후로 봉해지는 데에 뜻이 있었으니 상자(相者)가 있어 일러
말하기를, '그대는 제비턱에 범의 머리로 날아서 고기를 먹고 만
리 제후의 상(相)이 될 것이다.' 하였다. 가사마로 서역에 들어가

장제(章帝) 때는 서역 장병의 장사(長史)가 되었고, 화제 때에 이르러 초는 서역의 도호와 기도위(騎都尉)가 되어 여러 나라를 평정하였다.

서역에 있기 30년에 공로로써 원후(遠侯)에 봉정해졌고, 이에 이르러 나이 늙음으로써 돌아오기를 빌어 '원컨대, 살아서 옥문관에 들어 가고 싶습니다.' 하였으니, 임금이 이것을 허락하였다. 임상(任尙)이 대신 도호가 되어 가르침을 청하였는데, 초가 말하기를, '그대는 성품이 엄하고 급하다. 물이 맑으면 큰 고기가 없다고 하였으니, 마땅히 편안하고 간단하게 할 것이다.' 하였다. 상이 사사로이 사람에게 일러 말하기를, '나는 반군(班君)이 마땅히 기이한 책략이 있을 것이라 여겼다. 이제 말하는 바는 아주 평평할 뿐이다.' 하였다. 상(尙)은 뒤에 과연 변방의 화합을 잃어 반초의 말과 같았다.

[어려운 한자]

[頷] : 턱(함). [蕩] : 쓸어버릴(탕). [佚] : 편안할(일). 방탕할(질).

[참고사항]

[和帝(화제)] : 후한의 제4대 황제. [京師(경사)] : 서울, 경련(京輦). [章帝(장제)] : 후한의 3대 황제. [都護騎都尉(도호기도위)] : 도호와 기도위는 상하의 관계이다. [玉門關(옥문관)] : 한대(漢代)에 중국과 서역과의 경계지점에 설치한 관문(關門)의 이름. 지금의 감숙성(甘肅省) 돈황현(敦煌縣) 서쪽에 해당한다. [蕩佚簡易(탕일간이)] : 편안하고 간단하게 함.

玉門關 遺址(옥문관 유지)

감숙성 돈황시 서북 90km 위치

○安帝는 淸河王,慶之子요 章帝,孫也라. 未冠에
迎,卽位하니 鄧后仍,臨朝하고 鄧騭이 爲,大將軍하
다. 時에 邊軍多事하여 騭이 欲棄涼州하고 竝力北
方하다. 郞中,虞詡가 以爲不可曰,「關西는 出將하
고 關東은 出相하고 烈士武夫는 多出,涼州라.」하
니 衆,皆從詡議하다. 騭이 惡詡하여 欲陷之하니 會
에 朝歌가 賊攻하여 殺,長吏하니 州郡이 不能,禁이
라. 以詡로 爲,朝歌長하다. 故舊가 慨,弔之하니 詡
曰,「不遇,盤根,錯節하고는 無以別,利器라.」하다.

及_급,到官_{도관}에 募_모,壯士_{장사}하여 攻劫者_{공겁자},爲上_{위상}하고 傷人偸盜_{상인투도} 者_자,次之_{차지}하여 收得_{수득},百餘人_{백여인}하여 使入賊中_{사입적중}하여 誘令_{유령} 劫掠_{겁략}하여 伏兵殺_{복병살},數百人_{수백인}하다. 又潛遣_{우잠견},貧人_{빈인},能縫者_{능봉자} 하여 傭作賊衣_{용작적의}하여 以_이,綵線_{채선},縫其裾_{봉기거}하여 有出市里_{유출시리} 者_자면 輒禽之_{첩금지}하니 賊_적이 駭散_{해산}하고 縣境_{현경}이 皆平_{개평}하다.

[본문풀이]

안제는 청하왕인 경의 아들이요, 장제의 손자이다. 아직 어린 나이에 맞아들여 즉위하니 등후가 인하여 조정에 임하였고, 등즐이 대장군이 되었다. 그때 변방의 군사가 일이 많아져서 즐이 양주(涼州)를 버리고 북방을 힘으로 아우르고자 하였다. 낭중인 우후(虞詡)가 써 옳지 않다고 이르기를, '관서는 장수를 내고, 관동은 재상을 내고, 열사와 무사는 많이 양주에서 나옵니다.' 고 하였으니, 많은 사람들이 다 후(詡)의 의논을 따랐다. 즐이 후를 미워하여 그를 모함하고자 하니, 마침 조가가 고을의 적이 장리를 공격하여 죽이니, 주와 군이 능히 금하지 못하였다. 후(詡)로써 조가(朝歌)의 장을 삼았다. 고구(옛 친구)가 다 조상하니, 후가 말하기를, '반근(盤根)이나 착절(錯節)을 만나지 않고서는 이기(利器)를 구별할 수 없다.' 고 하였다.

관가에 도착함에 이르러 장사를 모아 쳐들어가 겁탈하는 자를 위로 하고, 사람을 상하여 도둑질하는 자, 이것을 다음으로 하여

백 여인을 거두어 얻어 도둑 속으로 들어가게 하여 꾀어내 겁탈
하고 빼앗게 하여 복병 수백 명을 죽였다. 또 몰래 가난한 사람으
로 바느질 잘하는 사람을 보내어 도둑의 옷을 품팔이로 만들어
색실로써 그 옷자락을 꾸미게 하여 시장이나 마을로 나오는 자가
있으면 문득 그를 사로잡았으니, 도둑들은 놀라 흩어지고, 고을
경계 안은 다 평온하였다.

[어려운 한자]

[鄧] : 나라 이름(등). [騭] : 수말(즐). [詡] : 자랑할(후). [錯] : 섞일(착). [偸] :
훔칠(투). [潛] : 잠길(잠). [綵] : 비단(채). [裾] : 옷자락(거). [駭] : 놀랄(해).

[참고사항]

[臨朝(임조)] : 조정에 임하다. 등후가 수렴청정(垂簾聽政)했다는 말. [關
西(관서)] : 함곡관의 서쪽. [關東(관동)] : 함곡관의 동쪽지방. [朝歌(조
가)] : 조가현으로 하남성 북쪽에 있는 고을. [長吏(장리)] : 각 고을의 수
령을 달리 이르는 말. 여기서는 현령.

○太尉인 楊震은 關西人으로 時人이 稱之曰,「關
西夫子는 楊伯起라.」하니 敎授生徒에 堂下得,三
鱣하니 都講이 以爲하되 有,三公之象이라 하여 取
以進曰,「先生이 自此로 升矣리라.」하다. 後에 嘗

爲郡守하니 屬邑令이 有,懷金遺之者曰,「暮夜라
위 군 수　　　속 읍 령　　유 회 금 유 지 자 왈　　　모 야

無知者라.」하니 震曰,「天知地知我知自知하니 何
무 지 자　　　　　진 왈　　천 지 지 지 아 지 자 지　　　　하

爲無知요?」하니 令,慚以退하다. 及爲,三公時에 宦
위 무 지　　　　영 참 이 퇴　　　급 위 삼 공 시　　환

者及,上乳母,王聖이 用事하여 皆有請託하되 震,不
자 급 상 유 모 왕 성　　용 사　　　개 유 청 탁　　　진 부

從하니 共搆陷之니라 飮酖而死하다. 葬之日에 名
종　　　공 구 함 지　　　음 짐 이 사　　　장 지 일　　명

士皆來會하고 有,大鳥하니 高,丈餘라. 至,墓前하여
사 개 래 회　　　유 대 조　　　고 장 여　　　지 묘 전

俯仰流涕而去하다.
부 앙 유 체 이 거

[본문풀이]

　태위(太尉)인 양진은 관서 사람으로, 그때 사람들이 그를 일컬어
'관서 부자는 양백기라.' 하였으니, 생도들을 가르쳐줄 때 마루 아
래에 세 마리 전어를 얻으니, 도강(都講)이 써 하되, 삼공의 상이 있
다고 하여 취하여 나아가 말하기를, '선생이 이로부터 오르시리
라.' 하였다. 뒤에 일찍이 군수가 되었으니, 속읍의 읍령(邑令)이 금
품을 품고 와서 이것을 주는 자 있어 말하기를, '저문 밤이라 아는
자가 없다.' 하니, 양진이 말하기를, '하늘이 알고, 땅이 알고, 내가
알고, 그대가 아는데 어찌 아는 이가 없다 이르느냐?' 하니, 현령이
부끄러워 물러갔다.

　미처 삼공이 되었을 때, 환관과 상의 유모인 왕성이 어떤 일을 하
여 모두 청탁하는 일이 되었으되, 양진이 좇지 아니하니 함께 모함

하는 지라 (양진이) 짐독(鴆毒)을 마시고 죽었다. 장사 지내는 날에 명사들이 다 와서 만나고, 큰 새가 한 마리 있었는데 높이가 한 길이 넘었다. 묘 앞에 이르러 굽어보고 우러르며 눈물을 흘리고 갔다.

[어려운 한자]

[鱣] : 철갑상어(전). [慘] : 참혹할(참). [陷] : 빠질(함). [酖] : 짐새(짐). 鴆과 동자(同字). 독조(毒鳥).

[참고사항]

[太尉(태위)] : 후한과 당송 때 삼공의 하나로 군사관계의 최고 책임자. [關西(관서)] : 중국 함곡관의 서쪽 지방. 섬서성의 동부. [夫子(부자)] : 공자의 존칭. 여기서는 학식을 갖춘 사람으로, 남의 스승이 될 만한 사람. [楊伯起(양백기)] : 백기는 양진(楊震)의 자. [都講(도강)] : 여러 제자 중의 우두머리. 수제자(首弟子). [三公(삼공)] : 중국에서 조정 최고의 지위에 있으면서 천자를 보좌하던 세 사람의 관명. 주대(周代)에는 태사(太師), 태무(太傅), 태보(太保). 진(秦), 전한(前漢) 때는 대사마(大司馬), 대사공(大司空), 대사도(大司徒). 후한 당, 송 때는 태위(太尉), 사공(司空), 사도(司徒). [升(승)] : 승(昇)과 같음. [邑令(읍령)] : 현령과 같음. [用事(용사)] : 용권(用權)과 같음. [構陷(구함)] : 터무니없는 말로 남을 죄에 빠뜨리게 함. [飮酖(음짐)] : 짐독(鴆毒)을 마시다. 짐새라는 새를 가지고 술을 만들면 곡주(毒酒)가 된다. 짐새의 깃이나 새똥 같은 것을 술로 만들면 독주가 되어 사람이 먹으면 즉사한다. [飮酖而死(음짐이사)] : 짐(鴆)과 같은 글자임. 짐독을 먹고 죽다. 양진이 환관 등의 황제 측근들로부터 모함을 받아서 스스로 짐독을 먹고 죽음.

후한 말(後漢末)의 영웅들

○曹操의 父는 崇이니 爲, 宦官曹騰의 養子이니 或
　조조　　부　숭　　　위　환관조등　　양자　　　혹

曰, 夏侯氏子也라 하다. 操는 少에 機警하여 有, 權
　왈　하후씨자야　　　　　조　소　기경　　　유　권

數하고 任俠放蕩하며 不治行業하다. 汝南의 許劭
　수　　　임협방탕　　　불치행업　　　여남　　허소

가 與, 從兄, 靖으로 有, 高名하여 共, 覈論鄕黨人物
　　여　종형　정　　유　고명　　　공　핵론향당인물

하여 每月, 輒更其, 題品이라. 故로 汝南, 俗에 有, 月
　　매월　첩경기　제품　　　고　여남　속　　유　월

旦評하다. 操, 往問劭曰,「我, 何如人이요?」劭, 不
　단평　　　조　왕문소왈　아　하여인　　　소　부

答에 劫之하니 乃曰,「子, 治世之能臣이요 亂世之
　답　겁지　　　내왈　자　치세지능신　　　난세지

姦雄이라.」하니 操, 喜而去하다.
　간웅　　　　　　조　희이거

[본문풀이]

　조조의 아버지는 숭(嵩)이니, 환관 조등(曹騰)의 양자가 되었으니 혹자(或者)는 말하기를, 하우씨(夏候氏)의 아들이라고 했다. 조

(操)는 젊었을 때 기민하고 영리하였으며[警] 권모술수가 있었고 임협(任俠)에서 방탕생활을 하며 행업(行業)을 다스리지 않았다.

여남(汝南)의 허소(許劭)가 종형인 정(靖)과 더불어 높이 이름이 있어서 함께 향당의 인물을 핵론(覈論 : 일의 실상을 조사하여 논박함)하여 매월 문득 그 제품(題品)을 바꾸었다. 그런 까닭으로 여남의 풍속에 월단평(月旦評)이 있었다. 조조가 가서 소에게 물어 말하기를, '나는 어떤 사람인가?' 하였다. 소가 대답하지 않음에 겁을 내니 이에 말하기를 '그대는 치세(治世)에는 능신(能臣)이요, 난세(亂世)에는 간웅(姦雄)이다.' 하였으니, 조조는 기뻐하며 갔다.

조조(曹操)
위키피디아 출처

[騰]: 오를(등). [警]: 영리할(경). [劭]: 힘쓸(소). [靖]: 편안할(정). [覈]: 씨(핵), 핵실하다(핵), 핵론하다(핵).

[참고사항]

[機警(기경)]: 매우 기민하고 영리함. [權數(권수)]: 권모술수. [任俠(임협)]: 여남군(汝南郡). 하남성(河南省) 남부에 있는 고을. [每月輒更其題品(매월첩경기제품)]: 매월 그 제품(題品)을 바꾸다. 곧 날로 달로 인물이 변화하여 진보하는 것임으로, 표준 인물의 인격에 차이를 두어 바꾸어 가면서 지난달에 문약(文弱)에 넣었던 인물을 이달에는 용무(勇武)에 넣는 등과 같이 하는 것으로 보는 설이 있다. [月旦評(월단평)]: 매월 초하루에 인물을 평가한다는 뜻. 허소(許劭)와 허정(許靖)의 두 사람의 인물평을 듣는 즐거움을 삼았다 한다.

○琅琊(낭야)의 諸葛亮(제갈량)은 寓居(우거), 襄陽(양양), 隆中(융중)이러니 每自(매자)比(비), 管仲(관중)과 樂毅(악의)라. 備(비), 訪士於(방사어), 士馬徽(사마휘)하니 徽曰(휘왈), 「識時務者(식시무자)는 在(재), 俊傑(준걸)이니 此間自有(차간자유), 伏龍(복룡), 鳳雛(봉추)하니 諸葛孔明(제갈공명)과 龐士元也(방사원야)라.」하다. 徐庶亦謂備曰(서서역위비왈), 諸葛孔明(제갈공명)은 臥龍也(와룡야)라 하다. 備(비), 三往乃得(삼왕내득), 見亮(견량)하여 問策亮曰(문책량왈), 「曹操(조조)는 擁百萬之衆(옹백만지중)하고 挾(협), 天子(천자)하고

令,諸侯라. 此,誠不可與,爭鋒이라. 孫權은 據有江
영 제후　차 성불가여 쟁봉　　　손권　거유강

東하여 國險而民附라. 可與爲援하되 而,不可圖라.
동　　국험이민부　가여위원　　이 불가도

荊州는 用武之國이요 益州는 險塞로 沃野千里요
형주　용무지국　　익주　험새　옥야천리

天府之土라. 將軍은 帝室之胄요 信義,著於四海로
천부지토　장군　제실지주　신의 저어사해

이다. 若跨有,荊益이면 保其,巖阻하여 天下有變에
약과유 형익　보기 암조　천하유변

荊州之軍은 向,宛洛하고 益州之衆은 出,秦川이면
형주지군　향 완낙　익주지중　출 진천

孰不,簞食壺漿으로 以迎將軍乎리요?」備曰, 善타
숙불 단사호장　이영장군호　비왈 선

하고 與,亮으로 情好日密이라. 曰,「孤之有孔明은
여 량　정호일밀　왈 고지유공명

猶魚之有水也라.」하다.
유어지유수야

[본문풀이]

　낭야(瑯琊)의 제갈량은 양양 융중에 몸을 붙여 살고 있었더니,
매양 스스로 관중(管仲)과 악의(樂毅)에 비교하였다. 유비가 선비
를 사마휘에게 찾으니 휘가 말하기를, '그때의 급무를 아는 자는
준걸(俊傑)에게 있으니, 이 사이 스스로 복룡(伏龍)과 봉추(鳳雛)가
있으니 제갈량과 방사원입니다.' 하였다. 서서가 역시 유비에게
일러 말하기를, 제갈량은 와룡이라 했다. 유비는 세 차례나 가서
이에 제갈량을 만나서 방책을 물으니, 제갈량이 말하기를, '조조
는 백만 군을 안고 천자를 끼고 제후를 호령합니다. 이것은 진실

로 더불어 칼날로 마주 싸울 수 없습니다. 손권은 강동을 의지하고 있는데, 나라가 험악하고 백성을 따릅니다. 서로 원조는 하되 도모할 수는 없습니다. 형주는 무(武)를 쓰는 나라요, 익주는 험악한 요새로서 기름진 땅이 천리요, 천연적으로 요새를 이룬 땅입니다. 장군께서는 제실(帝室)의 주손이요, 신의가 사해에 드러납니다. 만약 형주와 익주에 걸쳐 소유하신다면 암조(巖阻)를 보유하시게 되어 천하의 변이 있을 때 형주의 군은 완현(宛縣)과 낙양(洛陽)으로 향하고, 익주의 무리는 진천으로 나가면 누가 도시락밥과 항아리에 장을 가지고 장군을 맞이할 것입니까?' 하였다.

유비가 '좋다' 하고는 제갈량과 더불어 정이 좋아지기에 날로 긴밀하였다. 말하기를, '나[孤]에게 공명이 있음은 물고기에게 물이 있음과 같다.' 고 하였다.

[어려운 한자]

[瑯] : 땅이름(낭). [琊] : 땅이름(야). [毅] : 굳셀(의). [徽] : 아름다울(휘). [龐] : 클(방). [亮] : 밝을(량). [跨] : 다리(과). [宛] : 굽을(완). [簞] : 도시락(단). [壺] : 병(호). [漿] : 장물(장).

[참고사항]

[瑯琊(낭야)] : 산동반도에 있는 고을 이름. [襄陽(양양)] : 양양현. 호북성 북부의 고을 이름. [隆中(융중)] : 융중산. 호북성 양양현에 있는 산이름. [管仲(관중)] : 춘추시대 제나라 정치가. 이름은 이오(夷吾). 포숙아의 추천으로 환공을 섬겨 환공으로 하여금 패자(覇者)가 되게 했다.

관중과 포숙아는 지기지우(知己之友)로 관포지교(管鮑之交)라 했다.
[樂毅(악의)]: 전국시대의 무장(武將). 연(燕)나라 소왕을 섬겨 큰 공을
세웠으나 소왕이 죽은 뒤 혜왕(惠王) 때에 불화가 생겨 조(趙)나라로
망명했다. [士元(사원)]: 방통(龐統)의 자. [江東(강동)]: 실제로는 양자
강의 남쪽 일대 지방으로, 삼국시대에 손권(孫權)의 오(吳)나라의 근
거지. [荊州(형주)]: 호북성과 호남성 일대를 차지하고 있던 제후국.
형주의 주인은 유표(劉表)였다. [益州(익주)]: 사천성 일대를 차지하고
있던 제후국. [天府之土(천부지토)]: 자연적으로 요새를 이룬 땅. [宛洛
(완낙)]: 완현(宛縣)과 낙현(洛縣). 완현은 하남성 남부인 남양군에 속한
고을 이름이요, 낙양은 하남성 북부에 있는 도시. 주(周)나라 성왕(成
王) 때의 도읍지였다. 후한 때에도 국도였다. [秦川(진천)]: 섬서성의
위수(渭水) 분지. 전한 때의 국도였던 장안(長安)도 여기에 있다. [簞食
壺漿(단사호장)]: 도시락밥과 항아리에 장물. [孤(고)]: 임금이 자신을
부를 때 쓰는 1인칭 대명사.

○曹操擊,劉表하여 表卒하니 子,琮이 擧,荊州하여
조 조 격 유 표　　　표 졸　　　자 종　　거 형 주

降操하다. 劉備奔,江陵하니 亮이 謂備曰,「請求救
항 조　　　유 비 분 강 릉　　　량　위 비 왈　　청 구 구

於,孫將軍이라.」하다. 亮이 見權說之하니 權大悅이
어 손 장 군　　　　　　량　견 권 설 지　　　권 대 열

러라. 操가 遺,權書曰,「今,治水軍八十萬衆하고
　　　조　유 권 서 왈　　금 치 수 군 팔 십 만 중

與,將軍으로 會獵於,吳하리라.」하다. 權이 以示群
여 장 군　　　회 렵 어 오　　　　　　권　이 시 군

下하니 莫不失色이라. 周瑜曰,「請得,數萬精兵하
하　　　막 불 실 색　　　주 유 왈　청 득 수 만 정 병

여 進往,夏口하여 保爲,將軍破之라.」하다 遂,以瑜
진 왕 하구 보위 장군파지 수 이유

로 督,三萬人하여 與備로 幷力逆操하니 進遇於,赤
독 삼만인 여비 병역역조 진우어적

壁하다. 瑜部將,黃蓋曰,「操軍이 方連,船艦하여 首
벽 유부장황개왈 조군 방연선함 수

尾相接하니 可燒而,走也라.」하고 乃取,蒙衝과 鬪
미상접 가소이주야 내취몽충 투

艦十艘하고 載,燥荻枯柴하여 灌油,其中裏,帷幔하
함십소 재조적고시 관유기중리유만

고 上建旌旗하고 豫備走舸하여 繫於其尾하다. 先
상건정기 예비주가 계어기미 선

以書,遺操하여 詐爲欲降이라 하니 時,東南風急하여
이서유조 사위욕항 시동남풍급

蓋以十艘로 最著前하고 中江擧帆하고 餘船이 以
개이십소 최저전 중강거범 여선 이

次具進하니 操軍이 皆指言하여 「蓋降이라.」하다.
차구진 조군 개지언 개항

去,二里餘에 同時發火하니 火熱風猛이라. 船往如
거 이리여 동시발화 화열풍맹 선왕여

箭하여 燒盡北船하다. 煙焰漲天하고 人馬溺燒하여
전 소진북선 연염창천 인마익소

死者甚衆이라. 瑜等은 率,輕銳하여 雷鼓大進하니
사자심중 유등 솔경예 뢰고대진

北軍은 大壞하고 操,走還하다. 後屢,加兵於權이나
북군 대괴 조주환 후루가병어권

不得志하여 操,歎息曰,「生子에 當如,孫仲謀라 하
부득지 조탄식왈 생자 당여손중모

며, 向者에 劉景升의 兒子는 豚犬耳라.」하다.
향자 유경승 아자 돈견이

[본문풀이]

조조가 유표를 쳐서 유표가 죽으니, 아들 종이 형주를 들어 조조에게 항복하였다. 유비가 강릉으로 달아나니, 제갈량이 유비에게 일러 말하기를, '청컨대, 구원을 손장군에게 구할 것입니다.' 하였다. 제갈량이 손권을 보고 이렇게 말하니 손권이 크게 기뻐하였다. 조조가 손권에게 글을 보내 말하기를, '지금 수군 80만의 군중을 다스리고 장군과 더불어 오(吳)에서 회전할 것이다.' 하였다. 손권이 그것을 많은 신하에게 보이니 실색(失色)하지 않는 사람이 없었다. 주유가 말하기를, '청컨대, 수만의 정병을 얻어 진격하여 하구(夏口)에 가서 장군을 위해 이것을 깨뜨릴 것입니다.' 하였다. 드디어 주유로써 3만 명을 독촉해 가서 유비와 더불어 힘을 합쳐 조를 역습(逆襲)하게 하니 나아가서 적벽에서 만났다.

유의 부장 황개(黃蓋)가 말하기를, '조의 군은 바야흐로 전함들을 연이어 머리와 꼬리가 서로 닿아 있으므로 불태워 달아나게 해야 합니다.' 하고, 이에 몽충(蒙衝)과 전투함 10척을 가지고 마른 풀 억새와 마른 나무를 싣고 기름을 속에 부어 천막을 씌우고, 위에는 깃발을 세우고 미리 달리는 배를 갖추어 그 꼬리에 묶었다. 먼저 편지로 조에게 보내 거짓으로 항복하고자 한다고 하였으니 때마침 동남풍이 급하게 불어와서 개는 10척의 배를 가장 앞에서 가게 하고, 강 중심에서 돛을 올리고 나머지 배들은 차례로 함께 나아가니 조의 군에서는 모두 손가락질을 하며 '개(蓋)가 항복해 온다.' 고 하였다. 떨어지기 2리 남짓해서 동시에 불이 일어나니, 불은 세차고 바람은 맹렬하여 배가 달리기 화살과 같아서 북쪽의 배들을 다 태워버렸다.

타오르는 불꽃은 하늘에 가득하고, 사람과 말들이 물에 빠지고 불에 타서 죽은 자가 심히 많았다. 유 등은 경쾌한 정예를 이끌고 우레같이 북을 울리며 크게 진격하니, 북군은 크게 깨지고 조조는 도망하여 돌아갔다.

뒤로도 여러 번 병력을 손권에게 더했으나 뜻을 이루지 못하니 조조는 탄식하여 말하기를, '자식을 낳으면 마땅히 손중모와 같아야 한다. 지난번의 유경승의 아들은 돼지나 개일 뿐이다.' 하였다.

[어려운 한자]

[獵] : 사냥할(렵). [瑜] : 아름다운 옥(유). [艘] : 배(소). [荻] : 물 억새(적).
[幔] : 막(만). [舸] : 큰 배(가). [帆] : 돛대(범). [箭] : 화살(전). [漲] : 넘칠(창).

[참고사항]

[劉表(유표)] : 당시 제후의 한 사람. 호북성, 호남성 일대에 걸쳐 형주를 차지하고 있던 제후. [江陵(강릉)] : 호북성 남쪽의 지명. [會獵(회렵)] : 함께 사냥을 가다. 곧 어울려 싸우자는 말임. [夏口(하구)] : 지금의 호북성 한구(漢口). [赤壁(적벽)] : 호북성 남부 양자강 연안에 있는 지명. 여기서의 싸움을 적벽대전(赤壁大戰)이라 일컫는다. [蒙衝(몽충)] : 소의 날가죽을 뒤집어씌운 경쾌한 군선(軍船). [仲謀(중모)] : 손권의 자(字). [景升(경승)] : 유표(劉表)의 자.

○劉備는 徇,荊州江南諸郡하다. 周瑜,上訴於,權
曰,「備는 有,梟雄之姿하고 而有,關羽,張飛는 熊
虎之將이로이다. 聚此三人하여 在,疆場하면 恐,蛟
龍得,雲雨하니 終非,池中物也라. 宜,徙備置吳라.」
하니 權이 不從하니라. 瑜는 方,議圖北方이라 하더니
會,病卒하다. 魯肅이 代領,其兵하니 肅은 勸權하여
荊州,借,劉備하니 權은 從之하다. 權將,呂蒙은 初
에 不學이러니 權이 勸蒙讀書하니 魯肅이 後에 與
蒙論議하고 大驚曰,「卿은 非復吳下,阿蒙이라.」하
니 蒙曰,「士別三日에 卽當,刮目相對라.」하다.

[본문풀이]

　유비는 형주의 강남 여러 고을을 순종시켰다. 주유가 권에게
상소하여 말하기를, '비는 효웅(梟雄 : 사납고 용맹스러운 영웅)의 모
양이 있고, 관우와 장비는 곰과 범 같은 장수이다. 이 세 사람을
모아 변방 멀리에 두면 아마도 교룡(蛟龍)이 비구름을 얻으니 마
침내 못 속의 물건이 아니다. 마땅히 비를 옮겨서 오(吳)나라에
둘 것입니다.' 하였는데, 손권이 따르지 않았다. 주유는 바야흐

蜀主劉備

유비(劉備)
염립본의 제왕역대도권에 수록

로 북방을 도모할 것이라 하더니 때마침 병을 앓아 죽었다.

노숙이 대신해서 그 군대를 거느렸으니, 숙은 권에게 권하여 형주로 유비에게 빌리게 하였고, 손권은 이를 따랐다.

손권의 장수 여몽은 처음 배우지 않았는데, 권이 몽에게 독서를 권장하니 노숙이 뒤에 몽과 더불어 논의하고는 크게 놀라 말하기를, '경은 다시 오하(吳下)에 있던 아몽(阿蒙)이 아니다.' 하니, 몽이 말하기를, '선비는 헤어져 사흘이 되면 곧 마땅히 눈을 비벼서 서로 바라본다.' 하였다.

[어려운 한자]

[梟]:올빼미(효). [蛟]:교룡(교). [刮]:눈 비빌(괄).

[참고사항]

[梟雄(효웅)]:사납고 용맹스러운 영웅. [蛟龍(교룡)]:전설상의 용의 일종임. 모양은 뱀과 같고, 길이는 한 뼘이 넘으며 네 개의 넓적한 발이 있다고 함. [吳下(오하)]:오나라 고을이었던 지금의 강소성 소주(蘇州)를 말한다. [阿蒙(아몽)]:여몽(呂蒙)을 이르는 말. '阿'는 친절하게 부르는 접두사. [刮目相對(괄목상대)]:상대의 학식이나 재주가 놀랄 만큼 향상되어 눈을 비비고 다시 봄.

○魯肅已死하고 呂蒙이 代之하여 亦勸,孫權하여
노숙이사　　　여몽　　대지　　　역권손권

圖,關羽하라 하고 權將,陸遜이 又襲羽後하니 羽,狼
도관우　　　　　권장육손　　우습우후　　　우낭

狽하여 走還하니 權軍이 獲羽하여 斬之하고 遂陷,
패　　　주환　　　권군　획우　　　참지　　　수함

荊州하다. 昭烈帝는 恥,羽之沒하여 自將,伐權하니
형주　　　소열제　　치우지몰　　　자장벌권

權이 求和라도 不許하다. 權이 遣使於,魏하니 魏는
권　구화　　　불허　　　권　견사어위　　　위

封權爲,吳王하다. 魏主가 問吳使,趙咨曰,「吳王은
봉권위오왕　　　위주　　문오사조자왈　오왕

頗知學乎아.」하니, 咨曰,「吳王은 任賢하고 使能하
파지학호　　　　　자왈　오왕　임현　　　사능

며 志存經略이라 하다. 雖有餘閑하여 博覽書史라도
지존경략　　　　　수유여한　　　박람서사

不效書生하고 尋章摘句라.」하다. 魏主曰,「吳難
불효서생　　　심장적구　　　　　위주왈　오난

魏乎아?」咨曰,「帶甲百萬이 江漢爲池하니 何難
위호　　　자왈　대갑백만　　강한위지　　　하난

之有리요?」하다. 魏主曰,「吳에 如,大夫者가 幾人
지유　　　　　위주왈　오　여대부자　기인

고?」 하니, 咨曰, 「聰明, 特達者가 八九十人이요 如,
　　　　　　자왈　　총명 특달자　　팔구십인　　여

臣之比는 "車載斗量"이라. 不可勝數라.」 하니라.
신 지 비　　거 재 두 량　　　　불 가 승 수

[본문풀이]

　노숙이 이미 죽고 여몽이 이를 대신하여 또한 손에게 관우를
도모하라 권하였고, 권의 장수인 육손(陸遜)이 또 우의 뒤를 습격
하니 우가 낭패하여 패주하여 돌아가니, 권의 군사가 우를 잡아
목 베었고 드디어 형주가 함락되었다. 소열제는 우의 죽음을 부
끄럽게 여겨 스스로 장수가 되어 권을 치니, 권이 화친을 요구하
였으나 허락하지 않았다. 이에 권이 위나라에 사신을 파견하니
위나라에서 권을 봉하여 오나라 왕을 삼았다.

　위주(魏主)가 오나라 사신 조자(趙咨)에게 물어 말하기를, '오왕
은 자못 학문을 알고 있는가.' 하니, 자가 말하기를, '오왕은 현자
에게 맡기고 능자를 부리며 뜻은 경략에 있습니다 했다. 비록 남
는 한가로움이 있다면 널리 서사(書史)를 읽는다 하더라도 서생이
문장을 본받아 문구를 들추듯 하지 못합니다.' 하였다. 위주가 말
하기를, '오는 위를 어렵게 여기는가?' 하니, 자가 말하기를, '무
장한 백만 군이 양자강과 한강을 못[池]으로 삼으니, 무슨 거리낌
이 있겠습니까?' 하였다. 위주가 말하기를, '오에 대부와 같은 자
가 몇 사람이나 있는가?' 하니, 자가 말하기를, '총명하고 특달한
자가 8, 90인이요, 신과 견줄만한 자는 "거재두량"이니, 헤아릴
수 없습니다.' 하였다.

[어려운 한자]

[狼] : 이리(낭). [狽] : 이리(패). [頗] : 자못(파). 여기서는 '약간' 의 뜻으로
쓰였음. [咨] : 품자할(자). [摘] : 딸(적).

[참고사항]

[關羽(관우)] : 중국 삼국시대 촉한의 무장. 자는 운장. 장비와 함께 유
비와 의형제를 맺고 전공과 치적이 현저하다. [經略(경략)] : 천하를 경
영하여 공략(攻略)하다. [吳難魏乎(오난위호)] : 오는 위를 어렵게 여기
는가? [車載斗量(거재두량)] : 수레에 싣고 말로 되다. 즉 수없이 많다
는 뜻.

관우(關羽)
『삼재도회(三才圖會)』인물권(人物卷)에서

○昭烈帝가 在位三年에 崩하니 太子,禪이 卽位하니 年十七이라. 是爲,後皇帝니라. 丞相,諸葛亮은 受,遺詔輔政하니 昭烈,臨終謂,亮曰,「君才는 十倍,曹丕이니 必,能安國家하고 從無大事리라. 嗣子輔면 輔之하고 其如不可면 君可自取하라.」하다. 亮이 涕泣曰,「臣이 敢,不竭股肱之力으로 致,忠貞之節하여 繼之以死하리이다.」亮이 乃約官職하고 修,法制하여 下敎曰,「夫,參署者는 集衆,思廣忠益也이니 若,遠小嫌하고 難相違覆하면 曠闕損矣리라.」하다.

[본문풀이]

소열제가 재위 3년 만에 붕하고 태자 선(禪)이 즉위하니, 나이 열일곱이었다. 이를 후황제라 한다. 승상 제갈량은 유조(遺詔)를 받들고 정사를 도왔으니 소열황제가 임종에 즈음하여 제갈량에게 일러 말하기를, '그대의 재주는 조비의 10배이니, 반드시 능히 국가를 안정시키고 마침내 큰일은 없을 것이다. 사자(嗣子)가 보좌할 만하면 이를 돕고, 만약 그렇지 못하면 그대 스스로가 취하도록 하시오.' 하였다.

제갈량이 울면서 말하기를, '신이 감히 고굉의 힘을 다하여 충정의 절의를 이루어 이것을 이어 나가는데 죽음으로써 하겠습니다.' 하였다. 량은 이에 관직을 간략하게 하고 법제를 고쳐 교서를 내려 말하기를, '대저 참서(參署)라는 것은 많은 생각을 모아서 충성과 이익을 넓히는 것이니 만약 혐오함을 멀리하여 서로 어긋나는 일을 뒤집기를 꺼린다면 광궐(曠闕)하여 손(損)이 된다.' 고 하였다.

[어려운 한자]

[詔]: 조서(조). [輔]: 도울(보). [股]: 넓적다리(고). [肱]: 팔뚝(굉). [嫌]: 싫을(혐).

[참고사항]

[股肱(고굉)]: 다리와 팔. 가장 믿을 만한 신하. [參署(참서)]: 관청의 이름으로 보는 것이 통설이다. 즉 의논한 결과를 서명하여 실행한다는 뜻.

○漢丞相, 諸葛亮이 率, 諸軍伐魏에 臨發上疏曰,
한 승 상 제 갈 량   솔 제 군 벌 위   임 발 상 소 왈

「今, 天下三分에 益州疲弊하니 此, 危急存亡之秋也
금 천 하 삼 분   익 주 피 폐   차 위 급 존 망 지 추 야

이리다. 宜, 開張聖聽하여 不宜塞, 忠諫之路하고 宮
의 개 장 성 청   불 의 색 충 간 지 로   궁

中府中이 俱爲一體하여 陟罰臧否에 不宜異同이리
중 부 중   구 위 일 체   척 벌 장 부   불 의 이 동

다. 若有, 作姦犯科나 及, 忠善者, 宜付有司하여 論
약 유 작 간 범 과   급 충 선 자 의 부 유 사   논

其刑賞하여 以昭平明之治로이다. 親賢臣,遠小人
기형상   이소평명지치   친현신원소인

은 此,先漢所以,興隆也며 親小人,遠賢人은 此,後
  차 선한소이 흥륭야   친소인원현인   차 후

漢,所以傾頹也로이다. 臣은 本布衣로 躬耕南陽하여
한 소이경퇴야   신   본포의   궁경남양

苟全,性命於亂世하고 不求聞達於,諸侯라. 先帝,
구전 성명어난세   불구문달어제후   선제

不以臣卑鄙하고 猥者枉屈하여 三顧臣於草廬之
불이신비비   외자왕굴   삼고신어초려지

中하고 諮臣以,當世之事로이다. 由是感激하고 許,
중   자신이당세지사   유시감격   허

先帝하여 以驅馳로이다. 先帝,知臣勤愼하고 臨崩
선제   이구치   선제지신근신   임붕

寄以大事하시어 受命以來로 夙夜憂懼하여 恐,付
기이대사   수명이래   숙야우구   공부

託不效以傷,先帝之明이로이다. 故로 五月渡瀘하여
탁불효이상선제지명   고   오월도노

深入不毛하니 今,南方己定하고 兵甲己足하니 當
심입불모   금남방기정   병갑이족   당

獎,率三軍하여 北定中原하고 興復漢室하여 還于
장솔삼군   북정중원   홍부한실   환우

舊都가 此,臣所以報,先帝며 而忠陛下之職分也
구도 차신소이보선제   이충폐하지직분야

라.」하고 遂屯漢中하다.
수둔한중

[본문풀이]

　한나라 승상인 제갈량이 군대를 거느리고 위나라를 토벌했는
데 그 출발에 임하여 상소를 올려 말하기를,

'지금 천하는 삼분이 됨에 익주는 피폐했으니 이것이 위급하여 사느냐, 죽느냐 하는 때입니다. 마땅히 성청(聖聽)을 개장(開張)하여 마땅히 충성스러운 간(諫)의 길을 막지 말 것이며 궁중이나 부중(府中)은 함께 한 몸이 되어 옳고 그름을 척벌(陟罰)함에 마땅히 이동(異同)이 있어서는 아니 될 것입니다.

만약 간사한 짓을 하여 과(科)를 범하거나 충성스럽고 착한 자가 있으면 마땅히 유사에게 붙이어 형벌과 표상을 논하게 하여 공평하고 정명한 정치를 밝혀야 합니다. 현명한 신하를 가까이하고 소인을 멀리함은 이것이 선한(先漢)의 통한 까닭이며, 소인을 가까이하고 현인을 멀리함은 이것이 후한의 경퇴(傾頹)한 까닭입니다.

신은 포의(布衣)로서 몸소 남양에서 농사지으면서 구차하게 목숨을 어지러운 세상에서 보전하고 문달(聞達)을 제후(諸侯)에게 구하지 않았습니다. 선제께서는 신을 써 비루하다 아니하시고 도리어 어긋나게 스스로를 굽혀 신의 초려(草廬)를 3번이나 돌아보고 지금의 세상일을 신에게 자문하시었습니다. 이것으로 말미암아 삼격하고 선제에게 허(許)하여 써 여기까지 날려왔습니다.

선제께서는 신을 근직하고 신중하게 여기시고 붕(崩)하심에 임하여 써 대사(大事)를 맡기시어 명을 받은 이래 아침 일찍부터 밤까지 근심하고 두렵게 여기시어 부탁하신 일이 보람이 없어 선제의 밝음을 상하게 할까 두려웠습니다. 그래서 오월에 노강(瀘江)을 건너 깊이 불모(不毛)의 땅에 들어갔으니, 이제 남방은 이미 평정되었고 군비는 이미 만족하오니 마땅히 삼군을 권면하고 인솔하여 북의 중원을 평정하고 한실을 다시 일으켜 옛날 도읍으로

돌아가는 것이 신이 선제에게 보답하는 바이며 폐하께 충성하는
직분입니다.' 하고는 드디어 한중에 주둔하였다.

[어려운 한자]

[陟] : 오를(척). [臧] : 착할(장). [頹] : 무너질(퇴). [猥] : 함부로(외). [諮] : 물
을(자). [瀘] : 강 이름(노).

[참고사항]

[漢(한)] : 여기서 한은 촉한을 의미한다. 촉한의 건국이념은 한실을 부
흥시키는데 있었다. 여기서 촉한이란 이름은 천하를 통일하여 한실
을 부흥시키고자 함이었다. 지금의 사천성 일대의 촉(蜀)에서 유비가
재위하였기에 그렇게 불렀다. [上疏(상소)] : 임금에게 올리는 글로, 바
로 상소문이다. [天下三分(천하삼분)] : 후한이 멸망한 뒤 중국은 셋으
로 갈렸는데, 양자강 이북에 위나라, 양자강 이남 지역에 오나라, 양
자강 상류인 서남 일대에는 촉한이 각각 정치(鼎峙)해 있었다. 이 시
대가 중국의 삼국시대이다. [益州(익주)] : 촉한이 차지하고 있던 지금
의 사천성. [臧否(장부)] : 옳고 그름. [先漢(선한)] : 전한(前漢)과 같음.
[布衣(포의)] : 관직이 없는 일반 사람을 일컬음. 즉 서민. [南陽(남양)] :
호북성 북방에 있는 고을 이름. 양양현(襄陽縣) 융중산(隆中山) 기슭에
있던 지명. [先帝(선제)] : 유비를 일컫는 말. 후황제는 유비의 아들인
유선(劉禪)을 말한다. [大事(대사)] : 큰일. 삼분천하를 하나로 통일 시
키는 일. [瀘(노)] : 노수(瀘水). 운남성에 흐르는 강. 장기(瘴氣)라는 풍
토병이 유행하는 위험한 지역으로 알려져 있다. [不毛(불모)] : 거친
땅. [兵甲(병갑)] : 병력을 말함. [中原(중원)] : 황하 중류의 남북지역의

일대. 위나라가 그 중원을 차지하고 있었다. [舊都(구도)] : 옛 도읍지.
장안이나 낙양. [漢中(한중)] : 섬서성 서남쪽 한강(漢江) 북안(北岸)의
땅. 사천성과 호북성, 두 성이 걸친 요충지.

○諸葛亮이 病篤에 有,大星이 赤而茫하여 墜亮營
   제갈량   병독   유대성   적이망   추량영

中하니 未幾에 亮卒하다. 楊儀가 整軍還하니 百姓이
중   미기 량졸   양의   정군환   백성

奔告,司馬懿하고 懿追之하니 姜維가 令儀하여 反
분고 사마의   의추지   강유   영의   반

旗鳴鼓하여 若將向懿하니 懿,不敢逼하다. 百姓이
기명고   약장향의   의불감핍   백성

爲之諺曰,「死諸葛亮이 走生仲達이라.」하니 懿이 笑
위지언왈 사제갈량   주생중달   의 소

曰,「吾能料生하고 不能料死라.」하다. 亮이 嘗作,
왈 오능료생   불능료사   량 상작

八陣圖하니 懿,歎曰,「天下奇才也로다.」하다. 亮이
팔진도   의 탄왈   천하기재야   량

爲政에 無私하여 馬謖은 素爲,亮所知니 及,敗軍에
위정   무사하여 마속   소위량소지   급 패군

流涕斬之하고 而卹其後하다. 李平,廖立은 皆爲亮,
유체참지   이휼기후   이평요립   개위량

所廢하니 及聞,亮之喪에 皆,歎息流涕하고 平은
소폐   급문 량지상   개 탄식유체   평

至,發病死하다.
지 발병사

제갈량(諸葛亮)

『만소당죽장서전(晩笑堂竹莊書傳)』, 위키피디아 출처

[본문풀이]

　제갈량의 병이 위독함에 큰 별이 있어 붉은 꼬리가 달려서 제 갈량의 진중에 떨어지니, 얼마 후 제갈량이 죽었다. 양의가 군대 를 정비하여 돌아가니 백성이 사마의에게 달려가 고하였고, 의가 그것을 추격했는데 강유가 의에게 명령하여 군기를 돌리고 북을 울려서 장차 의를 향하는 것 같이 하니, 의가 감히 핍박하지 못하 였다. 백성이 속된 말로 말하기를, '죽은 제갈량이 산 중달을 달 아나게 하였다.' 하니, 사마의가 웃으면서 말하기를, '내 능히 산 것만 헤아리고 죽은 것은 헤아리지 못하였다.' 하였다.

제갈량이 일찍이 팔진도를 만드니, 사마의가 감탄하여 말하기를, '천하의 기재로다.' 하였다.

제갈량이 정치를 함에 사사로움이 없어 마속은 본래 량이 아는 바 되었는데, 패군 함에 미처 눈물을 흘리면서 그를 참수하고는 그 가족을 도와주었다.

이평과 요립은 모두 제갈량의 폐한 바 되어 제갈량의 죽음을 들음에 미처 모두 탄식하여 눈물을 흘리고, 평은 병을 발하여 죽었다.

[어려운 한자]

[芒] : 까끄라기(망), 꼬리(망). [墜] : 떨어질(추). [懿] : 아름다울(의). [逼] : 닥칠(핍). [料] : 생각할(료). [謖] : 일어날(속). [卹] : 가엾이 여길(휼, 솔). [廖] : 공허할(요).

[참고사항]

[芒(망)] : 꼬리가 달린 별, 즉 혜성. [司馬懿(사마의)] : 삼국시대 위나라의 권신. 자는 중달, 조조의 막하에서 촉한의 제갈량의 도전에 잘 대처하였고, 요동 공손씨 토벌에 큰 공을 세웠다. 그의 손자 사마염에 이르러 위나라의 뒤를 이어 진(晉)나라를 세웠다. [仲達(중달)] : 사마의(司馬懿)의 자. [八陣圖(팔진도)] : 여덟 가지 모양으로 친 진법(陣法). 보통 天, 地, 風, 雲, 龍, 虎, 鳥, 蛇의 여덟 가지로 나타내고 있다. 병가에 따라 그 형상은 같지 않다. 제갈량은 동당(洞堂), 중황(中黃), 용등(龍騰), 조상(鳥翔), 연형(連衡), 악기(握奇), 호익(虎翼), 절충(折衝)이라 하였다. 이 밖에 손자, 오자 등의 병가의 팔진도가 또한 다르다.

○王猛의 字는 景略이며 倜儻에 有,大志하여 隱居
華陰하다. 聞,桓溫入關하고 被褐謁之하다. 捫蝨而
談하며 當世之務에 傍若無人이러라. 溫이 異之하여
問猛曰,「吾,奉命하여 除,殘賊에 而,三秦豪傑은
未有至者하니 何也요.」 猛曰,「公은 不遠,數千里
하고 深入敵境하니 今,長安이 咫尺에 而,不渡灞水
하니 百姓이 未知公心은 所以不至라.」 하니 溫은
默然,無以應하다. 其後에 有薦,猛於秦王,符堅者하
다. 一見如舊하여 自謂如,「玄德之於孔明이라.」하
다. 一歲中에 五遷官하다. 擧,異才하여 修,廢職하고
課,農桑하여 恤,困窮하니 秦民이 大悅이러라.

왕맹의 자는 경략이며, 척당의 큰 뜻이 있어 화음에 은거했다. 환온이 관문에 들어왔다는 것을 듣고는 너절한 옷을 걸치고 그를 만나보았다. 이를 잡아 죽이면서 당세의 할 일을 이야기하는데 곁에 사람이 없는 것과 같이 했다. 온은 이것을 이상하다고 여겨 맹에게 묻기를, '나는 명령을 받들고 잔적을 제거하려는데, 삼진의 호걸은 아직 이르는 자 있지 않으니 어째서인가.' 하니, 왕맹이 이르기를, '공은 수천 리를 멀다 않고 적의 경계 깊숙이 들어왔으니, 지금 장안이 지척인데 패수를 건너지 않는다 하니 백성은 아직 공의 마음을 알지 못함은 이것이 이르지 않는 까닭이다.' 하니, 온은 말없이 응함이 없었다.

그 뒤 왕맹을 진왕 부견에게 천거하는 자가 있었다. 한 번 보고 옛 친구와 같아서 스스로 이르기를, '현덕에 공명이 있어서와 같다.' 하였다. 한 해 동안에 관직을 5번을 옮겼다. 이재(異才)를 들어 폐지된 직분을 닦게 하고, 농업과 잠업을 일과(日課)로 하고 곤궁한 자를 구휼하였으니, 진의 백성이 크게 기뻐하였다.

[어려운 한자]

[倜] : 대범할(척). [儻] : 빼어날(당). [褐] : 털옷(갈). [捫] : 어루만질(문). [蝨] : 이(슬). 虱과 동자(同字). [呰] : 자(지). [灞] : 강 이름(패, 파).

[참고사항]

[倜儻(척당)] : 남에게 매이지 않는 모양. [華陰(화음)] : 섬서성 동부의

화산(華山)의 북쪽 지방. [桓溫(환온)] : 동진(東晉)의 정서장군(征西將軍)으로 동진(東晉)의 제5대 목제 때 4만의 대군을 이끌고 장안 동남부까지 진격했다. [被褐(피갈)] : 굵은 베로 지은 너덜너덜한 옷을 입다. [傍若無人(방약무인)] : 곁에 사람이 없는 것 같이 행동함. [三秦(삼진)] : 지금의 섬서성에 해당하는 지역. 상군(上郡)의 세 지역으로 나누어 진나라에서 항복한 장군에게 봉했던 데서 유래한 명칭. 한 자 여덟 치라는 말로, 지극히 가까운 거리를 일컫는 말. [灞水(패수)] : 위수의 지류로장안의 동쪽으로 흘러 위수로 들어가는 강 이름. [秦(진)] : 전진(前秦). 중국의 오호십육국(五胡十六國) 중의 한 나라. 서진 말엽에 저족(氐族)의 부홍(苻洪)이 세운 나라. [苻堅(부견)] : 전진(前秦) 제3대 왕. 동진을멸하고 천하를 통일하려다가 패하고 자살하였다. 우리나라 고구려에처음 불교를 전해주었다.

○宋,文帝時에 晉,徵士, 陶潛이 卒하다. 潛의 字는
송 문제시 진징사 도잠 졸 잠 자

淵明이니 潯陽人으로 陶侃之,曾孫也라. 少有高趣
연명 심양인 도간지 증손야 소유고취

하여 嘗爲,彭澤令하다. 八十日에 郡의 督郵,至하여
상위 팽택령 팔십일 군 독우 지

吏曰,「應,束帶見之하라.」 하니 潛이 歎曰,「我,豈
이왈 응 속대견지 잠 탄왈 아 기

能爲,五斗米하여 折腰向,鄕里小兒리요.」 하고 卽
능위 오두미 절요향 향리소아 즉

日,解印綬去하다. 賦,歸去來辭하고 著,五柳先生
일 해인수거 부 귀거래사 저 오류선생

傳하며 徵,不就하다. 自以先世로 爲,晉臣하여 自宋,
전 징 불취 자이선세 위 진신 자송

高祖로 王業漸隆이나 不復肯仕하고 至是終世하니
고조　　왕업점융　　　불부긍사　　　　지시종세

號는 靖節先生이라 하다.
호　　정절선생

[본문풀이]

　송나라 문제 때 진나라의 학덕이 높은 선비 도잠이 죽었다. 잠
의 자는 연명이며 심양 사람으로 도간의 증손이었다. 젊어서는
높은 취향을 가지고 있어서 일찍이 팽택 현령이 되었다. 80일 만
에 군의 독우(督郵)가 이르렀는데 그 관리가 말하기를, '응당 속대
(束帶)를 갖추고 만나십시오.' 하니, 잠이 탄식하여 말하기를, '내
어찌 오두미(五斗米)를 위해 허리를 굽혀 시골 어린이를 맞을 수

귀거래혜사(歸去來兮辭)
대만국립고궁박물관 소장

있을 것인가.' 하고는 그날로 인끈을 풀고 물러났다.

　귀거래사(歸去來辭)를 지어 읊고 오류선생전(五柳先生傳)을 저술
하면서 나라에서 불러도 나아가지 않았다. 스스로 선세(先世)에
진나라의 신하였던 것으로 송나라 고조로부터 왕업이 융성해졌
으나 다시 즐겨 벼슬하지 않고 세상을 마치니 정절 선생이라 이
름하였다.

조광윤(趙匡胤)
대만국립고궁박물관 소장

[어려운 한자]

[潯] : 물가(심). [侃] : 강직할(간). [腰] : 허리(요). [綬] : 인끈(수).

[참고사항]

[宋(송)] : 중국 남북조 시대의 남조(南朝 : 宋, 齊, 梁, 陳) 최초의 왕조 동진(東晋)의 뒤를 이어 유유(劉裕)가 세운 왕조로 문제(文帝) 때 국세를 떨쳤으나 8대 59년 만에 멸망하였다. 천하를 통일하였던 조광윤(趙匡胤)의 송나라와 구별하기 위해 유유(劉裕)가 세운 송(宋)이었으므로 유송(劉宋)이라고도 일컫는다. [晋(진)] : 동진(東晋)을 말한다. [徵士(징사)] : 나라의 부름을 받은 학덕이 높은 선비. 도잠이 동진으로부터 저작좌랑(著作佐郎)이라는 관직으로 부름을 받았던 사실에서 이르는 말. 그는 이에 응하지 않았다. [潯陽(심양)] : 심양현. 강서성 북단에 있는 고을의 이름. [令(령)] : 현령. 고을의 장관. [五斗米(오두미)] : 진나라 때 관리의 봉급을 현물 지급으로 '진서(晋書)에 의하면 광록대부(光祿大夫)의 하루 봉록이 곡식 석 섬이었다는 것으로 보아 현령(縣令)의 녹봉이 하루 다섯 말이라는 것은 적당한 봉록이었다. [印綬(인수)] : 관인의 끈. 인은 옛닐 관원이 가졌다는 도징. 수(綬)는 끈. [五柳先生(오류선생)] : 도잠의 호. 도잠이 자기 집 앞에 버드나무 다섯 그루를 심어놓고 스스로 지은 호.

제3편

당나라와
송나라

❶ 당나라 태종(太宗)

○太宗이 嘗曰,「君은 依於國하고 國은 依於民이
라. 刻民以,奉君은 猶,割肉以,充腹으로 腹飽而,身
斃하고 君富而,國亡矣라.」하다. 又嘗,謂侍臣曰,
「聞,西域賈胡가 得,美珠하면 剖身而,藏之라?」하
니「有諸曰, 有之라.」하다. 太宗曰,「吏受,賕抵法
하고 與,帝王,循奢欲으로 而,亡國者는 何以,異此
胡之,可笑耶아.」하다. 魏徵曰,「昔에 魯哀公이 謂,
孔子曰,〈人有,好忘者하여 徙宅以,忘其妻〉하니
孔子曰,〈又,有甚者하니 桀紂는 乃,忘其身이라.〉
하니 亦有是也라.」하다.

태종이 일찍이 말하기를, '임금은 국가에 의존하고, 국가는 백성에 의존한다. 백성을 모질게 하여 임금을 받드는 것은 마치 살을 잘라내 배를 채우는 것과 같은 것으로, 배는 부르지만 몸은 쓰러지고, 임금은 부해지나 나라는 망한다.' 고 하였다.

또 일찍이 시신(侍臣)에게 이르기를, '들으니, 서역의 장사치들은 미주(美珠)를 얻으면 제 몸을 가르고 그것을 갈무리한다고 하

당나라 태종(太宗)
위키피디아 출처

니, 그 말이 맞는가?' 하니, '그런 일이 있습니다.' 고 했다. 태종이 말하기를, '관리가 뇌물을 받고 법에 저촉되고, 제왕이 사치에 대한 욕망으로 나라를 망친다는 것은, 무엇이 이 오랑캐의 가소로운 것과 다를 것인가.' 하였다.

위징이 말하기를, '옛날 노나라 애공(哀公)이 공자에게 말하기를 를,「사람이 잘 잊는 자가 있었는데, 집을 이사하고는 그 아내를 잊고(두고) 갔다.」고 하니 공자가 이르기를,「더 심한 자가 있습니다. 걸(桀)과 주(紂)는 이에 그 몸을 잊었습니다.」 했으니, 역시 이와 같습니다.' 하였다.

[어려운 한자]

[刻 : 모질게 하다(각). [斃] : 넘어질(폐), 쓰러지다(폐). [賕] : 뇌물(구). [徇] : 영위하다(순).

[참고사항]

[刻民(각민)] : 백성을 모질게 하다. '刻'은 모질게 하다의 뜻. [西域(서역)] : 중국 서쪽에 있는 여러 나라들을 통틀어 이르는 역사적 용어. 넓게는 중앙아시아와 서부아시아, 인도를 포함함. 좁게는 중국의 신강성 일대를 이르는 말. [賈胡(고호)] : 장사하는 오랑캐. [美珠(미주)] : 바다에서 나는 진주. 즉, 보석. [諸(제)] : '有之乎' 의 뜻. 즉, '이것이 있느냐?' 의 뜻. 有諸曰有之乎는 '그것이 사실인가' 의 뜻. [魯哀公(노애공)] : 노(魯)는 춘추시대 주(周)나라의 제후국인 노(魯)나라. 애공은 노나라 제후이다. [桀紂(걸주)] : 걸(桀)은 고대 중국 하(夏)나라의 최후 임금으로 포악하기로 유명하고, 주(紂)는 은(殷)나라 최후의 임금으로 역시 포악하여 무왕에 의해 멸망됨.

○有, 上書하여 請去, 佞臣者하니 曰, 「願, 陽怒以,
　　유　상서　　　청거 영신자　　　왈　　원 양노 이

試之하여 執理, 不屈者는 直臣也요 畏威하여 順旨
시지   집리불굴자   직신야   외위   순지

者는 佞臣也라 하니 上曰, 吾自爲詐면 何以, 責臣
자   영신야   상왈 오자위사   하이 책신

下之直乎아. 朕은 方以至誠으로 治, 天下하리라.」하
하지직호   짐   방이지성   치 천하

다. 或請, 重法, 禁盜하니 上曰,「當, 去奢, 省費하고
    혹청 중법 금도   상왈   당 거사 성비

輕徭, 薄賦하며 選用, 廉吏하여 使民, 衣食有餘하면
경요 박부   선용 염리   사민 의식유여

自不爲盜하리니 安用, 重法邪아.」自是로 數年之
자불위도   안용 중법야   자시   수년지

後로 路不拾遺하며 商旅, 野宿焉하다.
후   노불습유   상여 야숙언

[본문풀이]

상서(上書)하여 영신(佞臣)을 제거하라고 청하는 자가 있어 말하기를, '원컨대, 거짓 노하여 써 그것을 시험해 보아 도리(道理)를 잡아 굴하지 않는 자는 곧은 신하요, 위엄을 두려워하여 뜻에 순종하는 자는 영신(佞臣)이라고 하니 임금이 말하기를, '내가 스스로 거짓을 한다면 어찌 써 신하의 곧음을 권할 수 있겠는가. 짐은 바야흐로 지성(至誠)으로써 천하를 다스릴 것이다.' 하였다.

혹자가, 법을 무겁게 하여 도둑질을 금할 것을 청하니, 임금이 이르기를, '마땅히 사치를 제거하여 비용을 줄이고, 요역(徭役)을 가볍게 하고 세금을 적게 하며, 청렴한 관리를 가려 임용하여 백성으로 하여금 의식(衣食)에 여유가 있게 하면 스스로 도둑질을 하지 않으니, 어찌 법을 무겁게 쓸 것인가.' 이로부터 몇 해 뒤에

는 길에 떨어진 물건을 줍지 않으며 장사꾼과 나그네가 들에서
잘 수 있게 되었다.

[어려운 한자]

[佞] : 아첨할(녕). [責] : 권장하다(책). [徭] : 부역(요). [邪] : 그런가(야), 耶와
같은 뜻(어조사). 본래는 사특할(사). [拾] : 주을(습).

[참고사항]

[陽(양)] : '위(僞)'와 같은 뜻으로 쓰임. [陽怒(양노)] : 거짓으로 성을 내
다. [輕徭薄賦(경요박부)] : 부역을 줄이고 세금을 가볍게 함. [路不拾遺
(노불습유)] : 길에 떨어진 물건을 주워가지 않는다. 세상이 잘 다스려
지고 있다는 뜻이다.

○太宗이 嘗問侍臣하되 「創業, 守成, 孰難고?」하니
　태종　상문시신　　창업 수성 숙난

房玄齡曰, 「草昧之初에 群雄竝起하여 角力而後
방현령왈　초매지초　군웅병기　각력이후

에 臣之하니 創業難矣라.」하다. 魏徵曰, 「自古로
　신지　창업난의　위징왈　자고

帝王은 莫不得之於, 艱難하여 失之於, 安逸하니 守
제왕　막부득지어 간난　실지어안일　수

成, 難矣이라.」하다. 上曰, 「玄齡은 與, 吾共取, 天下
성난의　상왈　현령 여 오공취 천하

하여 出百死, 得一生하니 故로 知, 創業之難이라. 徵
　출백사득일생　고　지창업지난　징

은 與吾로 共安天下하여 常恐, 驕奢生於富貴하고
　여오　공안천하　상공 교사생어부귀

禍亂은 生於所忽이라. 故로 知,守成之難하니 然이
화란   생어소홀   고   지수성지난   연

나 創業之難은 往矣라. 守成之難은 方與諸公으로
　 창업지난   왕의   수성지난   방여제공

慎之라.」하다.
신 지

[본문풀이]

　태종이 일찍이 시신들에게 묻기를, '창업과 수성 중 어느 것이 어려운가?' 하니, 방현령이 말하기를, '초매의 처음에는 많은 영웅이 아울러 일어나 힘을 겨루어서 뒤에 그를 신하로 삼는다고 하니 창업이 어렵습니다.' 했다. 위징이 이르기를, '예로부터 제왕은 이것을 어렵게 얻어서 그것을 안일에 빠져 잃지 않음이 없으니 수성이 어렵습니다.' 하였다.

　임금이 이르기를, '현령은 나와 함께 천하를 취하여 백 번의 죽음을 벗어나 한 번의 삶을 얻었으니, 그러므로 창업의 어려움을 안다. 징은 나와 함께 천하를 편안하게 하여 항상 교만한 사치는 부귀에서 나오고, 재화와 어려움은 소홀한 곳에서 생김을 두려워하였다. 그러므로 수성이 어려움을 알았으니, 그렇지만 창업의 어려움은 이미 갔다. 수성의 어려움은 바야흐로 여러 공들과 더불어 이를 신중히 할 것이다.'

[어려운 한자]

　[驕] : 교만할(교). [奢] : 사치할(사).

[創業(창업)] : 처음으로 나라를 세우다. [守成(수성)] : 창업된 나라를 지
켜 유지하는 일. [草昧(초매)] : 草는 일이 처음으로 시작되는 경우. 昧
는 아직 날이 밝기 전의 시간. 그래서 '草昧'는 아직 깨지 않는 나라
로, 제대로 다스려지지 않던 시기. [角力(각력)] : 힘을 다투다.

○貞觀十七年에 鄭公, 魏徵이 卒하다. 太宗曰,
　　정 관 십 칠 년　　　　정 공　위 징　　　졸　　　　　태 종 왈

「以銅爲鏡하여 可正衣冠이라. 以古爲鏡면 可見興
　이 동 위 경　　　　가 정 의 관　　　이 고 위 경　　　가 견 흥

替리니 以, 人爲鏡이면 可知得失이라. 徵沒하니 朕
체　　　이 인 위 경　　　　가 지 득 실　　　징 몰　　　짐

이 亡, 一鏡矣라.」하다. 徵葬에 上이 自製, 碑書石하
　　망 일 경 의　　　　　　징 장　　상　　자 제 비 서 석

니 東征之役에 不能成功을 上이 深悔之하여 歎曰,
　동 정 지 역　　　불 능 성 공　　상　　심 회 지　　　　탄 왈

「魏徵이 若在면 不使我有, 此行也리라.」하다.
　위 징　　약 재　　불 사 아 유 차 행 야

[본문풀이]

　정관 17년에, 정공과 위징이 죽었다. 태종이 이르기를, '구리
로써 거울을 만들어 그것을 보고 의관을 바로잡을 수 있다. 예[古]
로써 거울을 삼는다면 흥하고 망함을 볼 수 있으니 사람으로써
거울을 삼는다면 득실을 알 수 있다. 위징이 죽었으니, 짐은 하나
의 거울을 잃었다.'고 하였다. 위징의 장례에는 상(上)이 스스로
비를 만들고 돌에 글을 썼으니 동정(東征)의 전투에서는 공을 이

루지 못함을 상은 깊이 이것을 뉘우치고 탄식하여 이르기를, '위징이 만약 있었다면 나로 하여금 이 행위를 있게 하지 않았을 것이다.' 하였다.

[어려운 한자]

[替] : 쇠퇴할(체).　[徵] : 부를(징).

[참고사항]

[鄭公(정공)] : 정은 정나라, 공은 제후로서 곧 정나라의 제후. 그는 태종의 측근에서 간관(諫官) 노릇을 하고 있었다. [興替(흥체)] : 흥하고 망함. [東征之役(동정지역)] : 동쪽을 치는 전쟁. 동쪽 나라는 고구려(高句麗)를 말하며, 役은 전쟁이다. 안시성 싸움에서 양만춘에게 폐전하여 헛되게 병마의 손실을 가져오게 되었다.

○魏徵이 嘗告, 太宗曰, 「願, 使臣으로 爲, 良臣하고
勿使, 臣爲忠臣하소서.」 하다. 上曰, 「忠良異乎아.」
하니 徵曰, 「稷, 契, 皐陶는 君臣協心하여 俱享尊榮
으로 所謂良臣이요 龍逢, 比干은 面折廷爭이라가
身誅國亡으로 所謂忠臣이라.」 하니 上悅이러라.

[본문풀이]

위징이 일찍이 태조에게 고하여 이르기를, '원컨대, 신으로 하여금 양신이 되게 하고, 신으로 하여금 충신이 되게 하지 말아 주십시오.' 하였다. 상(上)이 말하기를, '충신과 양신이 다른 것인가' 하니, 징이 말하기를, '직(稷), 설(契), 고요(皐陶)는 임금과 신하가 마음을 합쳐 함께 존영(尊榮)을 누렸으므로 이른바 어진 신하이요, 용봉과 비간은

위징(魏徵)
『淸宮殿藏畫本(청궁전장화본)』,
북경 고궁박물관출판사 1994,
위키피디아 출처

면절(面折) 또는 조정에서 간쟁(諫爭)하다가 몸은 죽임을 당했고 나라도 망했으므로 이른바 충신입니다.' 말하니, 상이 기뻐하였다.

[어려운 한자]

[稷] : 사직(직). [契] : 나라 이름(설). 글(계). [皐] : 못(고), 늪. [陶] : 즐길(요). 질그릇(도).

[참고사항]

[稷,契,皐陶(직,설,고요)] : 성군인 요, 순임금을 섬긴 명신들. [龍逢,比干(용봉,비간)] : 용봉은 하(夏)나라 최후의 임금인 걸왕(桀王)의 신하요, 비간(比干)은 은(殷)나라 말기의 주왕(紂王)의 신하이다.

❷ 당나라 현종(玄宗)

○玄宗, 開元二十一年에 韓休가 同平章事하다.
　　현종　　개원이십일년　　　한휴　　동평장사

休는 爲人이 峭直하여 上이 或,宴遊라가 小過면 輒
　휴　위인　초직　　　상　혹연유　　　소과　　첩

謂左右曰,「韓休는 知否아?」하다. 言終에 諫疏已
위좌우왈　한휴　지부　　　　　　언종　　간소이

至라. 左右曰,「休,爲相하여 陛下,殊瘦於舊라.」하
지　　좌우왈　휴,위상　　　폐하　수수어구

니 上이 歎曰,「吾,雖瘠이라도 天下肥矣라.」하다.
　　상　탄왈　오,수척　　　　천하비의

韓休,罷하고 張九齡이 繼之하다.
한휴,파　　　장구령　　계지

[본문풀이]

　현종 개원 21년에, 한휴가 동평장사가 되었다. 한휴는 사람됨
이 강직[峭直]하여 임금이, 혹은 잔치를 베풀어 놀다가 조그만
과실을 저지르면 문득 좌우에 일러 말하기를, '한휴는 아느냐?
모르느냐?' 하였다. 말이 끝나자마자 간하는 소장(疏狀)이 이미
이르렀다. 좌우가 말하기를, '한휴가 재상이 되면서 특히 폐하께

서 전보다 옥체가 말랐습니다.' 하니, 상이 탄식하여 말하기를,
'나는 비록 말랐어도 천하는 살쪄있다.' 하였다. 한휴가 파직되
었고 장구령이 그 자리를 이었다.

[어려운 한자]

[峭] : 가파를(초). [瘦] : 여윌(수). [瘠] : 파리할(척).

[참고사항]

[同平章事(동평장사)] : 당송시대의 재상의 명칭. 같은 재상이면서 문하
시중이나 중서령과는 달리 특정한 직책 없이 재상의 권위를 가지고
있다. [韓休(한휴)와 蕭崇(소숭)과 玄宗(현종)] : 소숭이 한휴를 천거하여
동평장사가 되었는데, 둘 사이에 알력다툼이 있었다. 그 사이에 현종
이 있어 너무 강직한 한휴 때문에 곤란을 느낀다. 그래서 현종에 의
해 한휴가 파직 당하고 장구령이 뒤를 이었다.

○玄宗,天寶十一載에 李林甫卒하다. 林甫는 媚
　현종　천보십일재　　이임보졸　　　임보　　미

事上,左右하고 迎合上意하여 以,固寵하며 杜絶言
사상좌우　　　영합상의　　　이고총　　　두절언

路하여 掩蔽聰明하다. 嘗語諸,御使曰,「不見,立杖
로　　　엄폐총명　　　상어제어사왈　　불견입장

馬乎아. 一鳴에 輒斥去라.」하다. 妬賢疾能하고 排
마호　　일명　첩척거　　　　　투현질능　　　배

抑勝己하여 性,陰險하다. 人以爲口有蜜이요 服有,
억승기　　　성음험　　　인이위구유밀　　　복유

劍이라 하다. 每夜獨坐,偃月堂하여 有所深思하면
검   매야독좌 언월당   유소심사

明日에 必有誅殺이라. 屢起大獄하여 自,太子以下
명일   필유주살   루기대옥   자태자이하

로 皆畏之하다. 在,相位,十九年에 養成,天下亂이
  개외지   재 상위 십구년   양성 천하란

나 而上不悟하다. 然이나 安祿山은 畏,林甫術數라.
  이상불오   연   안록산   외임보술수

故로 終其世토록 未敢反하다.
고   종기세   미감반

[본문풀이]

　현종 천보 11년에, 이임보가 죽었다. 임보는 상(上)의 좌우에
아첨하여 임금의 뜻에 영합하여 써 총애를 굳히면서 언로(言路)를
막아 총명을 가렸다. 일찍이 여러 어사(御使)에게 말하여 이르기
를, '입장마(立仗馬)를 보지 못하였느냐. 한 번 울면 문득 물리쳐
쫓겨났다.'고 하였다. 현명한 자를 시기하고 능한 자를 질투하고
자기보다 나은 자를 물리쳐서 억압하며 성품이 음험하였다. 사람
들이 '입에는 꿀이 있고 배에는 칼이 있다.'고 하였다. 매일 밤
언월당(偃月堂)에 홀로 앉아서 깊이 생각하는 바가 있으면 다음
날은 반드시 주살(誅殺)이 있었다. 자주 큰 옥사가 일어나 태자로
부터 이하 모두 이를 두려워했다. 재상의 지위에 있기 19년에 천
하의 난리를 키웠으나 상(上)이 깨닫지 못했다. 그러나 안록산은
임보의 술수를 두려워하였으므로 그가 세상을 마치도록 아직 감
히 배반하지 못하였다.

[어려운 한자]

[媚]:아첨할(미). [斥]:물리칠(척). [妬]:투기할(투). [偃]:쓰러질(언).

[참고사항]

[載(재)]:年과 같음. 중국 고대의 제왕인 요순시대는 년(年) 대신 재 (載)를 썼다고 함. [媚事(미사)]:아첨하는 일. [御使(어사)]:관리의 잘못 을 탄핵하는 직책. 다른 곳에는 간관으로 되어있다. [立仗馬(입장마)]: 의장용(儀仗用)으로 세워놓은 말. 당나라 시대에는 매일 여러 필의 말 을 정전 곁 궁문 밖에 세워놓았다고 한다. [偃月堂(언월당)]:이임보의 저택 안에 있는 별당. 반월 모양으로 지었기 때문에 그렇게 이름 지 었다고 한다. [天下亂(천하란)]:천하의 큰 난리. 안록산의 난리를 이 르는 말. 안록산은 현종의 총애를 받은 무장으로서 하동절도사가 되 어 지금의 북경에서 거병하여 낙양(洛陽)을 공략한 뒤에 대연황제(大 燕皇帝)라 칭하였으나 둘째 아들 경서(慶緖)에게 피살되었음.

당나라 현종(玄宗), 위키피디아 출처

○「平原太守,顏眞卿이 起兵討賊하다. 上始에 聞,
　　평원태수　안진경　　기병토적　　　상시　문

河北從賊하니 歎曰, 二十四郡에 曾無,一人義士
하북종적　　　탄왈　이십사군　　증무　일인의사

邪아.」하다. 及,眞卿,奏至에 大喜曰,「朕은 不識,眞
야　　　　급　진경　주지　대희왈　짐　불식　진

卿,何狀인데 乃能如此라.」하다. 常山太守,顏杲卿
경　하상　　내능여차　　　　상산태수　안고경

도 起兵討賊하니 河北諸郡이 皆,應之하다. 十五載
　　기병토적　　　하북제군　개　응지　　　십오재

에 賊將,史思明이 陷,常山하고 執,杲卿하여 送,洛
　　적장　사사명　함　상산　　집　고경　　송　낙

陽하다. 祿山은 數其反己라 하니 杲卿曰,「我,爲國
양　　　녹산　삭기반기　　　　고경왈　아　위국

討賊이라. 恨不斬汝하니 何謂反也리요. 臊羯狗야!
토적　　　한불참여　　　하위반야　　　조갈구

何不束,殺我오?」하니 祿山이 大怒하여 縛而剐之
하불속　살아　　　　녹산　대로　　　박이과지

하고 比死토록 罵不絕口하다.
　　　비사　　　매부절구

[본문풀이]

　평원의 태수 안진경이 군사를 일으켜 역적을 토벌했다. 임금
이 처음에 하북의 역적에게 복종한다는 소리를 들으니 탄식하여
이르기를, '24군에서 일찍이 한 사람의 의사가 없단 말인가.' 하
였다. 안진경의 상주문이 이름에 크게 기뻐하면서 말하기를, '짐
은 진경이 어떤 상태인지를 알지 못하는데, 이에 능히 이와 같구
나.' 하였다.

상산의 태수 안고경도 군사를 일으켜 역적을 토벌하니, 하북의 여러 고을이 모두 이에 호응하였다. 15년에 역적의 장수 사사명(史思明)이 상산을 함락시키고 고경을 잡아 낙양으로 보냈다. 녹산은 그가 자주 자기에게 반기를 든 것을 책망하였는데, 고경이 말하기를, '나는 나라를 위해 역적을 토벌하였다. 너를 베지 못한 것을 한탄한다 하니, 어찌 너는 배반이라 이를 것인가. 조갈구(臊羯狗)야! 어찌 나를 죽이지 않느냐?' 하니, 녹산은 크게 노하여 결박하고 살점을 발라냈는데, 고경은 죽음에 이르기까지 꾸짖으면서 입을 다물지 않았다.

[어려운 한자]

[杲] : 밝을(고). [臊] : 누린내 날(조). [羯] : 불깐 흑양(갈). [剮] : 살 발라낼(과). [罵] : 욕할(매), 꾸짖을(매). [邪] : 사특할(사), 여기서 耶와 같음(어조사).

[참고사항]

[平原(평원)] : 평원군. 산동성(山東省) 북단에 있는 고을 이름. [河北(하북)] : 하북도(河北道). '道'는 당나라 시대의 행적구역. 태종 때 전국을 10도(道), 현종 때 15도(道)로 나누었는데, 하북도는 지금의 하북성(河北省)보다 약간 컸다. [常山(상산)] : 상산군(常山郡). 하북성 중부에서 서쪽에 위치한 고을의 이름. [臊羯狗(조갈구)] : 북방의 유목민족을 욕으로 이르는 말. 안녹산은 영주(營州)의 잡호(雜胡 : 미개한 민족) 출신이므로 그렇게 욕한 것이다. 오랑캐라고 욕한 것임. [剮(과)] : 살점을 한 점 한 점 떼내어 뼈가 드러나도록 하는 혹독한 형벌. [比死(비사)] : 죽음에 이르기까지.

❸ 당나라 선종(宣宗)

○宣宗은 聽察强記하다. 嘗密令, 學士韋澳로 纂
　　선종　　청찰강기　　　　상밀령　학사위오　　찬
次, 州縣境土, 風物及諸利害하게 하여 爲, 一書하여
차　주현경토　풍물급제리해　　　　　위　일서
號曰, 處分語라 하다. 刺史로 有, 入謝而出者曰,
호왈　처분어　　　　　자사　　유　입사이출자왈
「上이 處分, 本州事하여 驚人이라.」하다. 「建州刺
상　　처분　본주사　　　경인　　　　　　　건주자
史, 入辭하니 上問하되 建州는 去, 京師幾何오?」曰,
사　입사　　　상문　　건주　　거　경사기하　　왈
「八千里라.」하니 上曰, 「卿이 到彼爲政이면 朕皆
팔천리　　　　　상왈　경　　도피위정　　　짐개
知之하니 勿謂遠하라. 此, 階前이 則, 萬里也라.」하다.
지지　　　물위원　　　차　계전　　즉　만리야

[본문풀이]

　선종은 사실을 판단하여 똑똑하게 기억하는 능력이 있었다.
일찍이 비밀리에 학사 위오로 하여금 주현(州縣)의 경토(境土) 풍
물(風物) 및 모든 이해를 찬차(纂次)하게 하여 하나의 책을 만들어

이름하여 처분어(處分語)라 하였다.

　자사로서 들어가 사례하고 나오는 자가 있어 말하기를, '상(上)께서는 본주의 일을 처분하여 사람을 놀라게 하십니다.'고 하였다. 건주자사 입사(入辭)하니, 상(上)이 묻기를, '건주(建州)는 서울에서 얼마나 떨어졌는가?' 하니 대답하기를, '8천 리입니다.'라고 대답하니, 임금이 말하기를, '경이 저쪽에 가서 정사를 하게되면 짐은 그것을 다 알게 되니 멀다고 이르지 말라. 섬돌 아래가곧 만리(萬里)인 것이다.' 하였다.

[어려운 한자]

　[韋] : 가죽(위). [澳] : 깊을(오). [纂] : 모을(찬), 엮을(찬).

[참고사항]

　[學士(학사)] : 한림학사(翰林學士)를 이르는 말. [處分語(처분어)] : 각 고을의 모든 일을 처분하는데 있어서 참고가 되는 말이라는 뜻에서 붙여진 이름인듯하다. [刺史(자사)] : 여기서는 '등주자사(鄧州刺史)'를 이르는 말. 자사는 행정구역의 하나인 주의 장관을 이르는 말. 주의 장관은 자사(刺史), 주의 하급 행정구역의 장관은 태수(太守), 군의 하급행정구역의 장관은 현령(縣令)이다.

○宣宗이 臨朝對群臣에 未嘗有,惰容이라. 每,宰
　　선종　　임조대군신　　　미상유타용　　　　매 재

相이 奏事에 傍無人이라도 威嚴不可仰視니라. 奏事
　상　　주사　　방무인　　　　위엄불가앙시　　　주사

畢에 忽,怡然하여 閑語一刻許하다가 徐復整容曰,
필 홀 이연 한어일각허 서부정용왈

「卿輩는 善爲之하라. 常恐卿輩가 負朕하여 不得,
경배 선위지 상공경배 부짐 부득

再相見이라.」하다. 令狐綯가 嘗謂人曰,「吾,十年
재상견 영고도 상위인왈 오십년

秉政하고 最承恩遇라도 每,延英奏事에 未嘗不,汗
병정 최승은우 매연영주사 미상불한

沾衣也라.」하다.
첨의야

당나라 선종(宣宗)
『삼재도회(三才圖會)』인물권(人物卷)에서

[본문풀이]

선종은 조정에 임하여 많은 신하를 대함에 일찍이 게으름을 가진 일이 없었다. 매일 재상이 정사를 상주(上奏)할 때마다 곁에 한 사람이 없을 때라도 위엄을 갖추어 우러러볼 수 없었다. 정사를 상주하는 일이 끝나면 갑자기 기쁜 모양으로 한가롭게 이야기하기 일각쯤 하다가는 서서히 다시 용모를 정제하면서 이르기를, '경들은 이것을 잘하라. 나는 항상 경들이 내 뜻을 어겨 다시는 서로 만날 수가 없게 되지 않을까 두려워한다.' 고 하였다.

영고도(令狐綯)가 일찍이 사람에게 일러 말하기를, '내 10년 정권을 잡고 가장 은혜로운 대우를 받았건만 매양 정전(政殿)에서 정사를 상주할 때 땀으로 옷이 젖지 않은 일이 없었다.' 고 하였다.

[어려운 한자]

[怡] : 기쁠(이). [綯] : 새끼꼴(도). [沾] : 적실(첨).

[참고사항]

[一刻(일각)] : 지금 시각의 15분 정도. 하루 12시간은 100刻임. [負朕(부짐)] : 내(임금의) 뜻을 어기어. [延英(연영)] : 연영전(延英殿). 당시에 황제가 직접 정사를 돌보던 정전(正殿).

④ 송나라의 태조(太祖)와 태종(太宗)

○太祖, 開寶八年에 曹彬이 圍, 金陵急하다. 南唐
主, 李煜이 遣, 徐鉉하여 入貢하고 求緩兵하다. 鉉이
言하되「江南無罪라.」하다. 上이 怒하여 按劍曰,
「不須多言이라. 江南이 亦有何罪리요. 但, 天下는
一家라 臥榻之側에 豈容他人, 鼾睡乎아.」하니 鉉
이 惶恐而退하다. 金陵이 受圍하여 自春徂冬하여
勢愈窮蹙하다. 彬이 一日은 忽, 稱疾하여 諸將來問
하니 彬曰,「諸公이 若共爲, 信誓하여 破城에 不
妄殺, 一人이면 則, 彬病愈矣라.」하다. 諸將이 皆, 許
諾하여 焚香約誓하니 翌日, 城陷이라. 彬還에 舟中
에 惟, 圖籍衣衾이라. 閤門通, 榜子曰,「奉勅, 幹事

回라.」하니 其, 不伐如此니라.
회   기 불 벌 여 차

[본문풀이]

태조의 개보 8년에, 조빈(曹彬)이 금릉을 포위함이 위급하였다. 남당의 임금 이욱이 서현을 보내 공물(貢物)을 드리고 병력을 늦추어 주기를 요구하게 하였다. 현이 말하기를, '강남은 죄가 없습니다.' 하였다. 이에 임금이 노하여 칼자루를 만지며 말하기를, '많은 말이 필요 없다. 강남이 또한 무슨 죄가 있을 것인가. 다만 천하는 한 집안이라 침대 곁에서 어찌 타인이 코 고는 것을 용납할 것인가.' 하니, 현은 황공하여 물러났다.

금릉이 포위를 당하여 봄부터 겨울에 이르러 더욱 궁축(窮蹙)하였다. 빈이 하루는 갑자기 병을 칭하여 모든 장수가 찾아와 문병을 하니, 빈이 말하기를, '그대들이 만약 함께 신심으로 맹세를 하여 성을 깨뜨릴 때 함부로 한 사람이라도 죽이지 않는다고 하면, 곧 빈의 병은 나을 것이다.' 하였다. 모든 장수가 다 허락하여 향을 피우고 서약하니, 다음날 성을 함락시켰다. 빈이 돌아갈 때 배 안에는 다만 서류와 옷과 침구뿐이었다. 합문(閤門)으로 들어가 문서를 제출하며 말하기를, '칙명(勅命)을 받들어 일을 처리하고 돌아왔습니다.' 하였다. 그의 뽐내지 않는 것이 이와 같았다.

[어려운 한자]

[彬]: 빛날(빈). [煜]: 빛날(욱). [緩]: 늦출(완). [榻]: 걸상(탑). [鼾]: 코 골(한). [睡]: 잠잘(수). [蹙]: 대지를(축). [妄]: 함부로(망). 망령되다. [僉]: 이

불(금). [閣]: 쪽문(합). [榜]: 방문(방). [伐]: 뽐내다(벌).

[참고사항]

[臥榻(와탑)]: 침대. 榻은 걸상이나 침상과 같은 개념이다. [鼾睡(한수)]
: 잠자며 코를 골다. [閤門(합문)]: 허리를 구부려 들어갈 수 있는 작은
문. 큰문 곁에 있는 작은 문. [榜子(방자)]: 군주에게 제출하는 문서.
[幹事(간사)]: 일을 처리하다. 사무에 해당하다. [不伐(불벌)]: 뽐내지
아니함.

○趙普가 初에 以,吏道問이나 寡,學術이라. 太祖,
조보　초　　이이도문　　과학술　　　태조

嘗勸以讀書하니 普遂,手不釋卷이러라. 每朝有,大
상권이독서　　　보수수불석권　　　매조유대

議에 輒,閤戶하고 自啓一篋하여 取,一書閱之하다.
의　첩합호　　자계일협　　취일서열지

及卒에 家人이 視其篋하니 則,論語也라. 嘗謂上曰,
급졸　가인　시기협　　즉논어야　상위상왈

「臣有,論語一部하니 以,半部는 佐,太祖하여 定,天
신유논어일부　　이반부　좌태조　　정천

下하고 以,半部로 佐,陛下하여 致,太平이라.」하다.
하　　이반부　좌폐하　　치태평

[본문풀이]

　조보가 처음에 관리의 도(道)로서 소문은 났으나 학문은 적었
다. 태조가 일찍 독서를 권하니, 보(普)는 드디어 손에서 책을 놓
지 않았다. 매양 조정에서 큰 논의가 있을 때마다 곧 문을 닫고

스스로 한 상자를 열어 한 권의 책을 꺼내 읽었다. 죽음에 임해서 집안 사람들이 그 상자를 보니, 곧 논어(論語)였다.

일찍이 상(上)에게 일러 말하기를, '신에게 논어 한 부가 있사오니 반부로써 태조를 보좌하여 천하를 평정하였고, 반부로써 폐하를 도와 태평을 이루었습니다.' 하였다.

[어려운 한자]

[釋] : 놓을(석). [闔] : 문짝(합). [篋] : 상자(협).

[참고사항]

[趙普(조보)] : 송나라 태조의 조정에서 한 번, 태종의 조정에서 두 번이나 재상(宰相 : 同平章事)을 지내고 태종 순화 3년에 세상을 떠났다.
[論語(논어)] : 유학의 경전으로 4서의 하나.

○周惇頤의 字는 茂叔이니 博學力行하여 聞道早
　　주돈이　　자　무숙　　　박학역행　　　문도조

하고 遇事剛果하여 有,古人風하다. 爲政嚴恕하고
　　우사강과　　　유고인풍　　　위정엄서

務,盡理하다. 以,名節自礪하고 雅有高趣하여 牕前
무진리　　이명절자려　　아유고취　　창전

에 草不除曰,「與,自家意思로 一般이라.」하다. 黃庭
　초부제왈　여자가의사　일반　　　　　황정

堅이 稱其人品甚高하여「胸中灑落하여 如,光風霽
견　칭기인품심고　　홍중쇄락　　여광풍제

月이라.」하다. 有,太極圖,通書히어 行于世히다.
월　　　　유태극도통서　　행우세

[본문풀이]

　주돈이의 자는 무숙이니, 널리 배우고 힘써 행하여 도를 듣는
것이 빠르고, 일을 만나면 과단성 있게 하여 고인(古人)의 풍이 있
었다. 정치를 하는 것은 엄하며 용서하고 모든 도리에 힘썼다. 명
예와 지조를 스스로 연마하고 우아하여 높은 취향이 있어서 창문
앞에 풀을 없애지 않으며 이르기를, '자기와의 뜻과 의사가 더불

어 같다.'고 했다. 황정견이 그의 인품이 심히 고상한 것을 칭하여 '흉중이 쇄락하여 "광풍제월"과 같다.'고 했다. 「태극도」와 「통서」가 있어서 세상에 행해지고 있다.

[어려운 한자]

[惇]:도타울(돈). [頤]:턱(이). [礪]:숫돌(려). [灑]:물 뿌릴(쇄). [霽]:갤(제).

[참고사항]

[周惇頤(주돈이)]: 정호(程顥)와 정이(程頤)의 스승으로 신종황제 희녕(熙寧) 6년에 죽었다. 정호와 정이의 학문은 뒤에 주희(朱熹)의 학문의

주돈이(周惇頤)
『淸宮殿藏畫本(청궁전장화본)』,
북경 고궁박물관출판사 1994, 위키피디아 출처

기초가 되었다. [嚴恕(엄서)] : 엄정하고 관대함. [黃庭堅(황정견)] : 송나라의 시인. 자는 노직(魯直), 호는 산곡(山谷). 소동파(蘇東坡)의 제자로 소동파와 더불어 유명한 시인으로 일컬어진다. [光風霽月(광풍제월)] : 비가 갠 뒤에 밝은 달과 맑은 바람. 곧 도량이 넓고 시원시원하거나 정대하여 마음에 거리낌이 없음을 비유한 말. [太極圖(태극도)] : 태극도설(太極圖說)로 우주의 본체에서부터 인류에 미치기까지 설(說)하여 천인합일(天人合一)의 원리를 설명한 것. 단권(單券)으로 280자밖에 안 되는 것이나 송학(宋學)의 근본사상으로서 중요시되고 있다. [通書(통서)] : 태극도설의 응용을 보여주는 수신의 요점을 논한 책.

○神宗이 崩하고 太子卽位하고 司馬光이 門下侍郞하다. 光이 居洛十五年에 兒童走卒이라도 皆知, 司馬君實하다. 元佑元年에 光이 爲相, 八閱月而薨하니 贈, 太師溫國公하고 諡는 文正이라 하다. 光이 在位에 遼人, 夏人, 使來면 必問光, 起居하다. 而遼人 戒其邊吏曰, 「中國은 相, 司馬矣라가 切毋生事, 開邊隙하라.」하다. 及卒에 京師民은 罷市하고 及葬하여는 四方來會者, 哭之如, 哭其親戚하다. 光이 嘗語曰, 「吾無過人이라. 但, 平生所爲는 未嘗有,

不可對人言者耳라.」하다. 或人이 問光一言으로
불 가 대 인 언 자 이　　　　　　혹 인　 문 광 일 언

可以,終身行之者하니 光曰,「其誠乎니라.」하다.
가 이 종 신 행 지 자　　　광 왈　 기 성 호

[본문풀이]

　신종이 죽고 태자가 위에 올랐고, 사마광이 문하시랑이 되었다. 사마광은 낙양에 있기 15년, 어린아이와 주졸(走卒)이라도 다 사마군실을 알았다. 원우(元祐) 원년에 사마광이 재상이 된 지 8개월 만에 세상을 떠나니 태사 온국공을 증(贈)하였고, 시호를 '문정'이라 하였다. 사마광이 직위에 있을 때 요(遼)나라, 하(夏)나라의 사신이 오면 반드시 사마광의 기거(起居)를 물었다. 그리고 요나라에서는 변경의 관리를 경계하여 말하기를, '중국은 사마를 재상으로 삼았다가 공연히 일을 만들어 변경에 틈이 생기는 일이 없도록 하라.'고 하였다.

　사마광이 죽음에 미쳐 경사(京師)의 백성은 저자를 파하였고, 장사(葬事)에 미쳐서

사마온공(司馬溫公)
『만소당죽장서전(晩笑堂竹莊書傳)』,
위키피디아 출처

는 사방에서 와 모인 자, 곡(哭)을 하기가 그 친척을 곡하는 것과 같았다. 광이 일찍 말하기를, '내가 남보다 나은 것이 없다. 다만 평생에 한 바는, 아직 일찍이 남을 대하여 말할 수 있었던 것이 불가하다는 것뿐이다.' 하였다. 어떤 사람이 사마광에게 한 마디 말로써 몸을 마칠 때까지 행할 것을 물으니, 사마광이 말하기를, '그것은 성실이다.' 하였다.

[어려운 한자]

[遼] : 멀(료). [隙] : 틈(극).

[참고사항]

[走卒(주졸)] : 남의 심부름 따위로 바쁘게 지내는 사람. [君實(군실)] : 사마광의 자. 자(字)는 성인이 되어 관례를 할 때 지어주는 이름. [閱月(열월)] : 근무한 달. 閱은 경력을 말함. [薨(훙)] : 공이나 후를 일컬을 수 있는 작위를 가진 제후의 죽음을 이르는 말. [贈(증)] : 죽은 사람에게 관직을 주거나 벼슬을 올릴 때 쓰는 말. [太師(태사)] : 신하로서의 최고의 관직. [溫國公(온국공)] : 온국(溫國)의 공작(公爵)으로 일컬어지는 제후(諸侯). 이 시대에는 중앙집권제로서 봉건제도가 아니었으므로 허봉(虛封), 곧 이름만으로 제후의 자격을 주는 일이 있었다. [切毋生事(절무생사)] : 절박한 일이 없도록. [諡(시)] : 죽은 사람에게 살아생전의 행적을 참작하여 군주가 내리는 호. 시호(諡號). [遼人(요인)] : 요국(遼國) 사람. 요는 거란족(契丹族)이 만주의 남부, 곧 북경 북부지방인 열하를 중심으로 세운 나라 이름. 당시 요의 세력은 강성하여 중국 북부지방을 괴롭혔다. [夏人(하인)] : 하(夏)는 서하(西夏)를 이르는 말.

6

남송(南宋), 멸망하다

○元의 中書令, 耶律楚材가 卒하다. 楚材는 天資
　　원　　중서령　야율초재　　졸　　　초재　　천자

英邁하여 夐出人表하다. 雖,案牘이 滿前이나 酬答
영매　　　　형출인표　　　　수안독　　만전　　　수답

에 不失其宜하다. 正色立朝하여는 不爲勢屈하고 欲
　불실기의　　　정색입조　　　　불위세굴　　　욕

以身徇天下하고 每陳,國家利病과 生民休戚을 辭
이신순천하　　　매진국가이병　　생민휴척　　사

色懇切하니 太宗이 嘗曰,「汝又欲爲,百姓哭耶아.」
색간절　　　태종　　상왈　여우욕위　백성곡야

하다. 楚材每言에「興,一利는 不若除一害하고 生,
　　　초재매언　　홍일리　　불약제일해　　　생

一事는 不若減一事라.」하다. 平居에 不妄言笑하고
일사　　불약감일사　　　　　평거　　불망언소

及,接士人에 溫恭之容이 溢于外하여 莫不感其德
급접사인　　온공지용　　일우외　　　막불감기덕

焉이러라.
언

[본문풀이]

　원의 중서령 야율초재가 죽었다. 초재는 천성이 영매(英邁)하여 일반 사람들보다 뛰어났다. 비록 문서가 앞에 가득 차 있다고 해서 수답(酬答)에 그 마땅함을 잃지 않았다. 안색을 바르게 하여 조정에 서서는 세력 앞에서도 굴복하지 않았고, 몸으로써 천하를 주창하고자 하였고, 매일 국가의 이해나 백성의 편안함과 근심을 진술할 때마다 말과 안색이 간절하니 태종이 일찍이 말하기를, '그대는 또 백성을 위하여 곡하고자 하는가.' 하였다.

야율초재(耶律楚材)
중국 진저우 시에 위치함

초재는 늘 말하기를, '하나의 이로움을 일으키는 것은 하나의 해로움을 제거함만 같지 못하고, 하나의 일을 만드는 것은 하나의 일을 더는 것만 같지 못하다.' 하였다. 평소에 망령되게 말하거나 웃는 일이 없었고, 남을 접함에 미쳐 온순하고 공손한 모습이 겉으로 넘쳐 그 덕(德)에 감탄하지 않는 이가 없었다.

[어려운 한자]

[邁]: 뛰어나다(매), 갈(매). [夐]: 멀(형). [徇]: 주창할(순), 두를(순). [溢]: 넘칠(일).

[참고사항]

[中書令(중서령)]: 복수제(複數制)인 재상(宰相)의 수석 재상. [夐出人表
(형출인표)]: 보통 사람들 속에 특출하게 뛰어남. [案牘(안독)]: 관청의
문서. [利病(이병)]: '利害'와 같음. [太宗(태종)]: 원나라 태종. 징기스
칸의 셋째 아들 오고타이칸. 칸(汗)은 황제의 뜻인 몽고말. 중국을 완
전히 차지하고 나서 몽고 국명을 원(元)나라로 고친 뒤에 황제의 칭호
도 중국식으로 바꾸어 태종(太宗)이라 일컫게 되었다.

○江西의 提刑인 文天祥은 募兵勤王하다. 天祥은
吉州人이니 丙辰年에 魁,進士第하다. 後에 州郡連
降하니 德佑二年에 元兵이 距,都城三十里하고 天
祥은 爲,右丞相이나 辭不拜하다. 出使軍前하되 辭
氣慷慨하여 議論不屈하니 元將,伯顔이 留之하여
元兵이 入,臨安에 天祥이 得間逸去하다. 衛王의 傷
興元年에 天祥은 屯,潮陽하여 方飯,五坡嶺하다가
被執하다. 元將,張弘範이 乃命天祥하여 爲,書招,張

世傑하니 天祥은 書,所過에 ‘零丁洋詩’ 與之하다.
세걸   천상   서소과   영정양시 여지

其末有云하되「人生自古誰無死리오. 留取丹心照
기말유운   인생자고수무사   유취단심조

汗靑이라.」하다. 弘範은 笑而置之하다. 厓山이 旣
한청   홍범   소이치지   애산   기

破에 弘範等이 置酒大會하며 謂,天祥曰,「國亡하
파   홍범등   치주대회   위천상왈   국망

면 丞相도 忠孝盡矣라. 能,改心以事元이면 不失
  승상   충효진의   능개심이사원   불실

爲,宰相이라.」하니 天祥이 泫然出涕曰,「國亡에
위재상   천상   현연출체왈   국망

不能救하니 爲,人臣者는 死有餘罪라. 況敢逃其死
불능구   위인신자   사유여죄   황감도기사

하여 而貳其心乎아?」하다. 弘範은 義之라 하고 遣
    이이기심호   홍범   의지   견

送于燕京하다. 道經吉州에 痛恨,不食八日에도 猶
송우연경   도경길주   통한불식팔일   유

生하니 乃復食하며 天祥이 至燕에도 不屈繫獄하여
생   내부식   천상   지연   불굴계옥

勵操愈堅하다.
여소유견

[본문풀이]

　　강서의 제형인 문천상은 병사를 모집하여 임금에게 충성하였
다. 천상은 길주 사람이며, 병진년에 진사시에 급제하였다. 뒤에
주와 군이 연이어 투항하니 덕우 2년에 원병(元兵)이 도성과 30리
의 거리에 있었고, 천상은 우승상이 되었으나 사양하고 받지 않
았다. 나가 군전의 사신으로 가서 말과 기운이 강개하여 의논에

굴하지 않았으므로 원나라 장수 백안은 그를 머무르게 하여 원병이 임안(臨安)으로 들어옴에 천상이 틈을 얻어 달아났다.

위왕(衛王)의 상흥 원년(祥興元年)에 천상은 조양에 주둔하여 바야흐로 오파령(五坡嶺)에서 밥을 먹다가 잡혔다. 원나라 장수 장홍범이 이에 천상에게 명하여 서신을 지어 장세걸을 부르게 하니 천상은 지나는 곳에 '영정양'이란 시를 지어 주었다. 그 끝에 이르기를, '인생은 누군들 예로부터 죽지 않으리오. 단심은 머물러 역사에 빛날 것이다.' 하였다. 홍범은 웃으면서 그것을 그대로 두었다.

애산(厓山)이 이미 파격하여 깨지자 홍범 등은 술을 마련해 큰 잔치를 열면서 천상에게 일러 말하기를, '나라가 망하게 되면 승상의 충효도 다했다. 잘 마음을 고쳐 원을 섬긴다면 재상이 되는 것을 잃지 않는다.' 하니, 천상은 눈물을 흘려 울면서 나아가 말하기를, '나라가 망함에도 구하지 못하니 신하된 자 죽어도 남은 죄가 있을 뿐이다. 하물며 감히 그 죽음을 피하기 위해 두 마음을 가지랴?' 하였다. 홍범은 그것을 의(義)로운 사람이라 하고 연경으로 보냈다. 도중에 길주를 거쳐 가면서 통탄하여 먹지 않기를 8일에도 오히려 살아 있었으니 다시 음식을 먹었으며, 천상은 연경(燕京)에 이르러도 굴하지 아니하여 옥에 갇혀 지조에 힘쓰기를 더욱 단단하게 했었다.

[어려운 한자]

[魁] : 으뜸(괴). [慷] : 강개할(강). [慨] : 분개할(개). [泫] : 눈물 흘리는 모양

(현). [逃]：도망하다(도), 피하다(도).

[참고사항]

[江西(강서)]：지금의 강서성(江西省) 일대와 거의 같은 지역. [提刑(제형)]：재판과 형정(刑政)의 일을 관장하는 관리. [吉州(길주)]：고을의 이름. 강서성 중부에 해당한다. 문천상의 출신지는 좀 더 구체적으로 말하면, 길주 여릉현(廬陵縣)이다. 지금의 강서성 길안현. [魁進士第(괴진사제)]：진사를 뽑는 과거에 으뜸으로 급제하다. '괴(魁)'는 으뜸으로 합격했다는 뜻. 즉 괴갑(魁甲), 괴성(魁星)이라고도 한다. [右丞相(우승상)]：재상과 같은 관직. 우리나라 정승과 같음. 우승상은 우의정이다. [衛王(위왕)]：남송의 18대 임금. 송나라의 최후의 임금. 나라는 멸망하였으나 더 남쪽으로 내려가 끝까지 원나라에 항전하다가 1279년에 완전 멸망. [潮陽(조양)]：광동성 산두(汕頭) 대안(對岸)의 지명. [五坡嶺(오파령)]：조양과 그 서쪽인 홍콩[香港]과의 거의 중간 지점에 있는 지명. [零丁洋(영정양)]：홍콩과 오문(澳門). 홍콩과 마카오의 중간 지점에 해당하는 지명. [零丁洋詩(영정양시)]：문천상의 단심시. [汗青(한청)]：역사책. 사서(史書). '한간(汗簡)'과 같음. [厓山(애산)]：광동성 남부지방. [燕京(연경)]：지금의 북경을 말함. 춘추전국시대 제후국인 연(燕)나라 국도(國都)였던 데서 연유한 말.

❼ 문천상(文天祥)의 단심시(丹心詩) 한 편

零丁洋詩 - 文天祥
영 정 양 시   문 천 상

辛苦遭逢,起一經이요 干戈落落,四周星이라.
신 고 조 봉 기 일 경   간 과 낙 락 사 주 성

山河破碎,水漂絮하고 身世浮沈,風打萍이라.
산 하 파 쇄 수 표 서   신 세 부 침 풍 타 평

惶恐灘邊,設惶恐이라 零丁洋裏,歎零丁을-.
황 공 탄 변 설 황 공   영 정 양 리 탄 영 정

人生自古,誰無死어늘 留取丹心,照汗靑이라.
인 생 자 고 수 무 사   유 취 단 심 조 한 청

괴로움 만나면 하나의 길은 생겨난다지만,
창칼의 서슬이 4년이 벌써 지나갔구나!
산하(山河)는 파괴되어 물길도 풀려 가는데,
이 몸은 이 세상 바람 부는 부평초 같구나.

두렵구나, 이 땅의 여울마저 두렵구나!

이 땅의 물도 탄식 하도다, 영정(零丁)의 물이여!
인생은 누군들 자고로부터 죽지 않는 이 없거늘
이 단심은 여기에 머물러 청사에 길이 푸르리라.

이 시는 칠언율시로 문천상의 시다. 그는 영정양을 읊은 것으
로 충절을 노래한 시로 오늘날까지 남아있다.

문천상(文天祥)
『만소당죽장서전(晚笑堂竹莊書傳)』, 위키피디아 출처

「18사략」, 그 막을 내리며

「**文天祥**이 **竭忠報宋**하다가 **竟死燕獄**하니라.」
　문 천 상　　갈 충 보 송　　　　경 사 연 옥

　이 글이 초급 한문지도서에 기록되고 있다. 그래서 많은 사람
들이 문천상이 충신인 것으로 널리 알려져 있다. 문천상이 송나
라를 위해 죽음으로써 이 18사략은 여기서 끝을 맺는다. 중국의
선사시대인 「태고(太古)라! 천황씨(天皇氏)로부터 남송 1279년」에
이 역사서는 그 막을 내리고 있다.

　중국의 역사는 하(夏), 은(殷), 주(周)에서부터 유사시대(有事時
代)이며, 그 이전 3황과 5제의 시대는 전설적이고 선사시대(先史
時代)였었다. 이 18사략은 태고시대로부터 시작하여 그 살기 좋
았다는 요(堯), 순(舜), 우(禹)의 시대를 거쳐서 비로소 하(夏), 은
(殷), 주(周) 시대로 들어온다. 이때부터가 역사 연대를 기록하는
시대인 것이다. 공자(기원전 551)가 출생하여 주나라를 중국 역
사의 정통으로 잡고 춘추를 기록했고, 비로소 전국시대에 들어서
고 있다. 진(秦), 초(楚), 연(燕), 제(齊), 한(韓), 위(魏), 조(趙)의 7웅

이 군웅할거(群雄割據)하여 원교근공책(遠交近攻策)으로 진시황이 천하를 통일하게 된다. 이때가 기원전 221년이었다. 그 이후에는 군웅이 할거하여 항우와 유방이 천하를 놓고 다투다가 항우(項羽)가 패망하고 유방(劉邦)이 천하를 통일하여 한나라를 건설해 천하를 바로잡게 된다. 이때가 기원전 206년의 일이었다.

그 이후 후한이 25년에서 220년을 거쳐 비로소 그 유명한 삼국시대가 펼쳐진다. 촉한(蜀漢)과 오(吳)와 위(魏), 삼국이 그것이었다. 유비가 나오고, 제갈량이 나오고, 조조와 손권이 나서서 천하를 다투다가 패망하고는 동진과 서진의 오호 16국이 들어서고, 남조와 북조를 거쳐서 수나라가 천하를 통일했으나 37년 만에 멸망하고, 그 유명한 당나라가 들어서게 된다. 그때가 618년이었으니 우리나라로서는 삼국시대에 해당된다. 그 후 70여 년이 지나서야 송나라가 들어서고, 북송이 이어 받아서 남송으로 넘어오게 된다. 이때가 1127년에서 1279년이 남송의 시대이다. 결국 1279년 남송의 멸망으로 원나라가 들어서면서 이 '18사략'은 끝을 맺고 있다.

공자를 전후한 중국 고대의 역사연대

기원 전 1500년 전설의 시대—요(堯). 순(舜). 우(禹). 하(夏). 은(殷). 주(周)

		1027		551	480	453
三皇—五帝—堯—舜—禹—夏—殷—[周]—春秋時代—[孔子탄생]—吳.越—戰國時代
(商湯)　(文王. 武王)

중국 상고시대 약사

❶ 선사시대

1) 신화창조시대(神話創造時代) – 천황씨(天皇氏), 지황씨(地皇氏), 인
황씨(人皇氏).

2) 삼황(三皇) – 복희씨(伏羲氏), 신농씨(神農氏), 황제씨(黃帝氏).

3) 오제시대(五帝時代) – 소호(少昊), 전욱(顓頊), 제곡(帝嚳), 제요(帝
堯), 제순(帝舜).

❷ 요(堯), 순(舜), 우(禹) 시대

1) 요(堯) – 어질기가 하늘과 같고, 지혜가 산과 같으며, 가까이하면 해와 같고, 멀리 바라보면 구름과 같았다고 한다. 제위 기간이 70년이라고 한다.

2) 순(舜) – 요의 양위에 의하여 '하늘의 뜻이다' 하면서 요의 뒤를 이어서 태평성대를 이루어 순은 정사를 보게 되자 민생에 힘을 쏟고 교화를 널리 펴며 형벌을 완화했다. 천자의 자리에 있은 지 30년 만에 죽고, 우를 후계자로 양위되었다.

3) 우(禹) – 순(舜)이 치수(治水)의 사업을 맡긴 우(禹)에게 천자의 자리를 양보하여 그야말로 평화적인 정권교체를 이루었다. 우(禹) 역시 성왕으로 손꼽는다.

❸ 夏(殷)나라 시대

우(禹)가 죽고 그의 아들 계(啓)가 천자의 자리에 앉았다. 그는 나라 이름을 하(夏)라고 했다.

17대에 이르러 이계(履癸)가 즉위하니, 그가 바로 걸왕(桀王)이었다. 유력한 제후인 탕(湯)이 덕을 닦아 제후의 지지를 얻어 마침내 군사를 일으켜 폭군 걸(桀)을 정벌하고 천자의 자리에 올라 새 왕조를 열었다. 국호를 상(商)이라 하다가 후에 은(殷)이라 하였다. 하(夏) 왕조는 470년 동안 계속 되다가 은(殷)의 마지막 왕인 주왕(紂王)에 이르러 포악하여 멸망하게 된다. 주나라 무왕이 폭군인 주(紂)왕을 치고 나라를 건설하니 그가 무왕(武王)이다.

*夏(하) : B.C. 2200~1760, 殷(은) : B.C. 1761~1122, 周(주) : B.C. 1122~221.

❹ 주(周)나라의 등장(B.C. 1027년)

문왕과 무왕 - 주나라의 문왕은 병력을 중원으로 진출시키다가 죽고, 그의 아들 발(發)에게 인계되어 그가 진격하여 은나라 군사를 전멸시키고 폭군 주왕(紂王)은 궁전으로 달아나서 불을 지르니 그는 그 속에서 타죽었다. 그리하여 주나라 천하가 시작되니 그가 무왕(武王)이다. 문왕에서 무왕에 이르러 군사로서 중책을 맡은 사람이 태공망(太公望)이었다. 강태공이 바로 그였다. 백이숙제도 이 시대의 인물이다.

❺ 춘추시대

노(魯)나라 은공(隱公)이 즉위한 해(772)에서 애공(哀公)14(B.C. 481)년까지 242년간의 일을 〈춘추〉라는 책에 기록하고 있다. 따라서 주나라 왕실의 동천(東遷, B.C.770) 이후의 시대는 '춘추시대'라 부르게 되었다. 춘추라는 책은 B.C.551년에 출생한 공자가 71세 때 집필하였는데, 공자는 이 주나라를 정통으로 세워 바로잡았다고 전해진다.

❻ 오월의 시대(B.C. 480년)

오나라의 합려(闔廬)와 월나라의 구천(勾踐)이 왕으로 있던 나라였고 원수의 나라로 오늘날까지 알려진 두 나라이다.

❼ 춘추전국시대(B.C. 453~)

진, 초, 연, 제, 한, 위, 조 7웅이 각축하다가 진시황의 천하통일 (B.C. 221) 처음으로 군현제(郡縣制)를 실시하고 황제(皇帝)라 칭했다.

18사략에 나오는 고사성어

- 伯夷叔齊(백이숙제) : 무왕이 주왕을 치고 주나라를 세울 때, 백이숙제가 무왕 앞에서 말고삐를 잡고 말리면서 이포역포(以暴易暴)는 불가하다고 했다. 그러나 무왕은 듣지 않고 폭군 주왕(紂王)을 치고 주나라를 건설했다. 백이숙제는 멸망하는 은나라를 위해 '불식주속(不食周粟)' 이라 하고 수양산에 들어가서 고사리를 뜯어 먹다가 굶주려 죽었다. 그래서 백이숙제의 충절을 고고한 의절로 여겨왔다.

- 韋編三絶(위편삼절) : 공자께서 나이 들어 주역(周易)을 읽었는데, 거기에 심취하여 얼마나 많이 읽었는지 가죽 책가위를 세 번이나 갈아 끼웠다는 고사에서 온 말이다. '공자희역(孔子喜易)에 위편(韋編)이 삼절(三絶)' 이라고 했다.

- 身通六藝(신통육예) : 공자의 제자가 3천 명이나 되었는데, 육예(六藝)를 통한 자는 72인이라고 했다. 공자의 제자로서 쓸 만한 사람은 72인이라는 말이다.

* '孔子之弟,三千이로되 신통육예자(身通六藝者), 七十二人也'라. 六藝
(육예)는 禮(예), 樂(악), 射(사), 御(어), 書(서), 數(수).

• 孟母三遷之敎(맹모삼천지교) : 맹자가 어렸을 때, 그의 어머니가 맹자
의 교육을 위해 세 번이나 이사를 했다는 말이다. 처음에는 시장
가에서 살았고 두 번째는 공동묘지 옆에서, 마지막으로 간 곳이
서원 앞에 살았다. 그래서 어린 맹자는 열심히 공부했다. *맹자
는 자사(子思)의 제자였다.

• 臥薪嘗膽,會稽之恥(와신상담,회계지치) : 월왕 구천은 오왕 부차와 회
계산 싸움에서 패하여 목숨을 살려달라고 부차에게 애걸했던 치
욕적인 고사. 복수의 마음을 잊지 않으려고 웃통을 벗고 섶 위에
서 잠을 자고, 쓸개를 걸어두고 맛을 보면서 복수의 마음을 키웠
다는 고사에서 온 말이다.

• 吳越同舟(오월동주) : 오나라와 월나라는 철저한 원수의 나라다. 원
수끼리 배를 함께 탔다는 뜻으로, 2가지의 뜻이 있다. 1) 원수끼
리 둘 중에 하나는 죽어야 끝난다는 말이며, 2) 원수끼리 같은 배
를 탔더라도 서로 협력하여 잘 화해한다면 이 어려움을 극복해
낼 수도 있다는 말이다.

• 寧爲鷄口(영위계구),無爲牛後(무위우후) : 입은 음식을 먹는 기관이요
궁둥이는 배설물을 내는 기관이므로, 작아도 입이 되어야지 소
의 궁둥이는 되지 말라는 말.

• 遠交近攻策(원교근공책) : 춘추전국시대 진, 초, 연, 제, 한, 위, 조의

칠웅들이 서로 싸워서 통일을 꾀하는 시대에 진나라가 먼 곳의 나라와는 잘 사귀고, 가까이 있는 나라를 쳐서 멸망시키는 방법을 말한다. 그래서 천하를 통일하게 되었다.

● 睚眦之怨(애자지원) : 눈을 흘기는 원한. 서로 사이가 안 좋은 사람끼리 원한을 가지는 것을 말한다.

● 刎頸之交(문경지교) : 목이 떨어져도 생사를 같이하는 동지. 친구. 그 사귐.

● 膠柱鼓瑟(교주고슬) : 임기응변의 활용법을 할 수 없다는 말. 기러기발을 아교로 붙이고 거문고를 탄다.

● 毛遂自薦(모수자천) : 보통 추천은 남이 해주는 것인데, 모수라는 사람은 자기를 자신이 추천했다는 고사에서 나온 말.

● 囊中之錐(낭중지추) : 주머니 속에 든 송곳. 언젠가는 밖으로 뚫고 나온다. 재능이나 능력이 있는 사람은 언젠가는 그 재주가 출중할 수 있다는 데서 나온 말.

● 完璧(완벽) : 어떤 일에 철저를 기하여 완전하게 함. 초화씨벽을 인상여가 진나라에 15성과 바꾸기로 약속하고, 만약 성을 주지 않았을 때를 대비하여 완전한 계획을 세웠던 일에서 나온 말.

● 燕雀安知鴻鵠之志(연작안지홍곡지지) : 작은 참새가 어찌 鴻鵠(홍곡)의 뜻을 알 수 있으랴! 일반 보잘 것 없는 사람이 큰 포부를 가진 자의 속을 알 수 없다는 말.

● 王侯將相(왕후장상), 寧有種乎(영유종호) : 왕후장상이 어찌 종자가 따

로 있는가? 하는 말로, 사람의 출세에 있어서 따로 정해놓은 사람이 없다는 말이다. 누구나 능력이 있으면 최고의 자리에 오를 수 있다는 말이다.

● 背水陣(배수진) : 물을 등지고 진을 치다. 적에게 후퇴를 막기 위해 베푸는 전술. 초한전쟁 때 한신이 항우와의 전투에서 배수진을 쳐서 승리를 가져온 데에 유래한 말이다.

● 信賞必罰(신상필벌) : 상과 벌을 철저히 가려서 한다는 말로, 벌 받을 자는 벌을 주고, 상 받을 자는 찾아서 상을 주라는 말로 상벌관계를 철저히 하라는 말.

● 井底之蛙(정저지와) : 우물 속의 개구리라는 뜻으로, 세상물정을 전혀 모르는 사람을 가리켜 하는 말. 시골사람으로 견문이 전혀 없는 사람을 일컬어하는 말이기도 하다.

● 貧賤之交(빈천지교),不可忘(불가망) : 가난하고 어려울 때의 친교는 영원히 오래 간다는 뜻. 서로 어려울 때 진정으로 만나서 함께 친구가 되면 그 우정이 오래간다는 말로, 이는 결코 잊을 수가 없다는 뜻이다.

● 糟糠之妻(조강지처),不下堂(불하당) : 어려울 때 함께한 아내는 결코 내쫓지 못한다는 말이다. '조강(糟糠)'은 가난하여 술지게미를 먹으면서 생활한 가난한 빈처(貧妻)는 결코 쫓아낼 수 없다는 말이다.

● 水淸無大魚(수청무대어) : 물이 너무 맑으면 고기가 없다는 말이다. 사람도 너무 살피고 경우를 따지는 사람은 친구가 떨어지고 결

국은 외롭다는 뜻이 된다.〈水之淸則無魚하고, 人之察則 無友니라.〉에서 온 듯하다.

● 天知(천지), 地知(지지), 我知(아지), 子知(자지)하니 何爲無知(하위무지)리오. : 양진(楊震)이란 사람이 태수가 되었는데 그 아랫사람이 금붙이를 가져와서 선물로 주었다. 양진이 놀라서 쳐다보니, 아랫사람이 하는 말이 아무도 보는 사람이 없으니 받으라고 한다. 양진이 하는 말이 '하늘이 알고 땅이 알고, 내가 알고 그대가 아는데, 어찌 모른다고 하느냐?' 하고는, 호통을 치고 물리쳤다는데서 나온 말. 그래서 이것을 사지(四知)라고 한다.

● 治世之能臣(치세지능신)이요 亂世之姦雄(난세지간웅)이라. : 삼국지에 나오는 조조를 두고 그 인물을 평한 말이다. '세상 다스리는 데는 능통한 사람이며, 난세에는 간사한 영웅이 될 것이다 했다. 아주 적절한 평이다. 우리 사회에도 이런 사람이 많을 것이다. 이 말을 들은 조조는 기뻐했다고 한다.

● 刮目相對(괄목상대) : 상대의 학식이나 재주가 놀랄 만큼 향상되어 눈을 비비고 다시 봄. 선비가 3일 동안만 서로 보지 않아도 서로가 놀랄 만큼 발전했다는 말로 '서로 눈을 비비고 바라본다.' 고 한 데서 나온 말이다.

● 如臣之比(여신지비)는 車載斗量(거재두량)이라. : 손권이 조자(趙咨)에게 오나라에는 그대 대부 같은 자가 몇이나 되냐? 하고 묻자, 이렇게 대답했다. '나 같은 사람은 수레에 싣자면 몇 수레라도 실을 수 있다.'고 대답했다. 재주 많은 사람이 부지기수라는 말이다.

● **死諸葛亮(사제갈량)**이 **走生仲達(주생중달)**이라. : 죽은 제갈량이 산 중달을 쫓는다. 삼국지의 촉한의 신하 제갈량의 위대성을 말하고 있다.

● **階前(계전)**이 **則萬里也(즉만리야)**라. : 당나라 선종(宣宗)이 한 말이다. 뜰 앞이 바로 만 리라고 했다. 내 마음에 없다면 아무리 가까운 것도 멀리 보인다는 뜻이다. 인간과 인간 사이의 거리감을 말하고 있다.

● **手不釋卷(수불석권)** : 송나라 조보(趙普)는 글이 너무 짧았다. 모든 정사에 불편을 느낀 그는 몰래 궤짝의 책을 꺼내 읽곤 했다. 하루도 손에서 책이 떠나지 않았다. 그 책은 논어였다. 그래서 훌륭한 정치를 했다는 것이다.

● **光風霽月(광풍제월)** : 해와 바람과 갠 날과 달은 모두 자연물이다. 해가 뜨고, 달이 뜨고, 비가 개고, 바람이 불듯이 송나라의 주돈이는 그만큼 자연스런 성격을 지녔다고 한다.

● **夐出人表(형출인표)** : 보통 사람들 속에 특출하게 뛰어남. 군계일학이라고나 할까. 특출한 인품을 일컬어서 하는 말이다.

대륙의 역사와 지혜를 담은

18사략(十八史略)

초판 인쇄 2018년 6월 5일
초판 발행 2018년 6월 11일

현토·주해 | 정민호
원 작 자 | 증선지
발 행 자 | 김동구
디 자 인 | 이명숙·양철민
발 행 처 | 명문당(1923. 10. 1 창립)
주   소 | 서울시 종로구 윤보선길 61(안국동)
          우체국 010579-01-000682
전   화 | 02)733-3039, 734-4798(영), 733-4748(편)
팩   스 | 02)734-9209
Homepage | www.myungmundang.net
E-mail | mmdbook1@hanmail.net
등   록 | 1977. 11. 19. 제1~148호

ISBN 979-11-88020-58-4 (93150)
15,000원